基督教文化研究丛书

主编 何光沪 高师宁

二编 第 **9** 册

雪域圣咏
——滇藏川交界地区天主教仪式与音乐研究（增订版）（上）

孙晨荟 著

花木兰文化出版社

国家图书馆出版品预行编目资料

雪域圣咏——滇藏川交界地区天主教仪式与音乐研究（增订
版）（上）／孙晨荟 著 -- 初版 -- 新北市：花木兰文化出版社，
2016〔民 105〕
序 6+ 目 4+206 面；19×26 公分
（基督教文化研究丛书 二编 第 9 册）
ISBN 978-986-404-518-1（精装）
1. 宗教音乐 2. 天主教
240.8   105001930

ISBN-978-986-404-518-1

9 789864 045181

基督教文化研究丛书
二编 第九册   ISBN：978-986-404-518-1

雪域圣咏
——滇藏川交界地区天主教仪式与音乐研究（增订版）（上）

作　　者　孙晨荟
主　　编　何光沪 高师宁
执行主编　张　欣
企　　划　北京师范大学基督教文艺研究中心
总 编 辑　杜洁祥
副总编辑　杨嘉乐
编　　辑　许郁翎
出　　版　花木兰文化出版社
社　　长　高小娟
联络地址　台湾 235 新北市中和区中安街七二号十三楼
　　　　　电话：02-2923-1455 ／传真：02-2923-1452
网　　址　http://www.huamulan.tw 信箱 hml 810518@gmail.com
印　　刷　普罗文化出版广告事业
初　　版　2016 年 3 月
全书字数 263165 字
定　　价　二编 11 册（精装）台币 20,000 元

雪域圣咏

——滇藏川交界地区天主教仪式与音乐研究（增订版）（上）

孙晨荟 著

作者简介

孙晨荟，民族音乐学者，现工作于中国艺术研究院音乐研究所。出版专著《雪域圣咏——滇藏川交界地区天主教礼仪音乐研究》（香港中文大学天主教研究中心 2010）；《天音北韵——华北地区天主教音乐研究》（北京：宗教文化出版社 2012）；《谷中百合——傈僳族与大花苗基督教音乐文化研究》（台湾：花木兰文化出版社 2015）。

提　　要

　　一本小小而神奇的歌谱开启了本书的全卷之旅，首首高亢而唯美的圣歌迁系着本书的音乐之魂。在中国滇藏川交界地区，一群以藏民族为主体的天主教徒，卅代奉教，用藏语咏唱着承袭百年的拉丁素歌（格里高利圣咏）和藏族民歌。这两种差异巨大，风与牛不相及的音乐文化以令人诧异的现实，打破常人对雪域藏族群体的陈念，展现出新奇而迥异的另一种文化遗产面貌，也途述着和谐美妙的香巴拉神话。

　　本书以实地考察所获的资料为核心，对滇藏川交界地区天主教的音乐、文化进行深入探究。通过梳理史料中的历史文献和实地考察中的田野采录，从教会礼仪和人生礼仪层面探寻仪式中的音乐展现，从民间歌舞和音乐文本层面剖析音乐文化本体，详尽解析该地区天主教音乐的本土化过程与内容。本书旨在研究异质文化碰撞后的新面貌，藉此探讨文化交流的种种历程。

高　序

　　提到藏区，不论是西藏的还是四川、云南的，让人想到的大概都是皑皑的雪山，充满神灵的原始森林，一层不染的空气，能歌善舞的藏民……说起格里高利圣咏，让人想到的大概会是神秘莫测的中世纪僧侣，宏伟高远的哥特式大教堂，庄严神圣的宗教仪式，华美绚丽的司祭圣袍……藏区与格里高利圣咏，不论在地理距离上还是人们的心理定位上，可以说都是风马牛不相及的。

　　然而，《雪域圣咏》一书却让我们看到了二者紧密相关的景象：生活在云南、四川、西藏交界地区的一群藏民天主教徒，用藏语唱着格里高利圣咏，而且这一景象已经有上百年的历史！也就是说，早在一百年前，在那些"交通靠走，联系靠吼，取暖靠抖，安全靠狗"的藏区，就已经有了天主教的传教士，然后有了信仰天主教的藏民，然后有了用藏语唱出的格里高利圣咏。在宗喀巴大师的土地上，在经幡林立的世界里，十字架悄然树起，稀少却不孤独，因为陪伴它们的，还有那穿梭于雪山、森林、峡谷与江水中的格里高利圣咏。

　　"香格里拉"已经成为藏区的代表词。这个由英国作家詹姆斯·希尔顿在 1933 年造出的英语新词，向人们表达的是一个世外桃园和人间天堂。确实，在那片处处都是"香格里拉"的土地上，藏民们各自选择着属于自己的精神天空，不同形态的宗教在那里和平共处。

　　如果我们承认宗教是一种文化或者文化的精髓的话，那么，在不同文化的交流和融合过程中，除了因其异而相互产生的张力以及与环境的张力外，文化的相互"渗"与"透"也是一种必然的趋势。《雪域圣咏》这个书名向我们展现了这种渗与透，而内容则向我们揭示出这种渗透具有的一个较为普遍特点，即，主流文化或强势文化的元素更容易被外来文化或弱势文化接受。对于天主教这一外来宗教而言，这种渗透也就导致了它与藏区其他宗教和社会文化环境之间张力的降低，从而使其自身的本土化成为一种可能，而这种本土化最终又导致了原社会文化对相异者或外来者在整体上的接纳。正因为如此，雪域上才可能荡漾起格里高利圣咏，不同的是，那是用藏语唱出的圣咏，是本土化后的圣咏——一种渗透与融合后的新宗教文化形式。

　　如果说信仰是宗教的根基的话，那么，礼仪便是宗教的灵魂，而音乐自然是那灵魂中的灵魂了。而且，在各宗教中，天主教算得上是一个礼仪宗教，其音乐不仅具有深厚的宗教性，还极富欣赏性（一位著名的外国学者说，每周日她已不参加教堂礼仪，但其唱诗却一定要去听的，因为那是一种"享受"）。在滇藏川交界地区，大部分天主教教会因缺乏神职人员从而导致其礼仪不完备甚至缺失。在这种状态下，对于一个能歌善舞的民族来说，音乐的需求与对音乐的自由选择度往往就更大了。

　　《雪域圣咏》从学术角度对滇藏川地区天主教会的礼仪音乐进行了深入的研究，它不仅梳理了历史，而且观察了现状，并从教会礼仪层面与人生礼仪层面探究了仪式中的音乐现象，从民间歌舞和音乐文本层面剖析了音乐文化本体。这种研究确实非常专业。作为一个宗教学研究者，我只能跟随作者进入滇藏川地区的历史层面、宗教层面、仪式层面，而不得不在音乐层面停住。但是，这种研究也是非常需要的，不论对于宗教还是音乐。因为，宗教丰富了音乐的内容和形式，而音乐又赋予了宗教以生命——音乐更容易使人接近神圣和奥秘，离上帝更近。况且，这种深入细致的研究，这种定位于"雪域"之"圣咏"的研究，在中国还是第一次。

　　《雪域圣咏》完全改变了我对作者孙晨荟的印象。与晨荟认识已有两年多了，仅有的几次见面都给我留下了很深的印象：第一次是在我家，晨荟没有一点陌生感，向我滔滔不绝地讲叙她的"宗教礼仪改革"想法。第二次是到教堂去参加晨荟的"改革"实践——一场以音乐为主的崇拜活动，她司琴。第三次是在我的办公室，我从加拿大给她带了几本赞美诗，晨荟讲到了她的家庭和自己。第四次是她来听我的讲座，并且送给我她从云南采风时带回来的民族包。第五次见面时晨荟与她的先生一起，带来了厚厚的书稿，并且眉飞色舞地讲起她和先生去滇藏川地区的种种艰辛、神奇，还有许多令人感动的故事。

　　晨荟娇小玲珑，热情可爱，在我的眼里还是一个"小女孩"。然而，正是这样一个"小女孩"，心中揣着宏大的研究计划，因为一本小小而神奇的歌谱去翻山越岭，在滇藏川地区险峻陡峭的山路上留下了自己的足迹和身影，在这些穷乡僻壤的西洋教堂里留下了她对朴实而厚道的天主教徒的关爱。

　　这本二十多万字的书，除了晨荟的专业音乐之外，涉及到了滇藏川的历史、地理、民族、民俗、宗教（尤其是天主教）的方方面面。掩卷之余，我不得不佩服这个"小女孩"的研究作得如此之细，而我最大的感受是震惊：她那小小身躯竟然蕴藏着如此强大的热情和力量，使她能够不畏艰险、不辞劳苦的长途跋涉，深入田野，经历着今天许多年轻人不愿意经受的一切。

　　滇藏川地区险恶的地理环境、贫穷的物质环境没有难住她，浩瀚的藏区文化知识海洋也让她乐在其中。这难道不是因为上帝在她心中吗？

高师宁

中国社会科学院世界宗教研究所

蔡　序

　　摆在我们面前的《雪域圣咏——滇藏川交界地区天主教礼仪音乐研究》，是由青年音乐学者孙晨荟撰写的一本著述。为了研究滇藏川交界地区的天主教音乐，她于 2009 年连续四次深入该地区进行了考察。历尽艰难，终于结出了硕果。书中描写了该地区的地域生态、人文背景；天主教在该地区的传播历史与现状；天主教音乐在该地区的历史与现状；教会的礼仪与音乐、人生的礼仪与音乐、教堂外的歌舞，以及一些历史与现代的音乐文本的考据和解析等。书中对该地区流传的 14 部拉丁圣歌谱本及礼仪用书（1855 年～1923 年）的书名和出版社名，从拉丁文、法文翻译为中文，并对当前该地区使用的三本汉文圣歌谱本进行了考察和介绍。特别引人注目的是她对一本天主教圣歌发掘和考证：这是一本 1894 年印刷出版的、至今仍在该地区珍藏并流行的一个藏文圣歌谱本。晨荟对该谱本的作者、出版、谱例的特殊组合、翻译等问题进行了认真的考证，进而对其 22 首拉丁素歌和圣歌的内容和背景逐一介绍，将其四线谱翻译成五线谱，并将每首圣歌的藏文谱、拉丁文谱和中文谱进行了对照，找出其源头。她的考证和介绍，纠正了一些误传和猜测，证明这本藏文圣歌中，90% 是传统的拉丁素歌，即学术界所称的格里高利圣咏。全书最后，论述了作者对考察和研究上述问题的理论与方法方面的思考。

　　十年前，晨荟从大学毕业后，和我在一个研究室共事。记得那时她常常由于所学的是民族器乐演奏和世界音乐的双专业，却要在西方音乐的研究室工作而感到迷茫。我也感到困惑和担忧：由于学科的界定越来越细化，在一定程度上限制和束缚了学术研究的视野和开拓。然而，十年过去了，看到她的这本书，让我眼前一亮。她将这么一个偏远地区被忽视的外来宗教的仪式音乐作为选题，进行多层次、多方位的考察与研究，融合了历史、民族、宗教、音乐等各学科的视角和方法，还充分调动了她所学的不同音乐专业的知识，从中碰撞出了火花，取得了富有成效的结果！

这次的考察和写作同样得益于她的特殊身份——由于她是基督徒、是音乐学工作者，是对天主教音乐的调查者，因而使得这本书别具特色。它的结构框架类似一篇学位论文，而其中又包含着田野考察报告的特点，写进了她的感想、体会乃至意见和见解，将实地考察与文本的研读相结合。从而注入了许多学术著述往往缺少的生动与活力（其中不免带来感情描述比较多，文字不够简练等缺点。）晨荟的努力和实践表明，尽管学科间的隔阂与缺乏沟通并非个人所能扭转，但只要是有心之人，反而可以找到适合自己情况的突破点进行跨学科的研究，并取得一定成效。

一位年轻学者取得这样的成果，实在不容易。比如，晨荟翻译的藏文圣歌谱本采用的是西方中世纪的四线谱，我们国内西方音乐史教学中并没有具体教授和使用，因此，她通过请教北京的几位老神父和老教徒并找到国内早期（1931 年）出版的拉丁素歌乐谱参考，及香港天主教区的相关材料，经过补习和自学以后进行翻译的。至于经费、高原反应、生活习俗、语言和宗教信仰（请注意：晨荟是基督徒，调查的却是天主教音乐，两者间有很大的差异）等等，各种困难则不言而喻。但是，我们从行文中，却可以处处体验出她执着、热情的精神状态和虚心、深入的治学作风。这种状态和作风非常值得赞赏！

我们有理由相信，这本著述不仅为我国社会科学各门学科的历史与现状研究提供了有益的实证材料，而且对西方早期宗教音乐在中国偏远少数民族地的传播至今的状况，也提供了鲜活而宝贵的第一手材料。应该说，这是我国年轻学者对中西音乐文化交流史研究的一个贡献，值得中国音乐学界庆幸！

蔡良玉
中国艺术研究院音乐研究所

目次

导　论

一、研究定位及研究对象

　　中西文化的交流历经数次和平与战争，二者对话于和谈-割裂-对立-重组-整合的过程，古今时空每一种悠久文明的成长莫不要体验如此撕裂般的痛楚。基督文化首入中国正值大唐盛世，初次交流是东方与东方的面对。[1]二次入华时，已有西方脸孔的出现，意大利传教使者晋见中国蒙族皇帝成为那个时代的奇迹。三次入华时情形扭转，世界经济格局的改变使华夏盛世步入尾声，这次明清时期的中西面对面由对话交流逐步彻底撕裂。历经百年血雨腥风之后的异质文化终于明了入乡随俗的生存之道，撤除附载其中之西方文明的傲气，在他乡沃土中扎根吐芽。

　　今天在滇藏川交界的区域就存留这样的景观：雪域高原有一群藏族和其它族群的人佩戴着十字架，唱响赞美天主上帝的歌声。人们固有观念中每日拿着转经筒、匍匐跪地叩长头藏民加入到耶稣玛利亚的天神队列中，在插满五色经幡、矗立白色经塔和玛尼堆的雪山神道上，兀然某个角落里高耸着一座教堂。宗喀巴大师的地土上竖立着十字架，颂唱耶稣和圣母玛利亚的圣歌穿梭于经幡和玛尼堆之间，在江水、峡谷和雪山中回荡。此情此景就是中西异质文化的碰撞结果，天主教和藏传佛教二者皆备强烈的排他性特质，因此这种现象存在可谓是一奇迹。本书的研究定位是从天主教仪式与音乐的角度切入，逐层拨开其背后文化层面的交流-对立-重组-整合之过程，亦是西方天

1　唐贞观九年（公元635年），景教初次入华，其为基督宗教之叙利亚聂斯托里派。

主教音乐文化在此地的本土化进程，以探讨其本身所具备的宗教属性对社会文化的意义。

本书研究对象是滇藏川交界地区的天主教会，涉及藏族分布的边缘地区。藏族聚集地主要集中在青藏高原地区的西藏、云南、青海、四川、甘肃 5 个省区，天主教在藏区的地理范围由于历史原因仅存遗在 5 省区中的云南、西藏、四川三省交界处。藏语语言有卫康、康区、安多三种方言，各种方言之间差别较大。天主教会所在滇藏川交界处的藏区，属于藏语的康区方言区域，其中所涉足的天主教传教区域在教会历史中称为"西藏教区"后易名"康定教区"[2]。

选题该区域的音乐文化为研究对象，缘由有三：

1. 滇藏川交界地区是地质自然和人文景观的富矿，地理环境奇特多样，民族文化多元丰富。该地区天主教是百年前罗马天主教会攻略西藏的传教存留区域，如今在全西藏境内仅有一座天主教堂，三地交界处藏族与其它民族的混居区还有二十多座天主教堂，因道路艰难、地势偏远，在一定程度上保留着百年前天主教进入藏区时与当地文化整合后的传统，在宗教仪式、口头传承、书面乐谱等各方面透露着岁月的痕迹。

2. 滇藏川交界地区的天主教区域不仅历史悠久且范围广阔，仅涉及的少数民族就有藏、怒、独龙、傈僳、纳西、白族等，民族成份复杂，文化错综交汇，在历史和今天都有异常精彩的故事发生。该地区 50 岁以上的天主教徒或多或少都接触过当年的外国传教士，参与过古老隆重的宗教仪式，他们的口述历史虽是只言词组零零碎碎，却道出现有的文字记载中不曾有的故事和真实。

3. 藏族天主教徒是一群身份特殊的当地居民，在人们认为藏族人的宗教是藏族佛教时，天主教徒的出现令人惊异。比起其它很多事物，这个异质文化存留于此地的时间虽不久远也有百年历史。今日滇藏川交界地区的宗教归属按常规理解有些不同寻常，几乎全民信仰藏传佛教的此地部分藏族人皈依天主教、在汉族寺庙烧香的汉族人进了藏传佛教的喇嘛庙、而酗酒如命招神请巫的傈僳人信了基督教（新教）之后就烟酒全戒赶巫送神，其它的民族其它的人信什么、不信什么在此地都来去自如互相包容。这里的人们安居乐业，虽受到经济发展和现代化的强烈冲击，却从未放弃自己在的精神归宿上选择，这种现象很难在中国其它地方复制。

2　详文见第二章之"天主教藏区传播史"

文中通过叙述滇藏川交界地区的地域环境和人文生态，梳理天主教在此地的传播历史和发展状况，考察三地藏区天主教会仪式与音乐的历史和现状，进而深入研究仪式内外音乐的本土化历程，揭示此地区与众不同的人文景观，挖掘其独具魅力的文化内涵和社会意义。通过仪式与音乐的进路，让人们了解这群特殊之民如何"常常思念天主对他们的伟大爱情以及他们对天主应有的坚贞"！

二、先行研究及研究意义

目前，对滇藏川交界地区天主教仪式与音乐的研究为空白领域，相关的历史研究有一些成果。由于对音乐的研究首先涉及对历史的了解和梳理，因此本节简单综述其相关成果。来华外国传教士为传教之便编写出版诸多拉丁文、法文、意大利文、葡萄牙文、英文等文献，对研究当时的地域方志和宗教历史等各方面提供宝贵信息，此类数据少部分存留于国内的某些教堂、图书馆或档案馆内，但历史中的战乱焚毁和人为破坏，使这些为数不多的外文资料所剩无几大量缺失，而国内相关的中文教会史料也面临同样的境况。现云南德钦县图书馆保存有原茨中教堂存留的百余册外文和藏文书籍，四川康定天主教堂亦保存有百余册外文和藏文书籍，这是笔者实地考察所见三地存留老旧资料最多的两处，即便这些书目不过是当年藏书的九牛一毛。此类数据借阅困难，加上语言种类繁多，涉猎门类广泛，资料零落散碎，研究起来难度很大。

1. 史学角度的研究

国内学界自 20 世纪 80 年代逐渐对天主教在滇藏川三地藏区的传播历史加强研究力度，相关论文从各类语言的文献中翻译整理，亦从各类档案、游记、史料中搜集归类，试图不同的角度逐一补充。

研究多集中于传播史的整理，相关论文有：房建昌的《基督教在西藏传播小史》《简论天主教在滇藏边境地区藏族中的传播》《西藏基督教史》（上、下）、王永红的《略论天主教在西藏的早期活动》、秦和平的《近代藏区天主教传播概述》《近代天主教在川滇藏交界地区的传播-以藏彝走廊为视角》、保罗、泽勇的《盐井天主教史略》西藏研究、杨健吾的《基督教在四川藏族地区的传播》、徐君的《近代天主教在康区的传播探析》、刘锦涛、张箭的《基督教传入西藏年代析》等。

部分的史学研究侧重对外来侵略行为的控诉，相关论文有：徐铭的《清末帝国主义在川边藏区的侵略活动》、李藏郁的《17 至 18 世纪天主教传入西藏与西藏人民反洋教的斗争》、伍昆明的《西方首批传教士进藏的活动和藏族人民的反抗斗争》、曾文琼的《清代我国西南藏区的反洋教斗争及其特点》、朱解琳的《帝国主义对藏区的文化侵略评述》、林俊华的《帝国主义在康区的侵略活动》、饶斯丹的《在爱国主义旗帜下-康区藏族人民反对外来侵略维护祖国统一斗争略论》、潘发生的《帝国主义在云南藏区的侵略活动》、许广智的《试论西方殖民主义早期虽西藏的渗透及其侵略活动》等。此类著述亦有：畲素的《清季英国侵略西藏史》、杨公素的《中国反对外国侵略者干涉西藏地方斗争史》、周伟洲《英俄侵略我国西藏史略》。陕西人民出版社 1984 年）

对传播历史中的个案、专题和综述性研究文章有：王炎的《梅玉林事件发生地实考》、保罗、觉安拉姆《近代盐井腊翁寺事件原因分析-兼论其相关问题》、张学君的《巴塘教案与清政府对西藏政策的变化》、万明的《西方跨越世界屋脊入藏第一人-以安德拉德葡文书信为中心的探析》、伍昆明的《古格土王对基督教的支持和僧人的对策》、任真、韦川的《十九世纪西方探险家、传教士在我国藏区的活动》、冯宪华、孔艳梅的《近代来华传教士藏区传教失败原因探究》、刘锦涛、蓝琪《论基督教在西藏传播失败的原因》、冉光荣的《天主教"西康教区"述论》、刘君的《康区外国教会览析》、邓前程的《试论清末至民国康区外国教会》、郭永虎的《近代基督教在西藏的传播研究状况述评》等。

除论文之外，相关的专著和文中谈及相关内容的著述或译着有：[法]古伯察的《鞑靼西藏旅行记》、[法]米歇尔、泰勒的《西方发现西藏史》（上、下）、伍昆明的《早期传教士进藏活动史》、[瑞士]泰勒的《发现西藏》、[法]布尔努瓦的《西藏的黄金和银币-历史、传说与演变》、[意]托斯卡诺的《魂牵雪域-西藏最早的天主教传教会》、迪庆州民委《迪庆藏族自治州宗教志》、郭素芹着译《永不磨灭的风景香格里拉-百年前一个法国探险家的回忆》、刘鼎寅、韩军学《云南天主教史》等。

2. 其它角度的关注

在历史文献梳理的基础上，从文化交流的角度切入，对该区域历史问题进行研究是董莉英的《天主教在西藏的传播 16-18 世纪及其影响-兼论中西文化的碰撞与交流》和泽拥的《异质文化击撞下的新神话-从传教士个案看天主教与藏传佛教和汉传佛教的交往》这两篇文章不同的侧重点。

近几年从人类学、民族学、宗教学等其它学科的角度对此领域关注的文章虽然不多，但已经有所加强。尕藏加、德吉卓玛的《藏区多元宗教共存之历史与现状》和吴成立的《盐井纳西族的信仰变迁：小区认同的符号建构》，这两篇文章运用人类学田野考察手法对这一地区的宗教、民族等问题现状进行实地分析探究。

关注于三地藏区多民族多宗教现象的民族学和人类学研究著述，主要集中在云南贡山地区，云南大学出版社出版的关于 25 个云南民族村寨的调查研究中与本区域研究有一定关联的著述为《怒族-贡山丙中洛乡查腊社》和《独龙族-贡山丙中洛乡小茶腊社》，书中对两个村寨的天主教信仰状况做了考察，虽行文不多却是难得的一手资料。何林的《阿怒人-同一屋檐下的不同宗教信仰》对该地区宗教民族混融的特殊现象做了详尽的民族学调研著述。这几本书虽然并没有涉及藏族，但它们谈及的其它民族之天主教信仰正处于旧时三地藏区和当下云南藏区天主教的区域范围内。国外学者对这一课题的历史研究，亦有少数量的外文资料编纂成果，这些内容暂无中文译述。

目前，与滇藏川天主教课题有关的仅为史学方面考证研究，早期对三地藏区的研究主要关注史料的搜集整理，80 年代论及的重点是政治言指导史料考究，接下来的 20 年中研究逐渐转向客观论史、分层讨论的局面，近几年的研究已涉及多学科多角度的跨学科范围。由于过度缺乏文献资料和其它的障碍，此领域的研究历经 30 余年虽有长足进步，但相关论述依然不多，对传播史的深入探索甚少，其它学科的关注角度也非常不够，可以说现今的学界从任何一个角度入手，都能大大丰富相关内容。

3. 音乐学界的角度及本文的研究意义

前文提及，音乐学界对此课题的领域尚未涉足。对天主教少数民族地区的音乐研究涵盖于中国基督宗教的音乐研究范围之内。中国的基督宗教主要分为基督教（新教）和天主教，对这两大教派音乐现状的实证调查研究，涉足城市、农村和少数民族地区三大领域。自 20 世纪 80 年代以来，两教派宗教现状调查研究的成果令人侧目，而其音乐文化现状的研究仅有寥寥数文。相对于基督宗教音乐在中西音乐文化交流史上的重要地位，相对于佛、道和民间宗教音乐的实证研究成果来说，这个领域的研究都极为薄弱。下文对相关成果做一综述。

　　基督教（新教）城市区域音乐的相关研究有：冯锦涛的硕士学位论文《从国际礼拜堂看基督教音乐在上海》、周晶的硕士学位论文《兰州市基督教青年教会唱诗活动初步调查与研究》、王秀缎的硕士学位论文《福州基督教会音乐与诗歌研究-以基督徒聚会处诗歌为个案》、葛大威的《2006 年辽宁省基督教音乐调查报告》、姜卓《谈哈尔滨基督教音乐》。吴少静、黄少枚的《近代赞美诗（圣诗）音乐在福建的发展-中西音乐文化交流的区域性研究》一文虽是历史研究没有涉及现况的调研，但是对至今在当地基督教音乐中影响深远的《闽南圣诗》做了研究。另有王鑫的硕士学位论文《基督教（新教）圣诗音乐中国本色化探研》专题讨论本色（土）化问题。

　　基督教（新教）农村区域音乐的相关研究有：李顺华的博士学位论文《神圣化与基督徒的身份认同-以吕村基督教会圣诗班活动为切入点》、徐名居的《基督教灵歌中的家庭问题》、孙晨荟的《河北曲周地区基督教音乐个案调查-兼谈基督教音乐在农村地区的本土化》。

　　基督教（新教）少数民族区域音乐的研究有：东丹干的《关于苗族基督教歌谱之我见-与〈波拉苗谱与黔西北苗族〉的作者、评介者商榷》、华慧娟的《滇北苗族接受基督教赞美诗的原因初探》及其硕士学位论文《基督教赞美诗在滇北苗族地区的传播、演变与文化意义》、何明、吴晓的《基督教音乐活动与艺术人类学阐析-以云南芭蕉菁苗族为个案》、杨民康的数篇论文以及他2008 年出版的《本土化与现代性-云南少数民族基督教仪式音乐研究》一书，除了一章介绍当地的天主教音乐之外，其余皆是对云南少数民族地区基督教音乐历史与现状的考察，涉及苗、彝、佤、拉祜、景颇、傣、傈僳族等少数民族的基督教音乐研究，是目前国内对云南少数民族基督教音乐调研最为详实的成果。张兴荣主编的《中国少数民族宗教音乐研究-云南卷》第三编"基督教音乐"亦涉及傈僳、独龙、苗、拉祜、景颇、佤族的基督教（新教）音乐历史与现状。孙晨荟 2015 年出版的专著《谷中百合-傈僳族与大花苗基督音乐文化研究》是最新的相关研究成果。

　　天主教城市区域音乐的相关研究有：周莉的硕士论文《近代以来山东天主教弥撒礼仪音乐考》、南鸿雁的《内蒙古中、西部天主教音乐的历史与现状》、《杭州天主教音乐文化略述》、《南京天主教音乐人文叙事》、《沪宁杭地区的天主教音乐-民国时期相关仪式音乐与音乐文本的个案研究》及其博士学位论文《沪宁杭地区近现代天主教音乐考察研究》。孙晨荟 2012 年出版的专著《天音北韵-华北地区天主教音乐研究》是最新的相关研究成果。

天主教农村区域音乐的相关研究有：赵晓楠的《民族音乐中的天主教音乐-贾后疃村天主教音乐会调查》。

天主教少数民族区域音乐的相关研究有：百年前法国传教士保禄·维亚尔在他的文集《百年前的云南彝族》中生动记录下如录像机回放的百年前云南石林彝族撒尼人天主教礼仪生活种种。1939 年天主教学者方豪在《路南夷族考察记行》文中描述了今云南石林地区彝族的天主教礼仪。[3] 而音乐方面，仅在 2008 年杨民康的《本土化与现代性-云南少数民族基督教仪式音乐研究》书中第十三章对"云南彝族阿细人天主教仪式音乐文化"有短篇论述。

综上所述，对中国天主教少数民族音乐的研究实在是空白中的空白。本课题研究立足于滇藏川交界地区的天主教音乐，其意义在于不仅丰富藏区民族宗教的文化内涵，而且填补少数民族地区宗教音乐历史和现状研究的空白，并且在跨区域民族问题研究中从音乐文化的角度提供有价值的数据和现实信息，对中国宗教音乐的研究、跨地区宗教音乐的研究、中西音乐文化交流的研究等领域提供更为多元广阔的角度和论述。

三、研究方法

本书以论述滇藏川交界地区天主教音乐的本土化内容为主线，通过仪式、音乐与群体文化的三个层面，将外来异质文化如何适应本土传统，而本土传统是如何整合于外来异质文化的过程抽丝剥茧展现出来。其间在仪式和音乐这两个层面中，以宗教的外在表现形态为轴分为旧式与新式篇，联结起历史与现代的时空。课题研究的重点是通过历史研究和实地调研探究天主教仪式与音乐本土化的实际演变过程，其间对音乐本体的形态分析占据较大比重，原因在于搜集到的资料虽然稀少但很重要，不能忽略其学术价值，因此将主要通过音乐本体叙述音乐背后的文化内涵。文中将部分借鉴历史研究、民族音乐学、宗教社会学、宗教人类学的理论和方法，并参考天主教礼仪与神学的部分研究成果。民族音乐学和宗教人类学两学科均借鉴人类学角度切入音乐和宗教的研究，而民族音乐学和宗教社会学两学科采纳社会学角度的研究各有侧重，这三种边缘学科，在理论方法的运用上有一定的重迭性。

3　原文发表于民国 28 年 1 月 8 日及 15 日昆明《益世报》（宗教与文化副刊）第 4、5 期；后收入方豪编《方豪六十自定稿补编》1969 年。

本文所借鉴的历史研究方法论为主要参考方法，具体内容将在最后一章"第九章结论"中详细叙述。

借鉴的民族音乐学方法为：美国民族音乐学家梅里亚姆对民族音乐学的定义是文化中的音乐研究"，他提出可以从音乐家、人类学家和社会学家的观点来研究音乐。"我个人认为，当把音乐作为一种结构形式和历史现象来研究，这样的研究便处在一个基本的位置，即在文化中来研究更广泛的问题。"[4]梅里亚姆因此提出一个经典的三分理论模式"概念-行为-乐音"，"即音乐的概念与价值观指导人们的行为（包括身体-社会-语言行为），这些行为产生音乐产品，而音乐产品-乐音反过来又影响人们的概念与价值观。"[5]三者是一个循环模式互动影响。赖斯就此提出自己的质疑，即这个循环体过程疏忽了历史参与和个人作用，他提出的"历史构成-社会维持-个人作用"的三分模式进一步扩展民族音乐学研究的跨学科性。[6]后继的音乐人类学家不断提出更为更新和杂交式的理论模式。在此基础上，针对中国仪式音乐的理论构建，曹本冶提出"信仰（概念、认知）-仪式行为-仪式中的音声"三分模式。他在解释仪式音声研究的主旨及其意义中指出：

> "仪式是信仰的外向型行为，大部分的仪式自始至终在'音声'境域（soundscape）的覆盖之中展现。从宏观的角度来看，'音声'的概念应该包括一切仪式行为中听得到的和听不到的音声，其中包括一般意义上的'音乐'。作为仪式行为的一部分，音声对一时的参与者老说，是增强和延续行为及气氛的一个主要媒体及手段，通过它带出了仪式的灵验性。因此，信仰、仪式和音声行为是三合一、不可分割的整体。[7]

将音乐作为文化定义和内涵来研究以解释人类的行为思想，这一定位尤其对宗教音乐的研究更有针对性。笔者常年接触基督教（新教）和天主教音乐时，感受最深的是，要想明白其音乐所承载的一切内涵和背后的文化语境，

4　张伯瑜编译《西方民族音乐学的理论与方法》中央音乐学院出版社，2007年，第11页。

5　汤亚汀著译《音乐人类学：历史思潮与方法论》上海音乐学院出版社，2008年，第87页。

6　详文参，同注2，第102-125页。

7　曹本冶《思想~行为：仪式中音声的研究》上海音乐学院出版社，2008年，第13页。

首先定位不能颠倒，即从音乐的研究角度而言，首当切入的是其定语"宗教（即概念、认知）"范畴，而所有的外显形式和内在传递都是围绕着这个定语服务的。在此范畴内的音乐研究兼及音乐本体和音乐行为的互动才行之有效。简单地说，对一位教内人而言，令他（她）感动和信靠的是透过音乐媒介所传递出的信息内容及其神圣效应，可以说在这个领域内音乐本身只是一个管道，最终要通向其目的地的终极指向。

借鉴的宗教社会学方法为：宗教社会学兼备宗教学与社会学两学科的主要特征。宗教学学科的研究方法分为描述性和规范性研究两大类，前者采用描述的方法侧重宗教的历史和结构性，后者用规范的方法侧重于宗教价值判断及宗教命题真伪等形而上的研究。[8]而宗教社会学是立足于把宗教作为一种社会普遍现象的角度来进行的描述性研究，不对研究对象进行价值判断，注重描述避开思辨分析。该学科的具体研究方法有跨文化比价分析法、历史分析法、调查研究和统计分析法、控制实验法、参与性观察法和内容分析法等，本书将参考除统计分析法外的大部分方法进行研究。

借鉴的宗教人类学方法为：宗教人类学与宗教社会学和民族音乐一样是一门边缘学科，研究方法亦具交叉性。

"宗教人类学在根本上是一种理论探讨，它运用各种实际调查和理论分析的方法，比较和解释不同文化群体中宗教事象的相似性和相异性，从而使人们能够更清晰地认识、理解和把握人类文化以及宗教文化，调整个人和社会群体的精神生活，推动当代社会发展进程中的宗教问题的化解"。[9]

宗教人类学是人类学角度的宗教研究，其进路有三种：心理学、功能主义和象征主义的进路，以此切入对宗教文化现象的解释。文中，心理学和功能主义的进路体现在音乐层面是探究音乐在藏区天主教仪式内外的心理作用和功能导向，而象征主义方法运用于音乐研究，即使音乐作为符号象征在藏区天主教仪式中的意义，以及对仪式以外藏区天主教群体和民族社会文化的作用，这其中是通过音乐进行的宗教意义解释。

8　详文参戴康生、彭耀主编《宗教社会学》社会科学文献出版社，2000年。何光沪主编《宗教学小辞典》上海辞书出版社，2002年。

9　转引金泽《宗教人类学》宗教文化出版社，2001年，第32页。

　　国内人类学界和民族音乐学界对宗教的关注主要集中于民间信仰，或具地方性小民族的宗教形式，很少谈及世界性宗教。即使有学者探讨天主教、基督教（新教）以及伊斯兰教这世界三大宗教的相关内容时，也将之取域定位于中国境内的少数民族或少数派信仰，而鲜有提升至它们本身已具备的世界宗教性质层面。[10]前文综述的先行研究中提到的关于中国基督教（新教）或天主教音乐的研究成果，也是如此。对于研究者将中国的基督教（新教）或天主教音乐在理论研究方法中将其划分归类于民间属性的层面，笔者是有异议的。世界性宗教具有悠久的历史、完备的神学体系、理论架构和世界跨国性的特征，拥有来自全球众多的信徒受众。在中国的基督教或天主教的正统教派中即使掺杂再多的民间信仰成分和地域民族特性，也勉为其难将其归类于民间信仰层面。因此本书的研究首当其中是定位研究对象-天主教的世界性特质层面，其次才是藏区民族地域性的融入和演变，并通过这种历程解释分析作为宗教意义系统内核表现形式的仪式-音乐与社会文化之间的关系作用。

　　本书的研究过程中面临极度缺乏资料的问题，调查中发现关于该地区天主教音乐的历史文献几乎是空白，在存留下来为数不多的外文数据中，极少部分涉猎音乐层面，由于语言的障碍，此番数据搜集工作可谓费尽心力却获之甚少。在康定考察时，笔者获得一次难得的亲密接触大量外文资料的机会，面对外国传教士留下的拉丁文、法文、葡萄牙文、意大利文、英文和藏文等多种语言出版和撰写并堆积成山的文字数据，几乎每翻动一页便被呛嚏流泪，查阅数本书下来，双手、衣物、鼻孔、口罩已变漆黑。笔者深感这是需要一大批学者合力多年才能完成的艰涩文献学研究工作，而其中又有多少关于音乐的内容更是不得而知。尽管如此，笔者仍然搜集到一些重要的音乐数据以供研究还原历史面目，这是本书历史研究角度的部分。

　　笔者长期从事中国基督教（新教）音乐的本土化调查研究，对于天主教这一同宗教派的相关研究，即是局内人也是局外人。局内人是相对不了解基督宗教的人而言，笔者拥有对基督教14年之久的信仰了解和7年的研究基础再了解天主教时，已明晰诸多的异同，并亦多次参与调研多地区的天主教仪式，学习其神学与礼规，其教内近距离的体验更为深刻和真切，这是笔者最

---

10 笔者此言是引荐黄剑波的《宗教人类学的发展及学科转向》一文中的观点，参黄剑波编《地方性、历史场景与信仰表达-宗教人类学研究论文集》中国戏剧出版社，2008年，第30页。

大的优势。局外人是相对基督教（新教）而言，在今天中国的大陆，两教互不往来，唇枪舌战之余并不更多学习与理解对方，因此双方知之甚少，名为同宗同源一教两派，实为互相排斥互不接纳，宗教合一的包容心态并不常见。就笔者而言，对基督教（新教）音乐、仪式和神学即使了解再深，初次踏入天主教堂时见到的情形以一头雾水来形容毫不过分。建筑、空间、装饰、音乐、仪式等等如此迥异于基督教，若以局内人自居便是大言不惭。因此笔者可以说是"部分"的局内人和"相对"的局外人，并不囿于任何一个纯粹角度的孤立。田野考察过程中，便可穿梭徘徊于"局内""局外"之身份转换和便利阻碍，并将研究对象对笔者这双重身份的表现——存于书中。

宗教社会学和人类学科在田野考察一项重要的方法是调查研究和统计分析法，为了获得有关价值和行为取向的资料，调查者选择、设计并发放问卷结合调查访谈，回收问卷后统计分析，此法是最流行的社会学方法，虽有一定局限性但亦有很好的研究实践效益。在实地调研过程中，笔者原计划采用此法并参考借鉴各类学科的取向进路根据所了解的实际情况精心设计一份调查问卷，但前往实地调查时，这份问卷立即受到质疑以至于只能放弃此法进行调研。最重要的原因是在问卷设计时忽略了研究对象的基本特质，考察地域是藏区，考察对象是少数民族，年龄阶层是中老年为主，文化水平最好的也不过偶尔有几个初中水平。虽然之前曾经考虑到汉族文化的影响以及汉语义务教育的普及，但实际情况超乎想象。三地藏区的原生态状态在各个层面都有很大程度的保留，因此这份调查问卷在不识字、不会说汉语甚至听不懂汉语的人面前就是废纸一张。逐个对象的访谈分析成为笔者的最佳选择，即便如此，语言的障碍依然使得调研困难重重。以云南贡山地区为代表，当地人至少会说或听得懂藏、怒、傈僳、独龙等多种少数民族语言，而在进行交流时能随意在这几种语言中随意切换。笔者在采访时，当地人能给我最好的礼物即是给我说上几句"普通话"-西南官话。翻译成为调研的关键，针对翻译者对提供采访对象的建议，笔者的访谈主要采纳了无结构式访谈法兼顾结构式访谈的手法，其余的直接、间接、个别、集体、一般和特殊访谈手法，根据具体研究对象分类针对。无结构式访谈也称开放式访谈，主要围绕一个大致的提纲和主题访谈。笔者的首要方法原采用按调查问卷进行的标准结构式访谈，但实地多数的采访对象喜欢漫天欢聊，因此针对个人特性大多采用开放的无结构式访谈，也得到很多计划外的收获。这种方法的缺陷是费时费力难以进行定量分析，在实地中必须兼及其它的访谈法。

四、术语辨析

基督文化的外来文明特性进入中国时，首先需要文字翻译，而至今学界、天主教会和基督教（新教）会对其中文的宗教专业术语用法并不统一，各界出版发行时使用的惯例使读者易混淆。下文就本书涉及的一些专业术语做出解释辨析。

1. Christianity

Christianity 一词译"基督教"，但在国内习惯将其中三大教派之一的新教称为"基督教"，出版发行的论文著述也各不统一，易于混淆。何光沪主编的《宗教学小辞典》中对"基督教、天主教、新教"辞条条目解释如下：

> **基督教 Christianity**：① 以信奉耶稣基督为救世主的世界性宗教。亦称"基督宗教"。包括公教（天主教）、正教、新教三大教派和其它一些较小教派。与佛教、伊斯兰教并成为世界三大宗教。按其信仰人数和地域分布而言为世界上最大的宗教。② 在中国，通常专指基督教新教，又称耶稣教。

> **天主教 Roman Catholicism**：亦称"公教"、"罗马公教"、"加特力教"；有时也被称作"旧教"，以区别于基督教新教。与正教、新教并成为基督教的三大派别之一。为基督教中历史悠久、人数最多的派别。

> **新教**：英文 Protestantism 意译。亦称"基督新教"、"更正教"、"抗罗宗"、"耶稣教"。在中国又常以"基督教"一次单指新教。与天主教、正教并成为基督教的三大派别之一。[11]

条目很清楚地说明"基督教"一词在中国的用法，原意是指信奉耶稣基督的宗教各大派别总称，只是在国内习惯将这一名词单指其中的一大教派"新教"。为避免混淆，本书不嫌繁缀，在文中统一注明：教派的总称为"基督宗教"，"天主教"一词无异议，新教注明"基督教（新教）"。实地采访中，人们把天主教和基督教（新教）分成两个不同的宗教，并按习惯将基督教（新教）成为"基督教"，凡采访案例中遇此情况，依然统一为"基督教（新教）"。

---

11 何光沪主编《宗教学小辞典》上海辞书出版社，2002 年，第 124、131、134 页。

2. Gregorian Chant

Gregorian Chant 通常译为"格里高利圣咏",两岸三地的学界和天主教会在汉语翻译上各不相同,且"格里高利圣咏"的称谓在天主教会内并不认同。《牛津简明音乐词典》关于 Gregorian Chant 的辞条注释:

> Gregorian Chant **格里高利圣咏**:与教皇格里高利一世联系在一起的独唱与齐唱以及合唱圣咏,后来成为罗马天主教会的基本音乐。见 plainsong。

> Plainsong **素歌**:西方基督教会中大量传统仪式曲调的统称,它最后的形式称为格里高利圣咏。是单线条的声乐旋律,通常(但现实并不总是)无伴奏、节奏自由、没有小节的划分。有它自己的记谱系统,用四线谱表而不是五线谱表。此词是拉丁文 cantus planus 的翻译-以区别于"华丽歌"(cantus figuratus,意指有一个对位旋律线加在传统的曲调上)或"有量歌"(cantus mensuratus,意指有与和声音乐有关的节奏规律)。基督教的东方(或"希腊")分支和犹太教会堂有类似的用于仪式的旋律歌曲,但素歌一词通常并不包括它们。[12]

"格里高利圣咏"的译法为大陆音乐学界通用,也有译作"格里高利素歌"。台湾音乐学界多译"葛立果圣歌"。香港、大陆及台湾天主教会多译"额我略圣乐/圣歌/调"、"素调/平调圣歌"等。何种译法更精确?笔者在此略费笔墨。原本"格里高利圣咏"一词无可厚非,只是笔者在多次接触天主教会人士后发现,教内人对学界流行这样的定性名称来称呼自己的传统音乐却一无所知并有异议。"Gregorian"译作"格里高利"、"葛立果"、"额我略"或"国瑞"等都无关要紧,关键是"chant"译作"圣咏"易于混淆概念。"圣咏"一词在天主教会的用法并非宗教音乐,而专指圣经之旧约中《圣咏集》150 篇章,基督教(新教)译为"诗篇"。因此每当笔者与天主教徒谈及"格里高利圣咏"时,总被纠正为"圣歌"或"额我略调",从这一点看,台湾学界的翻译更为准确。因此,为了避免教内认为的学界错误和学界自顾自说的研究定论,文中不再用"格里高利圣咏"一词,根据其具备的拉丁文特点,称"拉丁素歌"。

---

12 (英)肯尼迪、布尔恩着,唐其竞等译《牛津简明音乐词典》人民音乐出版社,2002 年,第 477、902 页。

3. 部分术语参照

天主教与基督教（新教）之间的主要专业术语，翻译称谓不同，用法不同，神学层面也不相同，不能混用。下文做简单对照表以供参考：

含义不同的部分主要术语：

	天主教	基督教（新教）
神职人员	神父/神甫（不能结婚）	牧师（可以结婚）
	修士/修女/贞女（不能结婚）	传道员/义工（可以结婚）
教会礼仪	弥撒	礼拜
	圣体/血 –圣体变质说	圣餐（饼/杯）-仅具象征意义
教会音乐	圣歌/圣乐	赞美诗
祈祷	祈祷、念经	祷告
其它	圣人/圣女	圣徒
	告解	认罪

上述术语之间的区别由于于两派之间不同的教制传统和神学思想导致，在此解释其中几个非常重要的术语：天主教神父是一个宗教职位，仅由男性担当，并且终身不能结婚。基督教（新教）牧师亦是宗教职位，但男女皆可担任（一些保守教会不允许女性担当牧师），允许结婚。

两派教义之间最核心的区别在于圣体/圣餐神学观，圣经记载耶稣在最后的晚餐时，要求门徒吃无酵饼（代表基督的身体）、喝葡萄酒（代表基督的血）以此纪念他所做的救赎。天主教相信饼和酒经过神父祝圣之后，外形特性上没有变化，但本质变成耶稣真正的血肉，因此领受的人就是领受和真正地吃耶稣身体，神学术语中称之为变体（Transfiguration）。而基督教（新教）反对这个观点，认为饼和酒仅具纪念和象征意义。天主教弥撒礼仪的核心是感恩祭即领受圣体的圣礼并在每周举行，基督教（新教）礼拜仪式的核心是讲道，圣餐礼仪并不是每周都有。

告解指通常意义上的忏悔，为天主教七大圣事之一，它与基督教（新教）之间的不同名称显明其完全不同的罪赎神学观。天主教认为信而受洗的人得救，但犯大罪则被判下地狱，只有经过告解才能免除，不过死后仍要下炼狱炼净暂罪才能进天国，而暂罪想得赦免只有守律法立功补罪。告解圣事分为五步：省察、痛悔、定改、告明和补赎，只有神父才有此神圣权利并依此判断办告解人的罪恶等级。其中所涉及到的"炼狱"一词，从未出现于基督教（新教）中，对于相信受洗归入教会又犯罪的人，基督教（新教）不分罪恶等级大小和惩办结果的分级，一律需要认罪悔改，信徒可以向教会、牧师、普通信徒公开悔罪，也可以自行祷告悔罪。由此引申出的为死人祈祷、为炼狱灵魂祈祷的天主教功课也从未出现于基督教（新教）的教导中。

　　两派之间另有一些用语今在翻译或称呼上不同，含义则完全一样。天主教的中文译名多出自于拉丁语译本并受中国早期文言影响，基督教（新教）的翻译多出自英文译本。

天主教	基督教（新教）
讲道理	讲道
阿莱路亚/亚肋路亚	哈利路亚
亚孟	阿门
天主/上主	天父/上帝/神
圣神	圣灵
天主经	主祷文
宗徒	使徒
教徒	信徒
白冷	伯利恒
默西亚	弥赛亚
达味	戴维
梅瑟	摩西
保禄	保罗
若望	约翰
伯多禄	彼得

第一章　地域生态与人文背景

第一节　地理分布

一、考察区域

古往今来，人们对具独特地理位置和丰富宗教民俗的西藏始终保持强烈的神秘感和持久的探索欲。18 世纪至 20 世纪期间，很多西方探险家、传教士、寻宝者、妄图征服者等各怀梦想的杂色人士游走于西藏及边地藏区。天主教会对西藏的传教意愿同样很强烈，但西藏历史中复杂的政教合一因素、深厚的宗教土壤、对异族事物的排斥及外来者自持的文化优越感和宗教排他主义等因素导致的剧烈冲突，都成为西方传教士入藏的千重阻碍。从 17 世纪迄今罗马教会多次耗费人员财力进驻西藏未果，却掀起数次对藏人、汉人和西人惨烈而悲情的历史风云，几百年内的努力几乎化为泡影。困难当下，"曲线救国"的梦想使教会从最初的西藏腹地目标转战周边部分边藏地区，西藏教区-西康教区-康定教区[1]这些名称的变化证实这段历史的真实性。西人苦心经营的成果在今天尚有遗存，如今在滇藏川三地交界处的数座藏族天主教堂就是历史的见证，它们在不少层面上还保留百年前的原貌，至少体现出汉-藏-欧式三种文化风格的混融性。

本书的考察区域即沿历史中天主教在藏区的分点布线，涉足云南、西藏、四川三省份交界处的藏族区域。其中，云南省份遗留的天主教堂最多、分布最广、考察难度也最大，主要集中于怒江傈僳族自治州和迪庆藏族自治州境内。怒江傈僳族自治州内的天主教堂全部位于州部最北端的贡山独龙族怒族自治

1　天主教藏区的传教历史详文见第二章。

县各村落间。迪庆藏族自治州内的天主教堂存留于维西傈僳族自治县和德钦县各村落。自德钦县往北进入西藏芒康县内的纳西乡上盐井村即是全西藏唯一的一所天主教堂所在地。自芒康县往北往东进入四川省境内的巴塘理塘藏区，此地原来亦有教堂后被焚毁，自巴塘理塘往东，进入康定县区。现四川省藏区的天主教仅存于康定、泸定县内，道孚县、金川县及一些地区还有少数天主教徒，其它地方存留的天主教堂或被遗弃或被占用，也无教徒。天主教所在的这片滇藏川大三角地交界的藏族区域是按中国藏语方言区划分的康巴藏区。

第一次考察范围和路线为：北京-昆明-六库-福贡-贡山天主堂-丙中洛-秋那桶天主堂-贡山-福贡-六库-下关-维西-小维西天主堂-茨中天主堂-德钦-梅里雪山-西藏盐井天主堂-德钦-香格里拉-丽江-昆明-北京。此线以横断山的主要山脉之一碧罗雪山为界，将怒江州的贡山县和迪庆州的维西县、德钦县分开，雪山西面的怒江州贡山县丙中洛乡一路北上可达西藏的察瓦龙乡，这是最为知名的一条茶马古道；翻山至雪山东面的迪庆州维西县北上德钦县再进入西藏的芒康县，至今这两条线路仍有马帮运送砖茶、盐等货物。每年 5-10 月可登碧罗雪山，翻雪山南线时会途径古老的迪麻洛、白汉洛天主堂等。笔者首次的考察时间是 1 月-2 月期间，先至贡山时已无法翻山进入德钦县，只能原路返回绕至大理下关再北上至雪山的东面进入德钦藏区，全程呈大"U"型路线，需每天沿怒江大峡谷坐 7、8 小时长途客车或徒步前进。教堂虽遍布各村，但村村距离较远，交通极为不便，丙中洛乡内已铺设公路，常有路段山体渗水无法修建，每逢雨季时还有泥石流断路。第一次欲前行有老教堂的迪麻洛村，此时修路人车通往困难，而座落在雪山上该地区最古老的白汉洛天主堂需穿过迪麻洛村继续登山前进，翻过 3900 米的巴拉贡垭口、4300 米的蛇拉腊卡可达德钦的茨中天主堂。沿路风景是考察和徒步旅行者的天堂，路途艰难被评为徒步级别之自虐级。因时间体力所限，丙中洛乡只采访秋那桶村天主教堂作为代表，暂时无法深入迪麻洛、白汉洛等村寨。随后绕雪山至另一面的小维西、茨中和西藏盐井的天主教堂做调研。

第二次考察范围和路线为：北京-昆明-六库-福贡-贡山天主堂-捧当-永拉嘎天主堂-迪麻洛天主堂-白汉洛天主堂-才当天主堂-迪麻洛-贡山-福贡-六库-昆明-北京。二次考察主要针对藏族天主教徒集中的迪麻洛村区域，这是三地藏区的天主教徒中藏族人口最多最集中、历史较为久远、信仰传统保留最好、民族成份组成较为单纯的考察点。

　　第三次考察范围和路线为：北京-成都-姑咱-康定天主堂-磨西拉丁修院遗址-原磨西麻风病院及天主堂-磨西天主堂-康定新城驷马桥天主堂-泸定天主堂-雅安-成都-昆明-六库-福贡-贡山天主堂-丙中洛-重丁天主堂-贡山-福贡-六库-昆明-北京。三次考察首先进入四川康区-原三地天主教的总教区，但如今相比其它两省地，这里的天主教徒汉化程度最严重、信仰状态较为冷淡、信教人数也较少，而藏族教徒的人数更是少之又少。考察完康区，笔者再次进入云南贡山，前往宗教和民族混杂的代表区域-丙中洛乡，以深入了解该地区音乐及信仰结构与迪麻洛藏族聚居区的异同。

　　第四次考察范围和路线为：北京-昆明-下关-维西-小维西天主堂-茨中天主堂-德钦-西藏盐井天主堂-德钦-茨中村-德钦-香格里拉-下关-昆明-北京。四次考察主要是赶赴西藏盐井天主堂参加圣诞节瞻礼，并再次途经考察小维西和茨中天主堂，调研结束之后正逢藏家人的婚礼高峰期，因此又折回茨中村参加了藏式婚礼，算是考察中最大的惊喜。

　　途中云南司机的高超车技和山路的险峻陡峭让笔者深感路途劳顿，凡前往此处旅游者多为吃苦耐劳、特立独行的"驴友"（背包客戏称），在网络博客中，人们均被这个穷乡僻壤、文化相对纯净的地区竖立起的西洋教堂所震惊。这片区域几乎为清一色的藏文化圈，格格不入的教堂却存留百年，这种异质文化冲突融的背后合承载太多惊心动魄的精彩故事。

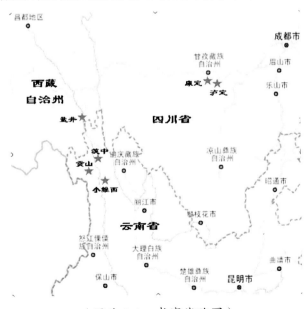

（图片1-1：考察线路图）

二、多称谓中的天主教地理分布

天主教在滇藏川交界地区分布的区域，具备丰富异彩的生态地理和人文环境，其称谓也多种多样：康巴藏区、大香格里拉、茶马古道、藏彝走廊、西南丝绸之路等，每个名称各自禀赋不同的文化内涵。

1. 康巴藏区

滇藏川交界地区是藏文化的边缘地带，位于中国藏语言区的三大区域之康方言区，它包括四川藏区甘孜藏族自治州、阿坝藏族羌族自治州和木里藏族自治县、西藏的昌都、云南西部地区和青海的玉树州以及果洛的部分地区。康巴藏区的地理位置独特，是西南边疆战略、经济和人文景观的重地，亦是中国唯一南北走向的狭长文化带。民国时期学者首开对这一区域的各方位研究，逐步形成"康巴学"。

2. 香格里拉

1933 年英国作家詹姆斯·希尔顿在他的小说《消失的地平线》中，提出了一个英语新词汇"Shangri-la"香格里拉，这个源于康巴藏语的发音名词，成为一个世外桃源和人间天堂的象征。这个美好的寓意代号成为人们相互竞逐的佳名，出于旅游经济的考虑，2001 年云南省迪庆藏族自治州的中甸县首先注册成功，将县名更易为香格里拉县。不久四川省甘孜藏族自治州稻城县将日瓦乡易名为香格里拉乡，后将稻城亚丁加一前缀：最后的香格里拉，还授予其香巴拉的名称，虽没有易名成功，但在四川境内人们还是用香巴拉一词称该地区。小说中提到"香格里拉"的地理范围成为人们争议的对象，而滇藏川大三角地区横断山脉的地域环境和人文景观均符合这一名称所赋予的含义，三省政府已有联合打造"大香格里拉"旅游景区的意向。小说中谈及香格里拉是一个和平美妙人间净土的理想生活世界，多民族、多宗教、多文化人们相安共处在奇美绝伦的仙境中。滇藏川三地藏区的天主教小区就坐落在这样一个环境里，实地考察情况的中，虽有现实生活的种种不利真实写照，如环境破坏、旅游过度开发等因素，但总体来说，它仍符合小说中想象的文明和自然美景。

3. 茶马古道

藏区道路交通自古不便，即使今天公路修成进驻，进入藏区对人们的体力和耐力仍具很大考验。历史中西方传教士曾数次探寻的进藏路线主要有三条：一是从印度进入，二是由内蒙经青海进入安多，三是自川、滇方向挺入。前两条路线的大门随数次抗争最终关闭，由四川云南藏区进入西藏成为较佳选择，这条通道属滇藏川大三角地带，蔓延雪山峡谷丛林草莽，令其闻名的是途中开凿于悬崖上羊肠般的人马驿路-"茶马古道"。这是世界上海拔最高的文明传播之路，经川藏、滇藏和青藏路线，主干线基本有两条：一是始发云南普洱茶源产地经大理、丽江、中甸（现更名香格里拉）到西藏的邦达、察隅、波密、日喀则或昌都、洛隆、林芝、拉萨，再由江孜、亚东、柏林山口分别进入缅甸、尼泊尔、印度；二是始发四川雅安经泸定、康定、巴塘、到西藏昌都、拉萨进入尼泊尔、印度。实际上茶马古道分支众多，是一个较为广泛的地域概念，在地理位置上，由川滇地区的横断山脉和三江并流进藏的路线都归属茶马古道范围，这些线路将滇、藏、川地区紧密联合在一起，构成一个极具特色多民族汇融的文明区域。茶马古道源于唐宋时期的"茶马互市"，主要交通工具是马帮，通过峡谷高山间羊肠狭窄的人马驿道，将高原藏区需要的茶叶物资和内地市场需要的良马货物进行民间的互换交易，这个庞大的交通系统从古至今流动不息，成为藏区和内地不同区域文明进行交流的最好通道。百年前西方传教士由这些人马驿道进藏传教，自己甚至也开辟翻山越岭的小路。笔者一行进入滇藏区域考察时，经常见到马帮的踪迹出入一些据说是当年传教士开辟的来往小道上进行日常生活用品的易货交换。

4. 藏彝走廊

　　"藏彝走廊"这一学术概念由已故民族学家、社会学家费孝通首先提出，自 1978 年至 2003 年期间，他五次阐述对"藏彝走廊"的研究观点。1978 年 9 月，费孝通在政协全国委员会民族组的会议上，以《关于我国民族的识别问题》为发言稿，首次提出藏彝走廊的概念。1981 年 12 月，在中央民族学院民族研究所的座谈会上，他以《民族社会学的尝试》为题，再次重申这一学术概念。1982 年 4 月，在中国西南民族研究学会上，他以《支持六江流域民族的综合调查》为题，对藏彝走廊的研究问题着重论述。1982 年 5 月，在武汉社会学研究班和中南民族学院的座谈会上，以《谈深入开展民族调查问题》为题，第四次深入阐述藏彝走廊的研究理论问题。2003 年 11 月，在由中国西南民族研究学会和四川大学藏学研究所联合举办的"藏彝走廊历史文化学术研讨会"上，费孝通贺电阐述藏彝走廊研究与"中华民族多元一体格局"的关系与意义。[2] "藏彝走廊"的历史-民族区域概念，在地理范围上包括云南、西藏、四川三省区接壤处的横断山脉地区，这是由一系列南北走向的山脉体系和江河湖流构成高山峡谷区域。具体包括岷江、大渡河、雅砻江、金沙江、澜沧江、怒江六大河流（下游除外）和藏东高山峡谷区、川西北高原区、滇西北横断山高山峡谷区以及部分滇西高原区。涉及的省区有云南迪庆藏族自治州、怒江傈僳族自治州、丽江市；西藏的昌都地区和四川的甘孜藏族自治州、阿坝藏族羌族自治州、凉山彝族自治州和攀枝花市等地。这是一片多民族文化交汇的狭长区域，居住着以说藏缅语族的藏语支和彝语支语言为主的藏、彝、羌、傈僳、白、纳西、普米、独龙、怒、哈尼、景颇、拉祜等十多个少数民族和其它一些语族的民族。[3] 费孝通指出"藏彝走廊"的民族文化特点和研究方法：

"要解决（民族识别）这个问题需要扩大研究面，把北自甘肃，南至西藏西南的察隅、珞瑜这一带地区全面联系起来，分析研究靠近藏族地区这个走廊的历史、地理、语言并和已经暴露出来的民族识别问题结合起来。这个走廊正是汉藏二彝藏接触的边界，在不同历史时期出现过政治上拉锯的局面。而正是这个走廊在历史上被称为羌、氐、戎等名称的民族活动的地区，并且出现过大小不等、久暂不同的地方政权。现在这个走廊东部已是汉族的聚居区、西部是藏族的聚居区…我们以康定为中心，向东和向南大体上划出一条走廊。这条走廊中一向存在着的语言和历史上的疑难问题，一旦串连起来，有点像下围棋，一子相联，全盘皆活。这条走廊正处在彝藏之间，沉积着许多现在还活着的历史遗留，应当是历史与语言科学的一个宝贵园地。"[4] 在他最后一次提及关于"藏彝走廊"的研究问题时指出："'藏彝走廊'上频繁而密切的族间交往在历史和现实生活中的地位和作用，都早已引起民族学、人类

---

2 费孝通的关于"藏彝走廊"的五篇论题分别发表于：《关于我国的民族识别问题》中国社会科学，1980 年第 1 期。《民族社会学调查的尝试》中央民族学院学报，1982 年第 1 期。《支持六江流域民族的综合考察》民族学报（昆明版），1982 年第 2 期。《谈深入开展民族调查问题》中南民族学院学报，1982 年第 3 期。《给"藏彝走廊"历史文化学术研讨会的贺信》石硕《藏彝走廊：历史与文化文集》四川人民出版社，2005 年。

3 李绍明《费孝通论藏彝走廊》西藏民族学院学报哲学社会科学版，2006 年第 1 期。

4 费孝通《关于我国的民族识别问题》中国社会科学，1980 年第 1 期。

学界的注意，我自己在民族调查研究中初步看到，中国存在几个这样的'民族走廊'，而'藏彝走廊'就是一个具有典型意义的例子。六江流域天然的河谷通道，民族种类的繁多，支系复杂，相互间密切接触和交融。对这条走廊展开文献和实地田野考察，民族学、人类学、民族史学家能看到民族之间文化交流的历史和这一历史的结晶，从而能对'中华民族多元一体格局'有一个比较生动的认识。"[5]滇藏川交界地区天主教所处的地理范围正位于费孝通所提出的"藏彝走廊"这一狭长民族-文化区域，具备多民族文化汇融的典型特征。本书是从音乐的角度切入谈及该地区多元丰富的文化特征，而从"藏彝走廊"的角度切入对该地区天主教文化的研究，则是跨学科界的一个很好选题。

第二节　多民族群体

一、藏族

藏族是滇藏川交界地区的主要民族，也是除汉族外对其他民族影响最大的族群。在西藏自治州中，藏族人口占绝对比例，是藏文化的中心地带。四川藏区居民有汉藏民族混杂的特征，主要聚居在甘孜藏族自治州、阿坝藏族羌族自治州和凉山彝族自治州木里藏族自治县境内。云南藏族主要分布于滇西北的迪庆藏族自治州的中甸、德钦、维西等县，以及丽江、洱源、贡山、宁蒗、大理等市县。

藏语属汉藏语系藏缅语族藏语至，由于距离遥远地广人稀，三大藏语方言之间的差别很大，同是藏民族在不同省份的人之间甚至完全无法对话。而安多、卫藏、康区每一大方言内的各地语音亦不相同，滇藏川三地藏区的藏语属康巴方言区，以滇西北的藏区为例，云南贡山藏语基本相同于德钦藏语但不同于中甸（香格里拉）藏语和西藏盐井藏语，缘由是贡山与德钦之间雪山相隔，人们经常翻山往来，因此生活习惯、服饰文化等基本相同。

拉萨是藏文化的中心地带，也是藏族人民心中的圣城，在很多民歌中都有将拉萨、北京等列为向往的地方。四川和云南藏区都是藏文化的边缘地带，

5　费孝通《给"藏彝走廊"历史文化学术研讨会的贺信》石硕《藏彝走廊：历史与文化文集》四川人民出版社，2005 年。

在民族分布和生活习俗上都有其它民族的痕印，但依然保持藏文化的基本特点，如藏传佛教的宗教信仰及相关习俗、藏族歌舞、藏族服饰、藏族语言等。

藏族节日众多，但滇川两地藏区的节日受当地习俗的影响略有不同与西藏地区。藏历新年、望果节、雪顿节等诸多节日在西藏地区庆祝。四川藏区的藏族主要传统节日，是每年农历四月八日流行于甘孜、阿坝藏族地区的"转山会"（沐佛节、敬山神）。云南藏区主要过春节和各种祈祷会等。居住在云南怒江傈僳族自治州贡山县丙中洛乡的藏族大多信仰藏传佛教，少数信仰天主教；居住在贡山县捧当乡的藏族绝大部分信仰天主教；居住在迪庆藏族自治州德钦县燕门乡的部分藏族信仰天主教。

二、其它民族

四川藏区的其它民族主要是汉族，该地区的汉藏文化交汇现象较为突出，还有一些县乡藏族汉化现象明显，其它多民族杂居区域主要集中在云南藏区。滇西北是一个多民族杂居区，主要有藏族、怒族、独龙族、傈僳族、纳西族、白族等。

怒族主要分布在云南怒江傈僳族自治州，迪庆藏族自治州的维西县和西藏自治区的察隅县等地，怒族是怒江州的原著民族，人民喜酒，好歌舞，热情淳朴。怒族有语言无文字，受傈僳族影响较大。全州部分怒族与傈僳族生活习俗混融，部分与藏族的生活习俗混融。怒族多信仰原始宗教、藏传佛教，现在也有部分信仰（新教）和天主教。怒语属汉藏语系藏缅语族怒语支，各地方言差别很大。笔者接触的怒族群众中，信基督教（新教）的怒族人会说怒语、傈僳语和部分汉语，会看傈僳文和部分汉文。信天主教的怒族人会说怒语、藏语和部分傈僳语、汉语，会看部分汉文，不懂藏文和傈僳文。怒族的主要传统节日为"鲜花节"（亦称仙女节、乃依节），是除春节之外最隆重的节日，现在怒族人过鲜花节在传统祭祀仪式的基础上还加上文化娱乐和商贸交易等活动，成为文化交流的一个平台。

独龙族是人口非常少的民族，有"独龙"、"俅帕"、"曲洛"等称呼，主要分布于云南怒江傈僳族自治州的贡山独龙族怒族自治县西部独龙江峡谷两岸，北部的怒江两岸及维西傈僳族自治县齐乐乡和西藏察隅县察瓦洛以及缅甸等地。独龙族语言属汉藏语系藏缅语族，与怒语相通，无文字，原为自然崇拜和万物有灵的原始宗教信仰，现在部分族人信奉基督教（新教）。独龙族传统节日为新年"开昌瓦节"（亦称卡尔江瓦），节日里最隆重的仪式是剽牛祭天，人们会通宵达旦饮酒欢歌。独龙族传统中有独特的妇女纹面习俗，现在这种民俗已迅速消失。

傈僳族主要分布于云南怒江傈僳族自治州和维西傈僳族自治县，云南丽江、保山、迪庆、德宏、大理、楚雄等州县和四川的西昌、盐源、木里、德昌等县、西藏的藏南地区以及境外的缅甸、泰国等国家也有部分散居。傈僳族有自己的语言，属汉藏语系藏缅语族彝语支，曾使用过四种文字。至今仍广泛使用的是基督教（新教）的英国传教士富能仁在20世纪初帮助创立的傈僳文。自然崇拜和万物有灵论的原始宗教为傈僳族的本民族信仰，自基督教（新教）传入后，使大量族人皈依，现在也有极少数傈僳族人皈依天主教。傈僳族人本喜酒好歌舞，但信基督教（新教）之后烟酒全戒。傈僳族的主要节日为"阔时节"（新年），1990年州条例把每年的12月20日-23日法定为节日日期，并在全州举行各种大型活动，加上信仰基督教（新教）的傈僳族在每年的12月24-25日要过全年最隆重的宗教节日-圣诞节，因此12月下旬成为怒江州旅游观光的黄金时期。

纳西族主要分布于云南丽江市、玉龙纳西族自治县、维西、中甸、宁蒗县、永胜县及四川省盐源县、木里县和西藏芒康县纳西乡。纳西族有自己的语言，纳西语属汉藏语系藏缅语族彝语支，方言差别很大不能通话。纳西族曾使用过两种文字，其中具有千年历史的东巴文是仅存活的象形文字。族人普遍信奉东巴教、藏传佛教、道教等，云南德钦县和西藏芒康县部分被藏化的纳西人信奉天主教。纳西族的传统节日是每年农历十月初八的三朵节，人们在节日里祭祀纳西先祖保护神三朵，并欢歌跳舞赛马联欢。

白族绝大部分生活在云南大理白族自治州内，其它地方如丽江、德钦、保山、南华、元江、昆明、安宁等地和贵州毕节、四川凉山、湖南桑植县等地亦有分布。白语属汉藏语系藏缅语族，通用汉语，无传世白文。白族信仰佛教崇拜本主。白族人喜歌好舞，歌会、庙会、节日胜多。每年夏历三月十五至二十日在大理城西的点苍山脚下举行的"三月街"（观音市）是白族最盛大的节日，现在已成为民族文化物资交流的一大平台。

滇西北地区的多民族之间相互影响表现明显，一些藏族人会跳白族、纳西族歌舞，而纳西人也会跳藏族歌舞，不少怒族人会跳藏族歌舞，而一些藏族人也会跳怒族歌舞。服装方面亦是混杂，笔者认识一位贡山县的藏族大妈，时而着藏族服装，时而着怒族服装，时而着纳西服装，待问具体着装是哪个民族的，她也说不清楚，只觉得好看方便就穿，而语言交流上她更是在藏语、怒语和部分汉语中随时切换。以上这种情况在滇西北地区很常见。

第三节 族群文化

一、云南贡山县

磅礴的雪山和陡峭的峡谷造就了滇藏川边界族群的生存文明，地势的险恶条件保护了这一地带丰富而脆弱的自然生态和人文环境。高黎贡山自然保护区贯穿整个怒江州，由南、中、北三个不相连的部分组成，怒江州的滇藏边界地带地处高黎贡山北区，由贡山、丙中洛、独龙江山区组成，澜沧江、怒江、金沙江三江并流的壮美世界自然遗产正位于此处。1956 年 10 月成立的怒江州贡山独龙族怒族自治县位于东经 98°08'-98°56'、北纬 27°29'-28°23'之间大峡谷最北端的滇藏交界处，高黎贡山、碧罗雪山、担当力卡山三大山脉和怒江、独龙江纵贯全境，呈"三山夹两江"的地貌，风景优美气势壮观，原始森林众多，是当今世界极为宝贵的地球自然环境生态宝库。就当地的老百姓而言，这种条件不利于人类活动，相对南部的泸水县或继续往南地区所拥有平敞富庶的坝子农田，人们形象地称自己居住在"夹皮沟"中。

贡山独龙族怒族自治县东接云南省迪庆藏族自治州的德钦、维西县，南部连本州岛的福贡县，西部临缅甸联邦，北部接壤西藏自治区林芝地区察隅县，总面积 4506 平方公里，全县辖茨开镇 1 个镇及丙中洛、捧当、普拉底、独龙江 4 个乡共有 26 个村民委员会、2 个居民委员会和 239 个自然村。境内主要居住独龙、怒、傈僳和藏族，这些民族勤劳简朴，人人能歌善舞，风俗节日各有特色，其中独龙族以独特的纹面习俗闻名。2005 年贡山全县统计总人口 34526 人，独龙族 5330 人占总人口的 15.5%，怒族 6396 人占总人口的 18.3%，藏族 1720 人战总人口的 5%，傈僳族 18542 人占总人口的 53.7%，其它民族 2638 人。[6]多为农业人口，沿江倾斜的坡岸开垦耕作，土地较为贫瘠。常年气候湿润温差小，有风雨冰雹等自然灾害。为了致富，县政府则打出"围

6　《贡山独龙族怒族自治县概况》编写组、修订本编写组：《云南贡山独龙族怒族自治县概况》民族出版社，2008 年。

绕生物经济强县、矿电经济富县、民族文化旅游活县的发展目标和抓好生态、打牢基础、培植产业、开辟财源、强县富民的发展思路，立足生物、矿产、水能、旅游和民族文化五大资源优势"的口号，[7]而争论数年的开发怒江大坝水电站工程依旧是政府和百姓口中两相对立的议论话题。

二、云南维西县

云南迪庆藏族自治州的维西位于云南西北部，东隔香格里拉县，东南接壤丽江市玉龙县，南连兰坪县，西邻与福贡县、贡山县，北接德钦县，生物、矿产、旅游和水资源极为丰富，总面积4661平方公里，2006年统计人口15.22万人。全县辖保和镇、叶枝镇、塔城镇3个镇及永春乡、攀天阁乡、白济汛乡、康普乡、巴迪乡、中路乡、维登乡7个乡共有79个村委会和3个居委会。

维西是以傈僳族为主的多民族聚集县，傈僳、纳西、白、藏、彝、普米、怒、独龙等少数民族占全县人口80%以上，其余为汉族，傈僳族占总人口的50%以上。维西县自汉唐以来即是云南西北部的边防要塞，以通往印度、缅甸、四川、西藏等地，是茶马古道上的交易互市。由于是农业经济县和多民族融合地，县政府大力推广水电开发、旅游文化等资源富县强民。

三、云南德钦县

维西傈僳族自治县北部迪庆藏族自治州的德钦县，藏语意为"吉祥如意，和平安宁"，接壤滇藏川三省，东临四川巴塘县，南接云南维西县和四川德荣县，北连西藏芒康县，西连西藏左贡、察隅县及云南怒江州贡山县。地处东经98°3'56"-99°32'20"，北纬27°33'44"-29°15'2"之间，是古今的茶马互市和入藏交通要道。全县总面积7273平方公里，有14个民族，总人口6万余人，藏族占81%，各民族通行藏语。全县辖燕门乡、云岭佛山乡、霞若傈僳族乡、拖顶傈僳族乡、奔子栏乡、羊拉乡7个乡和升平镇1个镇，共有38个行政村，3个办事处。

境内有云岭和怒山山脉，最高处是海拔6740米的梅里雪山主峰卡瓦格博，它被尊奉为"藏传佛教八大神山之首"。梅里南部与碧罗雪山相连，北部接西藏的阿冬格尼山，亦是藏人朝拜和游客的圣地。每年秋末冬初，全国各地的

---

7 资料来源 http://www.gsxzf.org.cn 贡山县独龙族怒族人民政府网站

藏传佛教信徒都会以"转山"的形式顶礼膜拜心中的"神山"，场面宏大令人叹为观止。德钦县境内有雪山冰川高原湖泊，自然生态丰富多层，人文环境异彩纷呈，被誉为"歌舞之乡"。藏传佛教、伊斯兰教、天主教、基督教多种宗教和睦相处，辖区内的中甸县已申请更名为香格里拉县，以示这一人神共居的世间天堂。如今对"香格里拉"这一地名的争论早已落定，而人们通常把东经 94 度-102 度，北纬 26 度-34 度围成的滇、藏、川三省交界的大三角地带称为"大香格里拉"。德钦县素有"歌舞之乡"的美称，德钦弦子舞被誉为"金弦子"。每逢节日庆典，人们欢歌舞袖热闹非凡。

四、西藏芒康县纳西乡

西藏自治区芒康县位于区东南部，昌都地区的最东部，位于东经 97°48'-99°5'，北纬 28°35'-30°39'之间，滇藏川三省公路交汇于此，结合 214 、318 两条国道线。县属纳西民族乡位于芒康县和德钦县之间，东北部相邻四川巴塘县，南接云南德钦县，西连西藏左贡县扎玉、碧土、门孔等地，辖纳西民族村、上盐井村、角龙村、加达村 4 个村民委员会，21 个村民小组，214 国道贯穿全境，是衔接滇藏两省的要道。纳西乡除上盐井村村民大部分信奉天主教以外，其余皆信仰藏传佛教，很少部分纳西族人保留东巴信仰，上盐井天主教堂是全西藏唯一的天主教堂。芒康县纳西乡节日主要以藏传佛教节庆为主，上盐井村的藏族天主教徒则庆祝自己宗教的节日。

芒康县的特有民族歌舞是以弦子为伴奏，男女围圈欢唱歌舞的弦子舞，藏语叫"蕃谐羌"。芒康弦子舞按风格可分为多种，上下盐井、曲孜卡、木许、玖龙等地跳的是端庄稳重的盐井弦子舞。弦子舞在当地人人能跳，人人爱跳。2006 年西藏自治区芒康弦子舞和四川巴塘弦子舞入选第一批国家级非物质文化遗产名录项目。2009 年 9 月 4 日第三届茶马古道"芒康·盐井"旅游文化艺术节的开幕更是为推广芒康的文化艺术起到良好的宣传作用。

五、四川康定县

四川省康定县位于甘孜藏族自治州东部，亦是全州州府所在地，界于北纬 29°39'-30°45'，东经 101°33'-102°38'之间。东连宝兴、天全、泸定、石棉县，南接九龙、木里县，西邻雅江县，北靠小金、丹巴、道孚县，总面积 11422.75 平方公里。康定古称"打箭炉"，1729 年（清雍正 7 年）设打箭炉厅，至 1908

年（光绪 34 年）设康定府，至 1939 年国民政府新建西康省，康定设为省会，至 1950 年 3 月康定解放定为四川省甘孜藏族自治州首府至今。全县有藏、汉、回、彝、蒙古、苗、壮、布依、满、瑶、白、土家、纳西等多种民族，古往今来为多民族混杂汇合的交通要道，著名《康定情歌》便出自于此地。

康定城的风貌是汉藏杂烩茶马往来，历史上逐渐形成集食宿、贸易、仓储于一身的综合性商业组织，汉语名曰"锅庄"（相当于客栈），而当地人喜欢的圆圈歌舞汉语也称为"锅庄舞"（藏语称"果卓"）。清末民初号称康藏边地"一支史笔"的刘赞廷在《康定县图志》中对本地风俗有以下的描述：

> "本县风俗，临城附近及大路一带悉为同化，惟乡间尚有守旧之风，有病不医，请喇嘛祈祝，死后天葬喂鸟，而言语普及皆可言事，因此地久为商坊，皆谙商情。本城原有十八家锅庄，凡康藏行商皆住此锅庄为旅店，不取宿膳费。盖客商之货交与主人，代为买卖，出入提取二分用代为膳费，形同内地之经纪。凡营此者悉为女子，善为交际，名曰锅庄小姐，其装束半为汉地冠裳，其守旧者仍是圆领大袖，以粗绸裹首，高筒皮靴，名曰元咤。喜跳舞，名曰跳锅庄，其女子皆以红绒线为辫盘于头顶，以琉璃珠串于珊瑚玛瑙为项圈，以紫丝绸作背心，以毪氇为裙，皮靮凤头云月是一班风流。而此地有一种混合语言竟成为普通之官话，因此汉老杂处彼此语言皆知，其大概意可言事…由此类推，半蛮半汉之语言，竟成为本地之官话，此所谓各地有各地方言不同者也。"[8]

如今"锅庄"风情早已不存，而康定城跳锅庄舞已成为全民娱乐的场景，并与当年的描述完全一致。宗教信仰方面，此地也体现出多宗教混杂的情形，在西藏本地难以发展的藏传佛教其它宗派以及藏地难以生存的其它宗教在此地都有一席之位。《康定县图志》书中也记载了藏传佛教的黄教、红教、白教、萨迦教各派以及黑教、道教、天主教、基督教（新教）等各宗各教在康定城内的存在。如今的县城里，天主教、基督教（新教）、伊斯兰教、藏传佛教相安共处，各占一方天地，各教信徒之间也友好往来互不干涉。

8　刘赞廷纂修《康定县图志》民族文化宫图书馆，1961 年油印本。

第四节　宗教背景

　　滇藏川交界地区中多样的民族信奉多重的宗教，在各自范围内供养着不同的菩萨天灵，五色衣服遮蔽下的内心尊崇着迥异的天界神仙，却在日常生活可称兄道弟互为尊重，"香格里拉"所赋予的精神内涵真实地展现于这片地土。原始宗教、藏传佛教、天主教和基督教（新教）成为此地的主要宗教派别，人们自行选择属于自己的一片精神天空。

一、原始宗教

　　由于生存环境恶劣和生产力低下，与人类生活息息相关的生命安全、食物状况、生死疾病等基本问题成为少数民族宗教信仰的原动力，也构成了与之相关的原始宗教核心世界观，因此原始宗教崇尚自然崇拜和万物有灵论。

　　独龙族相信世间万物人间祸福由鬼神来掌控，鬼称为"不朗"，不同的自然现象有不同的"不朗"十多种，并相信人的灵魂也有人类祖先的 2 种鬼。神有"天神"、"虹神"、"山神"3 种。迎神祭鬼由巫师完成，一种"纳木萨"巫师占卦看鬼，一种"夺木萨"巫师祭牲赶鬼。生活中有很多禁忌由巫师说了算，违规者只能请巫师解决。而杀牲祭鬼造成大量牲口和粮食浪费的行为使本来就非常贫困的独龙族人民更加陷入窘境。怒族原始宗教的鬼神崇拜中，鬼有十多种，神也有十多种，人们祭祀鬼神祈求平安顺利。巫师称为"南木萨"，他们卜卦问数并治病驱鬼，掌握一定的民间医术和文化知识。怒族和独龙族两族之间的原始信仰属近亲关系，都崇拜地鬼"布兰"和天鬼"南木"，认为人和万物有生灵的魂"卜拉"和亡灵的魂"阿细"，各种生活禁忌很多，巫师是这个信仰系统的灵魂人物。

　　傈僳族的原始宗教也相信世界万物由神灵和鬼魂支配，各路鬼神统称为"尼"，共有 30 多种。巫师称"尼扒"和"尼古扒"，前者地位较高能够看鬼驱鬼。民族历史中，巫术和神判也出现过，而巫师编大量的祭歌和祈祷词在一定程度上也成为傈僳族的民间文学。图腾崇拜和祖先崇拜也曾流传于族群之中。这些民间宗教多围绕怯病消灾等功利色彩的杀牲祭鬼活动，对生活水平低下的群体带来极大浪费。

　　藏族的原始宗教中充满对山、水、天、龙的自然崇拜，亦是万物有灵论。巫师很多是部落首领和氏族长老，他们掌握神权和生杀大权，也是神灵代言人。如今，西藏自治区拉孜县曲下镇乃萨村因有 40 多名巫师而成为远近有名的"巫师村"。藏民原始崇拜的祭祀仪式有煨桑、血祭和祈神舞蹈三种内容。苯教（笨波教）亦称黑教，亦是一种崇尚万物有灵的泛灵原始宗教，分为 3 个流派：笃本、伽本、局本，苯教教义大藏经有伏藏和口传经文两种类型的著作。苯教认为世界有神灵和恶魔两种势力，传说中有以四大住所著称的四重天，其神殿中聚集着为数众多来源于各地的神灵。苯教巫师是解释征兆和占卜的专家，在民间享有很高的威望，其所用的主要法器-鼓也被用于藏传佛教中。公元 8 世纪起，西藏原始的苯教成为藏传佛教的敌对派，自此遭到致命的打击，藏传佛教也成为藏地最主要的宗教。

二、藏传佛教

藏传佛教始于 7 世纪中叶，俗称喇嘛教，是佛教三大系统之一。藏传佛教以大乘佛教的密宗为骨干通称"藏密"，主要以法身佛大日如来的内证真言境界为教法，文义晦涩并对未灌顶者和圈外人秘而不宣故称密教。其重要法门有大圆满、大手印、道果、五次第、六加行、拙火定等。藏传佛教有四大主流派别：格鲁派、萨迦派、宁玛派和噶举派，因其服装和建物特色被称为"黄教"、"花教"、"红教"及"白教"。藏传佛教也是滇藏川边界影响最大的宗教，多民族混居的区域越靠近藏区，雪域文化的色彩越艳丽。

11 世纪中叶以后，西藏佛教各教派形成并陆续传入云南，历史最久远的宁玛派（红教）与噶举派（白教）11 世纪末从西藏传入云南迪庆地区，藏传佛教中最有势力的大教派-格鲁派（黄教）在迪庆藏区等地的势力也最大，另外历史最为悠久的苯教在滇藏区域影响较深远。藏传佛教在滇藏边界传播的教派众多，受众人群以藏族为中心扩散至傈僳、汉、纳西、白、苗、回、普米等民族，结合本民族原始宗教，形成一定的广泛性和地方特色。

四川康区由于地处边藏，因此在西藏腹地卫藏地区被压制的宗教在此地得以发展。藏传佛教中与主流格鲁派主张相对立而在西藏几遭禁绝的觉囊派，在康区壤塘一带得到很大发展。苯教和宁玛派这些藏地不受重视的派系宗教都在康区繁荣。康区一带藏传佛教各教派、苯教、汉传佛教、道教、伊斯兰教、天主教、基督教（新教），彝族毕摩崇拜、纳西族东巴教等各种信仰多元包容兴盛共存。

三、天主教

天主教全世界最大的基督宗教派别，自认为是代表至一、至圣、至公并传自耶稣门徒之真正的教会。其组织严格管理缜密，十分重视神职和治权的教阶制度。神职教阶包括教宗（教皇）、主教、副主教、神父和执事等七级神品；治权教阶包括教宗、主教、省区大主教、都主教和教区主教等，教宗是所有层面的最高权威。天主教会规定神职人员终身不得结婚，并发神贫、守贞、服从三愿。礼仪礼规上有四大瞻礼和七大圣事，耶稣诞生、耶稣复活、圣神降临、圣母升天为每年最为隆重的大瞻礼仪式，圣洗、坚振、圣体、终傅、告解、神品、婚配为七件圣事，其中圣洗、坚振、圣体为入门圣事。天主教教义信奉圣父、圣子、圣神三位一体的天主，并尊崇玛利亚为圣母，给予特殊地位的敬礼，除此之外还崇拜各种圣人圣女并作为主保，其核心教义主要包括在《宗徒信经》（使徒信经）中。当今世界各国的天主教派除最主要的罗马天主教，另有东欧的东仪天主教会等，并在全世界各国有其多个传教修会。

罗马天主教会很早就关注西藏地区，最早在 1624 年由葡萄牙耶稣会士安德拉德在古格王朝建立一座天主教堂，后随王朝覆灭被毁。此后时间，天主教会陆续花费大量人力物力试图进藏建立教点未果。19 世纪初，天主教在云南傈僳族和怒族地区传播，教会早先将其作为入藏跳板，后来便转移方向在临近区域扩大目标，其分布主要集中在贡山县北部、维西县境内和德钦县南部。天主教多分布于怒族和藏族，德钦县还有部分纳西族天主教徒，通用藏语。鸦片战争之后天主教进驻四川康区藏族地区，这亦是教会进藏未遂而后退的成果，信教民众多为汉族极有少藏族。

四、基督教（新教）

基督教（新教）是基督宗教的三大派别之一，也是当今世界发展最快的宗教之一。它于 16 世纪欧洲宗教改革时期由马丁路德引发脱离罗马天主教会，产生了路德宗（信义宗）、加尔文宗（改革宗）、安立甘宗（圣公会）三个主要派别，后产生循道宗、浸礼宗、公理宗等派别，至 20 世纪 90 年代已发展出近千个各异的大小派别。基督教（新教）与天主教的区别是该教义强调"因信称义"即因为相信耶稣基督而得救、信徒人人皆祭司和《圣经》是唯一无误的最高权威三大原则。其主要节日是圣诞节和复活节，仅有 2 种圣事：洗礼和圣餐，不崇拜圣母玛利亚和圣人圣女，除耶稣以外没有神人之间的中介主保。基督教（新教）的教会制度多样化不同于天主教统一的教阶制度，没有最高权威，并废除神职人员独身制度和修道院隐修制度，支持女性担任圣职。现在基督教（新教）已传入全世界 200 多个国家和地区。

1908 年基督教（新教）传入云南腾冲傈僳族村寨，随后外国各差会传教士进入怒江地区，傈僳人大批归信。20 世纪 30 年代左右，美籍传教士穆尔斯建立了滇藏基督教会，并在贡山设立教堂，同时进入丙中洛、独龙江等地区传教，自此基督教（新教）传入独龙族地区。如今，怒江地区的傈僳族多信奉该教，福贡县信徒所占比例最多。独龙族、怒族在文化上受傈僳族、藏族影响，有一定数量的信徒，通用傈僳语和傈僳文字。基督教（新教）在四川藏区的传播基本与天主教是同一时间，19 世纪末内地会和美以美会进驻康区，随后各派陆续传入。至今在康区各地都有一些基督教（新教）的教堂和教徒，以汉族为主人数不多，宗教热情也不是很高。

本章小结

滇藏川交界地区的天主教会所处的地理人文环境有多山川、多河流、多地貌、多生态、多民族、多宗教等综合特征。该地区在社会科学和自然科学各等方面具有很高的学术研究及实践价值，且人文景观多样旅游资源丰富，各地政府均大力开发其文化商业价值。

天主教存在于藏传佛教盛行区域的罕至现象，已融入滇藏川交界地区原始宗教、藏传佛教、道教、伊斯兰教、天主教、基督教（新教）等多宗教并存相融的和谐之音。而同一屋檐下的不同宗教信仰更是人文学者和游客的关注焦点，这些地方通常一家 5、6 口人中有 5-6 个少数民族或一家人信仰 2-3 种宗教，此独特美好的景观也为本书揭开不同于其它地方的人文篇章。

第二章 天主教仪式与音乐的 历史与现状

第一节 天主教传播史

　　罗马天主教会开辟西藏的历史上溯 17 世纪早期，下至 20 世纪 50 年代，可分三阶段：第一阶段 17 世纪早期至 18 世纪中期，是对西藏腹地传教的探索；第二阶段 19 世纪中期至 20 世纪初期，由西藏腹地转向边藏地区稳定战果；第三阶段 20 世纪初至 50 年代，边藏教区的逐步发展至强行结束。

一、17 世纪早期至 18 世纪中期

　　第一阶段早期的传播源于 17 世纪早期至 18 世纪中期。17 世纪葡萄牙耶稣会士进入阿里地区的古格王朝传教，成为西藏最早的天主教传教会。安东尼奥·德·安夺德（P. Antonio de Andrade，1580-1634）神父在古格王朝首府扎布让地区传教，经过多年努力，1626 年安夺德（又译安德拉德）终于在西藏建立了第一所天主教堂。

　　　拆迁住房和清理工地是从 1624 年 4 月 1 日开始，4 月 11 日在工地竖起一个木头的十字架。4 月 12 日，即复活节这一天，举行隆重的奠基式。安夺德的报告对此作了详细描述："复活节那天，我们排着整齐的队伍从过往的王宫出发；国王一个人抱着奠基石，奠基石的中央有一个很漂亮的镀金十字架，十字架镶满了各种宝石，尽管实际上价值并不高，但看起来非常珍贵，奠基石的其它部分均用

银丝进行了装饰。我们来到建筑工地后，把奠基石放在祭坛上，以尽可能的宏伟和庄严仪式进行了奠基。在奠基石落土之前，国王朝地上扔撒了许多黄金。那天，有20个人装扮成穷人，他们穿上了大家都参与制作的百家衣。这时，我们为教堂命名为'圣母的希望'，以此寄予我们的伟大的希望，并以圣母的名义恳请我主尽快给这里的人们带来我们神圣的信仰……教堂内部用十多幅宗教图画装饰。其中有反映圣母生活和基督生活得图画，还有耶稣遇难和圣母怀抱婴孩的两幅浮雕。教堂顶上安放了一个大的十字架，从很远的地方都能看到它。此外，在安放这个十字架之前，古格王要求神父在山的最顶上安放了第一个十字架。这个十字架是木头做的，但整个用黄铜包裹。这座山很高，扎布让建在山腰上，从山顶可以鸟瞰全程，映入远道而来的人眼帘的第一件东西就是十字架。它在太阳光辉的照耀下，金光灿烂。古格王此举之用意像是向青藏高原宣布：这里将是基督教的世界！怪不得安夺德在信中评论说：'十字架安放得如此之高，似乎它正准备获得整个王国。'"[1]

安夺德将建立教会的土壤紧密联系与上层王朝的政权，因此当古格王朝在1640年与拉达克的一场战斗中覆灭时，教会也随之土崩瓦解，安夺德费劲心机创办的西藏第一个天主教会就此消亡。差不多同一时间葡萄牙耶稣会士埃斯特万·卡塞拉神父（P.Estevão Cacella）和约翰·卡布拉尔神父（P.João Cabral）赴日喀则建立布道会，虽然得到了藏巴汗的支持，但也最终失败。1704年-1745年间意大利卡普清修会（嘉布遣小兄弟会）的传教士受罗马传信部派遣赴西藏拉萨建立西藏宗座监牧区，并建立了教堂。

卡普清传教会的僧馆和教堂在靠木鹿寺不远的地方。教堂高5米，长约10或11米，教堂内设有5个神龛，一小间圣器保藏室，一小间唱诗班、风琴独奏室。教堂用许多宗教图画装饰。僧馆地面一层设有厨房、大食堂、医疗诊所；上层有8个房间和一个会客室。整个建筑不超过五米高。楼上这一层很矮，伸手可以摸到天花板。教堂选择在1726年10月4日（火马年八月九日）开光，这一天是圣方济逝世五百周年纪念日。神父们举行了隆重的庆祝仪式，有11位新入教的教徒出席，他们多数是在拉萨的尼泊尔土著尼瓦尔族人，

1　伍昆明《早期传教士进藏活动史》中国藏学出版社，1992年，第145-146、148页。

教堂题献给"圣母升天节"。当天和后来，许多人前来祝贺和他们当中有普通百姓，也有和高级官员，甚至拉萨大喇嘛桑巴波钦也前往教堂礼拜的地方向神父道贺和观看。并对建设过程中出现的种种困难和干扰表示歉意，最后这位拉萨大喇嘛桑巴波钦对神父说："你们的上帝是伟大的上帝。"[2]

卡普清修会工作的同时罗马又再次派遣耶稣会传教士进藏开辟传教事业，因而引起教权之争，耶稣会士被罗马召回，卡普清修会留下继续工作。卡普清修会传教的 41 年期间，罗马传信部先后 10 次向西藏派遣了 49 位传教士，而恶劣的环境、资金匮乏和过度劳累等原因，使这些外国人大多客死异国。卡普清修会传教工作虽然有一些收获，但皈依的藏民极少，最终由于各种原因撤离西藏，转战尼泊尔、印度等地。

> 在西藏唯一留下来的卡普清传教会的遗物，就是安放在大昭寺楼上的刻有拉丁铭文的大钟，拉丁铭文为"Te Deum Laudmus"（我们赞美你，天主！）[3]

据《早期传教士进藏活动史》一书的作者伍昆明注，这个钟他曾几次探寻，但并没有在大昭寺内找到，虽然 20 世纪二、三十年代，有外国人亲眼见过但并无实物证据，有可能损毁于文革。可以说就目前的发现，卡普清修会没有留下任何相关遗物。

1745 年卡普清修会修会撤离后，罗马并未放弃西藏传教会，对其转战尼泊尔、印度等地的传教站点，自 1708-1807 年间，先后派驻 20 批共 53 人次的传教士前往工作。期间，西藏传教会的布道范围由于各种原因发生变化，印度"大莫卧儿宗座代牧区"的北部被划入西藏传教会。当英国侵占印度北部和孟加拉国之后，罗马教廷于 1821 年新成立"西藏和印度斯坦宗座代牧区"，后将其划分为"阿格拉宗座代牧区"和"巴特那宗座代牧区"。为了便于管理，西藏从巴特那宗座代牧区分离，单独成立宗座代牧区，并被委托给巴黎外方传教会负责。巴黎外方传教会很早就在四川地区活动，起初他们并不愿意接受新增而繁重的西藏传教事务，直到 1846 年 3 月 27 日，教皇额我略十六世（Gregoriar ⅩⅥ）在拉萨建立西藏宗座代牧区的谕令正式颁布之后，传教会只得接受执行。

2　同注 1，第 432 页。

3　同注 1，第 505 页。

罗马教廷在西藏传教会的工作对其外延历经一百年之久兜了一圈之后，终于又转回来。这是一个全新时期的开始，罗马教廷在吸取原有的人力物力和传教策略的经验教训基础上，积极考虑如何将天主教会驻扎于西藏复杂的环境中，就此第二阶段的传教工作开展。

二、19 世纪中期至 20 世纪初期

1846 年西藏传教区拉萨代牧区正式属巴黎外方传教会，由四川代牧区管理。在第二阶段西藏传教工作之始，罗马教会已总结出的经验是，先前惨重的代价证明从印度和尼泊尔进入西藏腹地的可能性被排除。而在异地传教首先是对地形路线的确认，因此第二条探寻入藏的路线开始行进。1846 年法国传教士古伯察（Fr. Huc）和噶毕（J. Gabet）伪装成朝圣地的蒙古喇嘛，由内蒙古出发经青海至西藏藏北终抵拉萨并建一小教堂。清道光《筹办夷务始末》中记载 1846 年 4 月 29 日（道光 26 年 4 月己丑）"琦善等奏盘获传教法人并起出书文录供呈览折"，呈明满清驻藏大臣琦善发现古伯察一行的伪装，将他们盘查并亲自从川康押解出境，此事曾在欧洲轰动一时，藉此第二条由内蒙、青海经安多入藏的路线尝试宣告失败。

次年法国传教士罗勒拿（罗启桢，Charles Renou）等人从四川打箭炉（今康定）、巴塘入藏在西藏昌都地区的察木多被获，亦被押解回四川。罗氏未死心再次前行，于 1854 年经云南深入怒江和澜沧江畔的 Bonga（今西藏昌都察隅地区）建立传教点，罗氏此行探索出一条滇藏边界的入藏路线，这是进藏的突破口。为了进一步加强进藏准备，驻地四川的巴黎外方传教会再次派遣会士顾德尔（Gouelle,Jean Bapise）从四川进入，探寻康巴地区的进藏路线。顾氏一行稳扎于打箭炉建立向西藏的传教据点，这成为日后西藏传教会转移边藏地区的关键，亦是今日藏区天主教存遗的主要区域。自此第三条进藏路线由于实地可行而逐渐成形。

1856 年西藏教区宗座监牧区正式成立并设立于四川康定，由四川代牧区主教全权管理其主教的委任工作，首任监牧是曾在四川东部传教的杜多明神父（Thomine Desmazures，Jacques-leon），西藏传教事务自此转向以康定为中心的藏族地区传教点。继 1858 年《中英天津条约》和 1861 年中法北京《续增条约》签订之后，法国取得在中国内地传教的权利。接下来的几十年内，传教士和探险家们纷纷开始探索康巴进藏的路线以达到各自目的。1861 年法

国传教士余伯南设立西藏教区云南总铎区，1862-1863年间西藏教区云南总铎区的主教座堂亦是滇西北第一座天主教堂在云南德钦县燕门乡茨姑村建立，统辖德钦、维西和贡山三县教务。

1864年，在西藏的传教士最终撤离至川滇周围的边藏地区，并在四川华林坪设立主教府，同年打箭炉教区设立。原云南助理主教丁盛荣（Chauveau, Desgodins）调任西藏教区主教，而此时进藏传教士传教受挫全被驱逐，因此西藏教区的主教府由华林坪迁至打箭炉，康定从此成为康巴藏区传播的大本营。丁盛荣死后由法籍传教士毕天荣（Biet Félix）和倪德隆（Pierre-Philippe Giraudeau）继任主教，天主教陆续在四川泸定、巴安（今四川巴塘）、盐井（今西藏盐井）、云南维西等地开展教务工作。1879年，西藏与四川、贵州和云南同属罗马教廷划属的中国五大传教区之第四传教区。[4]19世纪末至20世纪初的这段时间里，外部侵略中国的战事全面拉响，加上文化和政治的多重复杂原因，天主教与藏族民众之间冲突不断，致使教案迭起风云变幻。例如在1905年由四川巴塘教案延伸引发的云南维西教案中，教会与民众双方均损失惨重，西藏教区云南总铎区主教座堂茨姑教堂被毁，总铎区只能迁至附近的茨中村。至此天主教深入西藏传的可能性越来越小，教会在藏区的事业即将进入另一个局面。

三、20 世纪初期至 50 年代

20世纪初期，在多次教案之后，西藏教区仅剩康区内的几个传教点，"西藏"的称号已经徒有虚名。1910年西藏教区被更名为以康定为中心的西康教区，辖管康区、锡金、云边，云南总铎区仍由其管辖。1920年锡金被划出西康教区，并加强康定中心向四围扩散的传教工作。1930年巴黎外方传教会主教向罗马教宗求助，请求增加派驻于云南铎区富有经验的神父。瑞士的伯尔纳铎会（S.Bernard）因为具备丰富的高原雪山之危险地区的传教经验，因而

4　1846年中国天主教分为有澳门、北京和南京3个主教区的10个教区，其中有7个宗座代牧区，为陕西、山西、山东、湖广、江西、云南和香港。通常一个代牧区由一个修会领导，并直接对罗马教廷负责。1879年（光绪五年），由梵蒂冈会议决定重新划分的中国五大传教区如下：第一传教区为直隶、辽东、蒙古；第二传教区为山东、陕西、河南、甘肃；第三传教区为湖南、湖北、浙江、江西、江南；第四传教区为四川、云南、贵州、西藏；第五传教区为广东、广西、香港、福建。

自此开始援助巴黎外方传教会在滇藏边界的传教工作，云南总铎区的部分教务也转交至伯尔纳铎会。1931年西康教区主教倪德隆年迈辞职至1936年去世，曾任盐井本堂神父、云南总铎区总司铎的华朗廷（Pierre-Sylvain Valentin）继任主教一职。自此康区的教务涉入多民族杂居的区域，政府和民教关系控制得当没有太大冲突，天主教事业开始逐渐扎根稳步发展。

> 据民国二十五年（1936）调查表明，天主教势力已散步康区的康定、雅江、理化、稻城、贡嘎、定乡、怀柔、巴塘、察雅、白玉、宁静、科卖、甘孜、石渠、邓科、长度、恩达、嘉黎、太昭、武城及云南中甸、维西、德钦的二十余处，约有教徒6,000余人。[5]

1939年国民政府西康建省，因境内有西昌、雅安两个教区，西康教区被更名为康定教区，直属罗马教廷。主教座堂负责康定、泸定等地教务，下设两个总铎区：一为以茨中为中心延伸至德钦、盐井、贡山和维西地区的云南总铎区，另为管辖炉霍、道孚、干宁的道孚总铎区。1946年天主教"圣统制"建立，康定教区改称康定主教区。1949年，西昌教区的富林、黄木厂两个教堂划给康定教区管理，康区天主教所涉范围进一步扩充至二省13县。1950年前后，仅云南总铎区的贡山、维西、德钦三县教堂就有15座左右，教徒近2400人。而在教区中心的康定县城，有主教堂向阳街教堂和西大街真元堂两个，分堂驷马桥天主堂一个，另有北门天主堂（洋人公馆）、修道院和鱼通区、金汤区的两个教堂。这些教堂今已不复存在，我国著名摄影家孙明经拍摄幸存下来的西康老照片中，有两张是当时西南教区最大的天主堂-康定哥特式建筑真元堂的内景和远景照片，弥足珍贵。康定主教区共计19座教堂，16座分堂，教民5361人，外籍神父23人，华籍神父5人，外籍和华籍修道各3人。并建立中学、职业学校、诊所、慈幼院、孤老院各一座。[6]

教区内的教徒主要是教会收养的藏族或汉族流浪孤儿，以及一些生活困苦的各族贫民。早期入教者多贪图生活便利，出现部分爱洋钱和土地的吃教者，随着时间推移以及教会的稳定建设，纯正信仰者开始增多。在一些民国时期的乡土县志中，零散记载有这些状况。

> 盐井交涉，约有二端。一地接藏边，往往番官藉粮为名威胁百姓。现在西北路之左贡乍夷、北路之江卡藉以先后于宣统元年冬被

5 刘君《康区外国教会览析》西藏研究，1991年第1期。

6 杨健吾《基督教在四川藏族地区的传播》宗教学研究，2004年第3期。

大兵驱逐番官回藏。所有毕土闷空怒江澜沧内外蛮民皆早投诚盐井，又为腹地已少此藏边交涉。惟法国教堂常驻司铎一人，又由炉城、巴塘及滇边白汉洛、次宗（笔者按：茨中）、小维西等处。往来教士则须派人，照章护送，并将出入日期分别移报备案，尚属常例。独不见蛮民从前仇教之心，甚于内地，今则盐井附近不过七十余户，而奉教者已居其二。盖由蛮地瘠苦，自外人来，称贷且易。故彼得以借债为名，坐收地租，即以教民为佃户。此二十年前未开化时事也。今年土著教民中，况又有内地汉奸娶蛮女为妻室，生有子女，熟悉汉番情事，每遇交涉，辄从中构衅，是又在所必惩也。[7]

惟各族人民喜于法国人。因法国于康定、安顺场等处设有教堂，复设医院，与人民治疗病痛，栽种牛痘。而传教士悉谙土语，容易与人民接近，以便传道。一使教育，辟荒种植，居住衣食即便之。法遇有小本经营，借贷资本，不取行利，于是奉其教者数百家。遇有地方事宜，皆弗听诸汉官，就教堂评判了之。此西人以小利小惠买欢人心，强其地方官衙门多咸严多矣。[8]

正当天主教在康区稳步发展扩大地盘的同时，1949 年全中国解放，至 50 年代初期，所有外国传教士被逐一驱逐出境，外国天主教在藏区乃至整个中国的历史就此画上句号。

四、20 世纪 50 年代至 80 年代

新中国成立之后，外国神父全部撤离，教会走向新的转型道路，爱国运动与新型教会的革新紧密相连，天主教和基督教（新教）教会均走向自传、自养、自治的爱国道路，教内的革新和反革新派之间掀起了激烈的抗争。滇藏川交界地区的天主教会地处偏远山区，出于多种原因外国神父也没有培养起当地的神职人员，自外籍人员离开之后，教徒就没有办法过正常的宗教生活，教会发展逐渐陷于萎缩状态。1958 年之后，"反右"、"四清"等极左运动席卷而来，教会活动基本瘫痪陷入消匿和隐秘状态。

据 1965 年《中共迪庆州工委统战部对天主教活动情况的调查报告》记载：在德钦县茨中、巴东两个乡九个社的调查，"从 60 年代

---

7 段鹏瑞纂修《盐井乡土志》中央民族学院图书馆，1979 年油印本，下编，交涉。
8 刘赞廷纂修《九龙县图志》民族文化宫图书馆，1960 年油印本，风俗。

以来，天主教……活动……普遍念经、给小孩取教名、修理神父的坟墓……法国人天主教两个神父的坟墓在巴东乡茨姑社，墓已有一百年左右，最迟的也有64年，碑心石和石柱上长满了青苔，碑刻字迹早已看不清楚，但64年11月5日发现石柱上的字迹重新刻过，并用黑墨描乌，碑心上的青苔也已除去。58年坟上的石头群众已搬去打灶，但60年以来已全部修补好，而且在坟台和坟头上栽植了很多花。……清明节前后，茨古、开东卡等三个社所有的大小教徒都到神父坟上朝拜，……茨古后山上的岩洞里藏有两个天主教的菩萨，茨古等三个社的教徒都到那里去过礼拜，……是分期分批或五六人，七八人小群的去过礼拜，因而目标小，不容易被发现。茨中、农巴喜卡等六个社的教徒常在天主或十字架前念经过礼拜。……小孩一生下来三天后将小孩抱到××等五人那里，他们给小孩头上抹一些黑的后给小孩取个教名，有的小孩未报去大人去要教名，小孩取了教名后就是正式入教了。……人死后在坟上插十字架。有些教徒家里祖宗牌位上安着天主教（像）或十字架，……"可见当打的政治运动趋于平缓时，边远地区和农村的宗教活动就呈隐秘状态出现。[9]

文化大革命开始时，天主教活动全面遭禁。在采访中笔者了解到，这时候有些教徒开始背离信仰，有些虔诚的偷偷在家中自己念经，只是一些明显的动作比如划十字圣号之类不敢表露出来，更有胆大者或自己单独或召集几人在家中或寻到极为隐秘的岩洞等地方定期聚集过简单的宗教生活。除此之外，人们还有一些保持宗教信仰的办法：

十年动乱中教堂等没有了，一些虔诚教徒把宗教信仰藏到了自己的心中。……前几年，笔者曾访问过上海、北京的一些虔诚教徒。据他们自己说，当时他们用"神望弥撒"、"神领圣体"、"发真心痛悔"和"默念经文"等方法过着宗教生活。所谓"神望弥撒"、"神领圣体"，就是他们在心里想着"望弥撒"，想着"领圣体"。天主教徒相信，在无法"望弥撒"、"领圣体"的情况下，"神望弥撒"、"神领圣体"和到教堂"望弥撒"、"领圣体"的"功劳"是一样的。"发真心痛悔"也同样，在无神父，不能向神父告"罪"的情况下，它和向神父告"罪"一样，能获得"罪的赦免"。天主教徒常口诵"早

9　刘鼎寅、韩军学《云南天主教史》云南大学出版社，2005年，第274-275页。

课"、"晚课"等经文。十年动乱中，有些虔诚教徒怕自己口诵经文被发现后挨批斗，或者在无人看见的地方口诵经文，或者在即使有人看见的地方不动口不出声地在脑子里想着念经文。这样地在脑子里想着念经文，他们叫做"默念"。到教堂"望弥撒"、"领圣体"、向神父告"罪"和口诵经文等是看得见的，"神望弥撒"、"神领圣体"、"发真心痛悔"和"默念经文"等是看不见得。教徒把宗教信仰深深地藏在心中，用"神望弥撒"、"神领圣体"、"发真心痛悔"和"默念经文"等方法过宗教生活，就是看得见的宗教没有了，但看不见的宗教仍存在着。[10]

沉寂将近 30 年之后，自 1979 年中共十一届三中全会宗教信仰自由的政策逐步落实到各地，天主教重新获得发展空间，很多地方的教徒呈爆发式增长趋势。滇藏川交界地区的天主教徒从 80 年代之后开始逐渐修复教堂过起正常的宗教聚会活动，但由于神职人员极度匮乏，更对边远地区的天主教支持不力等因素，直到今天，2009 年笔者前往三地调查时发现，该地区天主教的宗教生活基本处于自我维持的状态。

五、教案教难

天主教自入华以来不断发生教案教难，由此揭示的问题很多。三地藏区教会教案教难的频发期主要集中在 19 世纪中叶至 20 世纪初期，这正是鸦片战争开始，中国沦为半殖民地半封建国家的百年苦难历程之际。这样的境况之中，原本秉持救世济人原则的基督宗教同坚船利炮一起趁虚而入打开传教之门，就中国民众的情感来说，即使大部分传教士出于热忱为信仰目的而来，基督宗教也从此极难摆脱其"帝国主义侵略者"的面目。在此期间，层出不穷的教案教难就是人民情绪的反映。这些案件中，天主教教案的发生率远远高于基督教（新教），主要是天主教的管理方式、发展教会模式以及文化传统等因素不同于基督教（新教），其购买地皮、放贷收租、发展教产等经济手段是基督教（新教）较少使用的，这常使天主教会成为一方富甲，例如在解放前，几乎一半的康定城都属于天主教康定教区的教产，不难想象如由此引发的利益纠纷就足可以在当时的情况下造成教案。

---

10 顾裕禄《中国天主教的过去和现在》上海社会科学院出版社，1989 年，第 160-161 页。

　　造成众多教案教难的原因复杂，文化相斥、政治干预、经济利益以及散布谣言等诸多因素掺杂其中。就文化层面来说，没有不排外的文化。天主教的一神信仰已经清楚定论非本教者为异教徒，除信靠它之外别无拯救二法，这也是很多早期外国传教士在自传或著述中最常触及的宗教优越感。而藏传佛教虽然神秘莫测包容万法，但其本身也是优越感极强的宗教，它在藏区的地土上深入每位信众的骨髓血液，占据绝对统治地位。天主教抢夺地盘的行为，从宗教威信和经济利益等各方面都会对其产生不利因素。况且，不少传教士自身所秉持盛气凌人驳斥异教的态度，也引发藏地首领不满和藏族民众的不安及愤怒。这是藏区教案教难频发的缘由之一。

　　对民众来说，西方国家对华实行侵略战争和经济掠夺造成中国老百姓强烈的排外心理。外国人中有心怀叵测的侵略者、有目的纯正的传教者，也有异域猎奇的探险者。传教士中有为信仰完全献身者，有为达到传教目的不择手段者，也有欺压百姓搜刮民膏的害群之马。但民众更多的情感是基于民族被践踏的伤痛，人们自然分不清高鼻子黄头发蓝眼睛的外国人之中也有三六九等。因此，一个导火索借助扭曲的情绪通常会引发一系列惊天动地的血案，此时再加上满清政府在政治上让人怀疑或左或右的介入行为，使复杂局面往往一发不可收拾，而教民更易具有恃无恐之势，造成民众间反洋仇教的敌视愈发严重。民国时期的边藏史笔刘赞廷在其《盐井县图志》中描述了这一情形：

> "[城]东北三里许，盐卡楼有法国教堂，在未设治以前，其教民藉势凌人，百姓怀怨，尤为[其]喇嘛。盖因佛教与天主教相反，而无法制止。至光绪三十四年，腊翁寺喇嘛作乱，扬言战胜汉人，先诛教堂。教民大惧，即求救汉官保护。时统领为赵渊，即令驻防军队保护，并发告示晓谕百姓，云云，无论汉番有损坏者，格杀毋论。由此司铎丁成莫竟将此文翻印，与教民赠送一张，佩戴于身，以为安慰。至宣统二年，此告示悬挂教堂。懒兵（笔者按：刘赞廷谦称）打油诗：大道不同两相殊，神仙一样画葫芦；慢说慈航渡鹫岭，不为天主共桃符。"[11]

　　对于外国传教士的行为，民众间有被其真正善行感动的入教者，有被利益诱惑的入教者，更有希望借助教会之手替自己申冤以打击报复官府的解气

---

11 刘赞廷纂修《盐井县图志》中央民族学院图书馆，1960 年油印本，遗址。

者，教民的构成也因此颇为复杂，"打官司教"、"娘子教"和"传代教"中国教民的独特现象。[12]

> 中国是一个宗教组织单薄而迷信意识浓厚兴盛的民族……中国社会盛行的泛神色彩源自急于摆脱贫困和官府欺压的底层民众的心理期望。西方人很鄙视中国人逢神就拜，遇庙就烧香的功利主义人生观。这种功利主义价值观念在基督教传入中国之后产生了一个特殊的阶层-教民。上一节说到中国第一个基督徒是被家人抛弃的病人……基督教在中国吸收的第一个教徒的身份预示着它对底层社会的吸引力更大……面对处处从物质利益看待生活的中国人，传教士陷入两难境地。他们知道一旦抛却信教带来的物质上的益处，几乎没有什么中国人会信教。如果用各种利益作为诱惑吸引中国人入教，难免会损害基督教的名声，中国人的灵魂不仅没能得到救赎，反而堕落得更深。一位在四川居住二十三年的法国主教曾对来访的《泰晤士报》记者莫理循说："中国人皈依天主教主要是出自于物质利益的考虑，要在中国人中间传播基督教教义实在不容易。"中国人怀着功利主义动机入教，也常常是诱发教案的主要原因之一。[13]

缺钱求医和寻求庇护成为人们愿意入教的主要动因，在地势偏远易受欺压的少数民族聚集区，教会的帮助更成为关键。

> 人类学学者陶云逵 1935 年去茨中、贡山钟丁等地考察后，在其文章《俅江纪程》中写到："茨中……此存居民有四十家，多位古宗，次为傈僳、怒子、汉人及其混合。……本村信教者有三分之二，因新教，政府官吏不敢来向他们取税。……崇德（钟丁村），有一建筑宏状之天主教堂，……天主教仪式本甚繁琐，而一日两礼拜则未之见。此盖喇嘛教之习惯，诸种行动，颇类似我在中甸、丽江时，喇嘛寺中所见。此或许是康滇天主教因地制宜的意思，特别模仿喇嘛以诱信佛之土人入教，可惜各大教堂，且已开办三十年，之间教徒只十余人。老司铎谈到此处，也不禁喟然了。"[14]

---

12 松江一代民间谚语"不打官司不入教"指"打官司教"；娶教徒女子为妻而入教的称"娘子教"；家庭信教而自小领洗入教的称"传代教"。参顾裕禄《中国天主教的过去和现在》上海社会科学院出版社，1989年。
13 苏萍《谣言与近代教案》上海远东出版社，2001年，第142、146、150页。
14 刘鼎寅、韩军学《云南天主教史》云南大学出版社，2005年，第242页。

传教士吸引入教者极为困难，求人心切的教会又基于上帝面前人人有罪且人人平等的救赎原则，因而收纳不少地痞流氓土匪无赖入教，这些人因各样因素寻求教会保护。更多的人即是上文提到出于物质利益入教，从而难以避免产生"吃教者"。他们的不纯动机受到阻挠时，教案教难就在所难免。

19 世纪中叶至 20 世纪初期仅云南藏区发生的教案教难有：同治四年九月（1865 年 9 月 29 日）觉那洞（今怒江州贡山县秋那桶村）发生"崩卡事件"；光绪十三年（1887 年）七月阿墩子（今迪庆州德钦县）发生"阿墩子教案"，光绪十八年（1887 年）再次发生"阿墩子教案"；光绪三十一年（1905 年）维西厅（今迪庆州和贡山县的部分地区）发生"维西教案"；光绪三十一年（1905 年 7 月）白汉洛（今贡山县白汉洛村）发生"白汉洛教案"；光绪三十一年（1905 年 11 月）德钦县纳姑村发生"魏雅丰罪案"，云南总铎区的 15 座天主堂先后被毁；1949 年盐井本堂神父杜仲贤在德钦县被仇教者所杀。四川藏区发生的重大教案教难有：清光绪七年闰七月十五日（1881 年 9 月 8 日）盐井地区发生"梅玉林事件"；同治四年（1865 年）四川巴塘民众驱逐传教士捣毁教堂、光绪十年（1884 年）巴塘民众打死法国神父、光绪十三年（1887 年）"巴塘教案"爆发，光绪三十一年（1905 年）"巴塘教案"再次爆发；光绪三十二年（1906 年）在盐井地区"腊翁寺事件"。

教案教难的频发虽然由于多种复杂缘由造成，但仍显示出异质文化相遇的种种不易。只有当外来文化真正整合融入本土文明时，才可能扎根发芽。

六、主要修会和传教士

在三地藏区传教的外国修会主要是巴黎外方传教会（Missions étrangères de Paris，M.E.P.），后由瑞士圣伯尔纳多修会（St.Bernard）援助工作，另有其它一些修会做辅助性工作。

巴黎外方传教会，是法国天主教男修会组织，1664 年由教宗亚历山大七世批准建立，总部设于巴黎。该会专门对亚洲地区进行海外传教工作，包括中国西南部及东北、安南（越南）、泰国、柬埔寨、韩国、日本、香港、台湾花莲等地。1753 年云南、四川的传教权由教宗本笃十四世批准授予巴黎外方传教会。该会在中国先后建立并接管成都、沈阳、康定、重庆、广州、宁远、叙府（宜宾）、贵阳、昆明、南宁、吉林、汕头、北海、安龙、抚顺、四平等多个教区。至解放前，巴黎外方传教会在中国共有三百名左右的外籍会士。1952 年前后，该会退出中国大陆，至今仍在香港和台湾花莲地区有传教活动。

瑞士圣伯尔纳多修会，是总部设于瑞士的天主教修会之一，具备丰富的雪域高原地区传教经验。因此应巴黎外方传教会的求助和教宗的领命，于 1930 年首先派驻 2 名瑞士神父来到滇藏地区考察，随后逐渐接替巴黎外方传教会的部分工作，1933 年该会正式向西康教区云南总铎区派遣神父。由于他们的传教经验和适应能力，很大程度上帮助了教会后来在滇藏高原的工作，教徒人数也明显增加。

方济各会（Ordine francescano）又称方济会、弗朗西斯会佛兰西斯会等，是天主教托钵修会之一。该会生活清贫，托钵行乞，十分重视文化教育事业和学术研究，在满清时期中国各地都有该会的教区。方济各会早在 17 世纪就曾探入康藏地区，1921 年该会在西康教区的泸定建磨西麻风病院。

玛利亚方济各传教女修会（Besfran_ciscaines Missonnaires De Marie）又称方济各圣母传教修女会），该会在全世界有来自六十多个国家的八千多修女，在七十多个国家中活动。1886 年该会派遣修女来华，20 世纪初期进入康定，方济各会建立的泸定磨西麻风病院后交与该会管理，其成员大多在医院、育婴员、托儿所等地工作。

这些外国修会组织之间配合默契分工明确，是天主教在三地藏区传播的主力军。2009 年笔者赴泸定磨西麻风病院（现为海螺沟景区人民医院）采访时，还住在那里的几位已经康复的老病人给我们回忆起当年方济各会的修士和玛利亚方济各传教女修会的修女们照顾病人的感人情形。往事已逝，现在政府正在附近新建住所，要将这些麻风病人统一安置进明亮宽敞的新家，而陕西省天主教玛利亚方济各传教女修会的六位修女在 10 月份也要前来长期住在这里，像当年的外籍修女一样悉心照顾所有的病人。

天主教传教士在藏区传教士注重学习藏语、汉语和当地文化，并创办教会学校、教会印刷厂。为传教之便，编纂各国语言的字典，并考察民风民俗，著述编书，为今日的研究留下了大量珍贵资料。以下略举二人为例。

法国神父华朗廷（Pierre-Sylvain Valentin，1880~1962 年）1904 年来华，先后在康定、盐井、德钦、茨中、小维西等地传教。民国 19 年（1930 年）任西康教区副主教兼云南铎区总司铎，民国 25 年（1936 年）升任西康教区主教赴康定上任。1952 年被驱除出境，1962 年去世。华朗廷在任康定教区主教期间，开办印刷厂，刊印藏文、拉丁文、法文、英文等多国文字的教会书刊，将圣经部分内容印成藏文出版以供应滇藏教会之需，1921 年创办法文版《西藏回声报》。他在教徒间的信誉很高，与教徒交流自如，能说汉语（四川话）和藏语，并且汉文书写也不错。[15]笔者前往康定采访时，一些仍在世的年长教徒当年多是华朗廷主教收养并看顾成人的孤儿，提起往事仍然唏嘘不已。

法国神父古纯仁（又译古德诺，Francis Gore，1880~1954 年）1905 年前后来华，民国 25 年（1936 年）任西康教区副主教兼云南铎区总司铎。1936~1951 年在云南德钦县茨中教堂传教并管理麻风病村，1952 年被驱逐出境，1954 年死于法国。古纯仁被称为天主教西藏第一通，精通汉语、藏语、拉丁语、法语，着有《旅居藏边三十年》一书，1939 年巴黎外方传教会在香港连刊，张镇国和杨华明二人将该书节译，连载于《康导月刊》1943 年 10 月-1944 年 7 月期。另有古纯仁的《川滇之藏边》，由李哲生翻译，多文发表于《康藏研究》1948 年 3 月-1949 年 9 月期。

第二节　天主教的现状

教堂建筑、教会结构、宗教事务和宗教生活是了解藏区天主教发展现状的基本途径。教堂建筑是教会教产的一部分，三地藏区现有的教产已大大萎缩，不少地方还处于讨还或搁置的状态，每一个堂点基本保留教堂建筑本身和前面的小块空地。原先的修道院、医院、贞女院、安老院、育婴院、男女学堂、小学校等附属机构，大多被政府没收或作学校、工厂或作它用或被荒置。对历史中保留下来的老教堂，藏区的天主教徒们根据当地的传统习惯在其破旧的基础上进行修缮。如今，藏区天主教的教堂大部分已经重修，有些还得到当地政府的拨款和海内外的捐助，重建后的教堂风格多样，经济基础较好的地区修缮或重建的教堂外部设计和内部装饰都非常漂亮，成为边藏地区的一道旅游风景线。云南藏区就有两座天主教堂被列为全省重点文物保护单位-贡山县捧当乡白汉洛村的中式教堂和德钦县燕门乡茨中村的法式教堂，这些就由派驻的古建队和当地教徒一起修复。

---

15 笔者曾亲见华朗廷任主教期间书写的一份汉文教会通告。

教会结构中的组织形式和教区划分也发生了很大变化。原滇藏川三地藏区天主教隶属康定主教区管理并由四川代牧区监管，现根据中国天主教爱国会和中国天主教主教团"一会一团"的建立的中国天主教教区管理制度，教区归所属省、直辖市、自治区管理。[16]因此原康定主教区内三省区合并的现象不复存在，云南藏区各堂点归属云南大理教区管辖，四川藏区各堂点归属四川乐山教区管辖。西藏的天主教堂自行管理，各省、市、县都有自己的天主教爱国委员会和天主教教务委员会"两会"机构。[17]

各项宗教事务中，对神职人员的培养是关键。三地藏区的教堂均缺乏神职人员，针对这一情况，一些地方采取派驻神职人员尽量抽时间下基层堂点主持各样圣事的方法，以满足教徒每年至少可以有一次领圣体和办告解的需求。云南贡山地区的所有教堂至今没有驻堂神父，维西地区的教堂也无驻堂神父，德钦地区的教堂自 2008 年派驻一位内蒙籍驻堂神父，将任期五年，暂时缓解需求。西藏盐井天主堂经历了无神父-有神父-无神父的情形。可以说云南藏区和西藏的天主教处于严重缺乏神职人员的状况，教徒们属于自行管理和自我维持的局面。四川康区的天主堂现有 2 位驻堂神父、一位修女和 2 位修士，相比起来情况较好，但其管辖范围地广人疏，仍十分缺乏人手。这些地区教徒人数发展缓慢，主因是由于缺乏神职人员而无法进行正常的宗教工作造成的。现有的人数中，一是老教徒家庭后辈的延续，即前文所说的"传代教"，一是受地域环境民族村社的影响而入教者，因此人数和信仰状态基本维持其历史中原有的构成模式。

教徒宗教生活的情况是，无神父及神职人员的乡村教会，通常设立会长、副会长和财务长三个职务，由会长主持全部教务通知并管理教徒，通常维持每周日固定进教堂、早晚自行或聚集念经，大瞻礼或庆典由各自的管理体系主办庆祝，婚配、终傅等其它圣事各有各的折中办法。有神父的地方教徒就可以进行正常的宗教生活，这样利于教会的发展。

---

16 详文参"中国天主教教区管理制度"《圣神光照中国教会-中国天主教爱国会成立五十年来的辉煌足迹》，宗教文化出版社，2008 年。

17 1992 年 9 月，第五届中国天主教全国代表会议将中国天主教全国性组织的三机构（中国天主教爱国会、中国天主教教务委员会、中国天主教主教团）"两会一团"改成"一会一团"，中国天主教教务委员会成为隶属主教团的一个主管教务的专门委员会，各地市还有"两会"机构。

一、云南贡山县天主教小区

"小区"（community）通常指一定地理区域范围内的社会群体或某种特征划分的居住区。辞源对"小区"一词的释义如下：1955 年美国学者 Hillery，George 研究了小区的 94 个定义后发现，地域、共同的纽带和社会交往三方面是其最主要的含义，这三要素构成小区的基本特征。因此，人们至少可以从地理要素（区域）、经济要素（经济生活）、社会要素（社会交往）以及社会心理要素（共同纽带中的认同意识和相同价值观念）的结合上来把握小区这一概念，即把小区视为生活在同一地理区域内、具有共同意识和共同利益的社会群体。

云南贡山县天主教遍及全县各地贫困偏远的山区，每村落的天主教会都有会长、副会长和财务长三个义务的职分，由他们负责教徒的宗教生活和信仰联络。其中会长是教会小区的核心人物，在宗教知识、信仰虔诚度和人品能力上均有高于普通教徒的突出表现。而各村落教会的会长以贡山县教堂和县两会的会长为领导人，该领导者曾任县政协委员和县交通局局长职务，其无论从个人信仰背景和社会关系等方面来说在当地天主教会里都属德高望重之辈。小区群体的教徒们以天主教信仰为纽带，彼此信赖互助。逢遇日常生活及生老病死等问题，虽山路遥远经济困难，教徒之间仍共同扶持共同祈祷并予以实际帮助。教徒们在周围诸多人群、诸多民族和诸多宗教的复杂人际中紧密相联，划分并编织出一张无形而完整有序的网络体系，又在非宗教系统的人际网中和平共处游走自如。这是一个特殊的以相同的心理需求和共同的终极目标为基础的天主教信仰小区。

菖属之天主教，系咸丰末年，传自法国教士（名失考），在怒江青拉桶（今秋那桶）地方，间一木楞房传教，引诱夷人入教。当时夷人畏惧外人，并无敢有入教者，兼之察瓦隆喇嘛仇视天主教，驱逐法教士过溜坠江而死。至光绪二十二年（1896 年），法教士任安收复来传教，于二十八年（1902 年）在白汉洛地方修建教堂十余间；三十年（1904 年）于茶蓝（查腊）地方有修教堂三间。任教士四处煽惑夷人入教……光绪三十四年（1908 年）任安收重修白汉洛教堂；宣统元年（1909 年），又修仲底（重丁）教堂三间；宣统三年（1911 年），该修青拉桶教堂。民国十四年（1925 年），法教士安德助建修捧打（捧当）教堂。统计法教堂有四，教士二人。近数年来，入教者已达一百五十余人，尽系怒子（怒族）、古宗（藏族）、傈僳、曲子（独龙族）并无入教者，朝夕念经一次，每星期礼拜一次，教规甚严，与白汉洛、仲底两教堂内，各附设有小学一校，专授藏文，入教学生，尽系教徒子女。[18]贡山教会"曾先后送出三十多名藏、怒族少年到德贞都（康定）修道院、盐井教会学校和维系拉丁文学校学习，……培植了'腊宾'（教师）17 人，'甲姆'（修女）10 人。……至 1950 年前后……贡山县有教堂 8 座（包括 2 处简易教堂），教徒 978 人。[19]如贡山县的迪麻洛乡，教会为讨老婆、修盖房屋和送牛羊的教徒多达 23 户，占该乡总户数的六分之一。[20]

　　现在贡山县天主教堂和教徒沿袭历史中的原有结构，现有 15 个天主教堂，分布于茨开镇、捧当乡和丙中洛乡境内，教徒为藏、怒、傈僳、独龙、汉族等多民族。

　　其中捧当乡迪麻洛村落共有 7 个天主教堂，教徒人数最多最集中，90%以上为藏族。贡山县最古老的白汉洛教堂坐落于这片村落雪山之中，该教堂于 1898 年由法国神父任安守始建，1905 年毁于教案教难中，后获得赔银开始重修。据当地老教徒讲述，教堂是模仿大理主教座堂的白族传统民居三迭水样式，并请大理剑川木匠师傅建造。教堂屋顶一高二低飞檐翘角玲珑别致，门廊次间施面额、平板枋。高顶内是一个方形阁楼，做教堂钟楼之用，阁顶竖立一个木质大十字架。教堂内顶绘满淡墨山水花鸟画，并穿插有各种变体十字架、圣体血等宗教内容的绘画。由于年久失修，目前正在加固修缮并重新施彩。丙中洛乡处于"三江并流"世界自然遗产及国家级风景名胜区的核心地区，乡内分布 7 个天主教堂，教徒散居各处，为多个民族和多种宗教混杂的区域。重丁教堂坐落于丙中洛乡内，1908 年由法国神父任安主持建盖，原为全县最宏大的西式教堂建筑，后全数毁于文革，现已重建成为丙中洛乡的著名旅游景点。茨开镇内的 1 个天主教堂为全县的总堂，也是县两会所在地。全县内的教堂由于原来经济条件所限而建造的木石、木板等结构建筑将在县两会的带领下想办法逐渐改造成更为坚固的砖石或砖瓦结构建筑。

　　县天主教两会主席告诉笔者 2009 年最新统计的各堂点人数：茨开教堂将近 3 百教徒；永拉嘎教堂 80 多教徒；捧当教堂 1 百多教徒；茶腊教堂 2 百多

---

18 秦和平《近代天主教在川滇藏交界地区的传播-以藏彝走廊为视角》西南民族大学学报人文社科版，2009 年 2 期。

19 刘鼎寅、韩军学《云南天主教史》云南大学出版社，2005 年，第 209-210 页。

20 秦和平《近代藏区天主教传播概述》中国藏学，1991 年第 1 期。

教徒；重丁教堂不到 2 百教徒；尼大当教堂 80 多教徒；秋那桶教堂 2 百多教徒；崇刚教堂 2 百多教徒；迪麻洛村辖有 7 个教堂，分别是：从尼教堂 2 百多教徒；白汉洛教堂 3 百多教徒；财当教堂 3 百多教徒；普拉教堂 1 百多教徒；桶当教堂 1 百多教徒；施永功教堂 8-90 多教徒；阿拉路卡教堂 3 百多教徒。迪麻洛全村将近 2700 教徒。民族主要是怒族、藏族混居，其中最为贫困的堂点为桶当和施永功教堂，人数达到 2 百或 3 百的是教徒村，即全村人口都信天主教。

全县 15 所教堂至今没有一位驻堂神父，教徒聚会时用汉、藏、怒、傈僳四种语言。县两会正在西安修院和北京修院培养神职人员以备将来服务当地教徒，目前对教徒的培训牧灵工作，全靠等待放假回来的修生们进行帮助。

二、云南维西县天主教

天主教掺入维西时间为 19 世纪末期，维西县原有维西保和镇教堂、小维西教堂、吉岔教堂三个堂点，20 世纪 30 年代由巴黎外方传教会移交瑞士圣伯尔纳多会管理，1936 年瑞士神父李自馨在维西天主堂开设备修院（当地人称"拉丁学校"），培养初级神职人员。1939 年瑞士神父杜仲贤在维西城南 2 公里处筹建花落坝小修院，次年建成，将维西天主堂内的备修院迁至此成为一独立机构，招生也由原来的维西县扩大至德钦、贡山三县。笔者在采访中认识的一位老人就是当年花落坝小修院的学生，他的拉丁语非常流利，也通晓法语、藏语和汉语。

现在维西县仅有一座教堂开放，即位于县城城北 40 公里的白济汛乡维统村的小维西耶稣圣心堂，解放前教堂内附设孤老院、医疗所和男女学堂，外国传教士的墓地葬于村落附近的山上。小维西教堂 1951 年后被占用，1987 年落实政策归还教会，2002 年在原址重建，次年 8 月新塘落成举行祝圣典礼。与教堂为中式风格，重建的新堂完全安原样打造，仍是重檐砖木结构飞檐瓦顶，小维西教堂现是全维西县天主教的活动中心，有教徒 90 多人，占全村 50% 人口，分别是白、藏、纳西、傈僳、汉 5 个民族，没有驻堂神父主持工作，由会长主持教务工作，教徒聚会时均使用汉语。

三、云南德钦县天主教

　　德钦县天主教以燕门乡茨中村为中心，茨中天主教堂现为国家级文物保护单位，1905 年由于原西藏教区云南总铎区的主教座府茨姑教堂被毁，后得赔款于 1910 年在茨中村由法国传教士彭茂美设计并主持兴建教堂至 1914 年竣工，成为云南总铎区的主教座堂。附属机构有一所学校、女修院和一个麻风病村。教堂的房舍保留至今，教堂本身在 50 年代以后被占作学校一用，文革幸免于难，1989 年由政府专款维修。教堂为一个院落多座建筑物，包括大门、前院、教堂、后院以及地窖、花园、菜园和葡萄园等。主体经堂为坐西向东中西结合的砖石结构，为传统的巴西里卡式教堂形制，内部装饰壁画原为外籍教士亲手所绘，有中西藏结合风格，大厅内的两旁立柱仿藏族唐卡画卷做底装衬挂满耶稣和圣母的画像，两旁的跪登椅也独一无二地采用本地特色-无座椅并矮及地面的长条凳。教堂顶部是三层钟楼，大钟原件已毁，现在的钟是后买挂上去的，质量和声音远不如前。阁顶为后加的亭式四角攒尖顶木结构建筑，用 4 棵内柱和 12 棵外柱承托脊檩，内外柱间砌有石栏杆，从此处可以瞭望整个茨中村落，在低矮的藏式民居中尤其凸显教堂鹤立鸡群般的高大。现在茨中村 80%以上为藏化的纳西族，全村有四百多天主教徒，二百多藏传佛教徒。

　　相邻的茨姑村和巴东村亦是天主教徒集中的村落。茨姑全村不到 30 户的人家中，98%为信仰天主教的藏族。茨姑教堂原建于同治五年（1866 年）是藏区最早的教堂，是西藏教区云南总铎区的第一个主教座堂，有东、西、北三面楼房 15 间，土掌平房三间，光绪三十一年（1905 年）全部毁于第二次"阿墩子教案"。80 年代以后政策落实，经政府批准重建教堂，得以恢复宗教活动。巴东天主教堂原为茨中天主教堂的分堂，建于宣统二年（1910 年）。解放后作小学。1984 年后经政府批准归还，恢复宗教活动。

　　现在，德钦县共有茨中、巴东、茨菇、角仁、卢开东卡、亚巴东、展你拉 7 个教堂，总共两千多教徒，所有教堂处在常年无神父驻堂的境况，由信仰知识和背景较好的教徒担任会长主持教务工作，2008 年由中国天主教神哲学院派驻一位内蒙籍神父驻堂茨中，任期五年，神父会时常下去各堂点做弥撒行圣礼看望教徒，茨中村教会会长的角色逐渐由神父替代，他们之间的关系也非常微妙。如今茨中教堂仍是当地信仰活动的中心，逢遇大节日，周边教堂的教徒会聚集在此庆祝，可多至上千人。

四、西藏上盐井村天主教

盐井清代隶属四川省，1959 年规划入西藏，今属西藏自治区芒康县纳西乡上盐井村。纳西乡全乡人口三千多人，上盐井村的藏族是清朝四川巴塘的移民，如今两地方言服饰习俗等各方面都非常相似，当年的传教士也频繁往来于两地。盐井教堂建于 19 世纪 60 年代左右，由法国神父建办，并设有藏文学校，到解放前共有 17 位外国传教士至此。据当地教徒讲述，入藏传教的外国神父大多要被派往盐井的藏文学校学习。

如今，因西藏境内别无其它的天主教会，盐井的天主教则不分属任何教区管辖，该教堂即单属的西藏教区。上盐井村现有天主教徒五百多人，均为世代家传。教堂在文革期间曾被民办小学占用，自 80 年代政策落实恢复信仰之后，教徒由原来在家中聚集搬至教堂。2004 年由政府拨款和国内外教会捐助，盐井教堂重建完成，共有一座教堂和一座三层钟楼，钟内内的三个大钟有外国教会捐助，音质很好。教堂内另有两栋对称的藏式木质住宿区，1997 年因大雨损毁后次年重修，经过十多年的风雨，现在也变得破旧，但藏式的木刻雕花依然七彩纷呈。教堂的藏式外观和装修由原驻堂藏族神父鲁仁迪提供数据和参考设计，西藏的专业设计院主体设计，均仿照藏式民居外形，不过有原来的木质改为砖石仿建。教堂内部为仿罗马式拱顶结构，两边顶部的圆形油画各有 12 幅，分别绘制旧约和新约中的圣经故事，绘画者是一位河南的天主教徒。墙壁两位悬挂耶稣十四苦路画像，每一幅的玻璃镜框外边都垂挂一条白色哈达，处处透露出藏族的信息。

盐井天主堂也处于长期缺乏神职人员的状况，原培养出的驻堂藏族神父还俗现任教会会长，如今由云南贡山的安博神父时常来本堂主持工作，但因各种原因无法驻堂。由于此地藏传佛教兴盛，教会发展较为困难，只能维持现有状况，每年去世和新增教徒的人数持平。教会无经济收入，多靠教徒奉献和其它教会的捐助，天主教想要在本地扩大发展据眼下情形可能性很小。

五、四川康区的天主教

康定自古具有多民族混杂多宗教融合的风俗，"本县宗教半从汉祖人民信教自由，有佛教、道教、巫教、回教、天主教、耶苏教。"[21] 县城原为滇藏川三地藏区天主教的主教座府所在地，康定教区曾附设有拉丁修院、修道院、

---

21 刘赞廷纂修《康定县图志》民族文化宫图书馆，1961 年油印本，寺院。

贞女院、男女学堂（教理传习所）、私立康化小学、法文补习班、仁爱医院、麻风病院、善牧堂、出版印刷所等。管理涉及范围十分广泛，解放前夕共有堂口 27 处，其中甘孜州内康定地区有教堂 6 座，泸定地区有教堂 5 座，道孚地区有教堂 2 座，炉霍地区有教堂 2 座，巴安（巴塘）地区有教堂 1 座，共计教徒两千多人。由于战事和经济等多种原因，至解放前，仅康定、泸定、丹巴、道孚、炉霍几个县设教堂。解放后大部分教堂被毁，存留不多的一些教堂有些被定为文物保护单位。

　　如今，甘孜藏族自治州现有 6 个天主教堂，分别是：康定耶稣圣心堂、泸定类思堂、沙湾圣弥额尔堂、姑咱露德圣母堂、磨西安拉堂、驷马桥德肋撒堂，共有 2 名神父、2 名修士和 1 名修女。阿坝藏族羌族自治州内有新发展的两百多名汉、藏、羌族教徒，主要分布于金川县和汶川县境内，但没有教堂。小金县（原懋功）美兴镇现有原法国传教士修建的老教堂一座，但已作为红军会师会议会址定为省级文物保护单位和四川省青少年革命传统教育基地，现无教徒聚会。2009 年康定教堂驻堂神父李伦神父告诉笔者最新的统计情况，整个康区现有教徒 2 千余人，其中藏族 2 百余人，其余全部是汉族。这些藏族教徒是完全汉化的藏族，地道纯正的藏族仅有 20 余人。2004 年四川省天主教两会规定康定地区的教堂归乐山教区辖属。

　　康定地区的教堂均已拆毁，现有教堂是 80 年代之后重建一座四层楼天主堂，为计营生楼下二层已出租铺面。位于康定新城的驷马桥德肋撒堂因城市规划而拆迁，现在附近重建全城最大的教堂建筑群，配有一座仿哥特式教堂和三座楼房，预计 2010 年完工。隶属康定的姑咱镇教堂，老教堂坐落于陡峭险峻的山上，路途不通车只能步行前往约四小时左右，此地也是泥石流多发地带十分不便于聚会，教徒们主要在山下一处简易教堂内进行宗教活动，镇内的叫吉沟村是教徒集中的地方约有一百多人，也是教徒村。现康定地区的宗教事务工作由 1 位神父、1 位修女和 2 位修士来主持。

　　泸定地区的教堂在清末民初"惟有天主教堂观瞻，以沙坝、冷迹、磨西面三处，奉教者竟有八百余户。"[22]沙坝（泸定总堂）、冷迹、磨西三处均建教堂，并在沙湾设分堂一座，有沙坝教堂监管，至解放前约有教徒 1 千多人。1933 年在磨西窝凼子建麻风病院，内设门诊部和住院部。1947 年原康定主教座府的拉丁修院于民国期间迁入本县新兴乡。

---

22 刘赞廷纂修《泸定县图志》中央民族学院图书馆，1960 年油印本，寺院。

　　如今，泸定地区共有 7 百多教徒，泸定沙坝总堂已修复，作为红军飞夺泸定桥战前动员会旧址被列为四川省级重点文物保护单位，同时亦作宗教场所之用，现有教徒 2 百多人。冷迹教堂现已废弃，现有教徒 3 百多人。磨西教堂因毛泽东同志住地旧址和磨西会议遗址被列为四川省级重点文物保护单位，教堂飞檐翘角的中西合璧式砖石建筑和木质神父楼已于前两年重新翻修，作为红色革命旅游景点和宗教场所对外开放，现有教徒 1 百多人。沙湾教堂现已重修，有教徒 1 百多人。原拉丁修院现已被拆毁，磨西麻风病院的门诊部已改为海螺沟景区人民医院，住院处大多房屋现已废弃，还有几位已经康复的病人住在那里，区内的教堂（大经堂）在文革期间因地处麻风病区幸免未毁，现已废弃。现泸定地区的宗教事务由 1 位神父主持。

　　道孚地区在清末民初时期，"天主教设堂多年，服从者皆汉民。近有设福音教（笔者按：基督教新教）者，然多叛民罪犯，藉以作逋逃薮，其实灵魂归天，耶稣再世至之说，终属梦梦。"[23] 原道孚天主教堂由法国传教士建立，为中西结合式建筑，木架穿斗青瓦房盖，其余建筑为汉式结构。解放后教堂年久失修倒塌废弃。因道孚民众虔信藏传佛教，教徒中鲜有藏族，汉族教徒的发展也很困难，"教堂的会长冯明德是袍哥大爷，他既信天主教，又拜祭关圣帝君。像他这样的教徒不乏其人。民国元年的大年三十（1913 年 2 月 5 日）这一天，有的教徒端上猪头去关帝庙拜祭，外籍教士极为不满，带领教徒前往阻拦，双方在争执中酿成棍棒斗殴。自此以后，教徒纷纷退教，有的只身入教，家庭成员不入教。反教事件发生后，教堂威望大挫，再难发展教徒，仅保持五六十名老教徒，教会活动日趋冷落，司铎也无所事事，只有喝酒、钓鱼混日子。"[24] 如今已废弃的教堂已被民居道路完全封死，在泸定县红军飞夺泸定桥纪念馆中，笔者看到了当年红军随军拍摄的一张道孚天主教堂的老照片，这算是唯一的历史遗证。道孚现有 30 多名教徒，多为新发展的汉族年轻人，因没有教堂现聚集于一房屋内做宗教活动之用。炉霍县原有天主教堂，"宣统元年法国教士石司铎由康定来虾拉沱招恳传教，入教者均为垦民，康人仍格格不入。民国十三年就该地建筑教堂一所，附设学校，房舍精美。红军以后，毁损泰半，现尚有教民李致和、陈德胜、李仁荣、韩兴田等十二户，隶于道孚教堂。炉霍县城亦有教堂一所，在县府右侧，亦民国十三年所建，

23 朱增鋆纂修《道孚风俗纪略》中央民族学院图书馆，1960 年油印本，宗教。

24 秦和平、申晓虎编《四川基督教资料辑要》四川出版集团，2008 年，第 616 页。

房屋狭隘，现有居民二家代为看管，颓朽不堪。当时县城汉民以政府力量薄弱，均入籍以保护。至今时移势异，无人提及，教民殆湮殁无闻矣。"[25]另有九龙县天主教堂也在历史中损毁。炉霍和九龙两县现有教徒 10 余人，与道孚的教徒一并归泸定天主教管辖。巴塘和丹巴的教堂也毁于历史中，建国前巴塘还存有为数不多的教徒，"天主堂系法国人创办，历史悠久……现该教式微，教徒星散，仅华人邓朝良为之看管房屋。城区及亚海工耕地由邓招佃耕种，平分粮食。"[26]据康定的老教徒讲述，90 年代后期，他们曾去巴塘、丹巴和马尔康地区探访见到了一些老教徒，但因地势偏远且无神父和教堂聚会处，处于无人管理状态，人数也越来越少。

　　滇藏川交界地区的天主教会是西方教会出师西藏不利从而转战边藏地区的结果，在这里所耗费的巨大物资人力与其收获完全不成正比，正因如此，历经千难万险得以存留在雪域的天主教显得格外与众不同。历史的写照完全遗留在如今寂寞宁静的教堂中，当年还是孤儿、流浪汉、麻风病人之类的底层弃民如今多是这片地区信仰最坚定的天主教徒。从解放前最鼎盛时期教会拥有的教徒数量直到今天除一些地区在衰减或完全消亡以外并无太大的起伏，他们从最初的夹缝中生存到今天与四邻和睦相处的状况已发生很大变化，每个人或多或少都能拥有自己的一片天空，而每个神灵或大或小都能拥有名下的一片净土，足以凸显此地的境界。

第三节　天主教仪式与音乐的历史

　　仪式与音乐是天主教礼仪的表现内容，也是天主教会精神文化的体现。《天主教英汉词典》中对"礼仪"一词的解释：liturgy -礼仪；圣仪；崇（礼）拜仪式；祈祷书：是一种公开崇拜的方式。教会透过（弥撒、日课、圣事等等）礼仪执行圣化的职务；礼仪是行使耶稣基督的司祭职务，因为在礼仪中，人的圣化藉有形的记号而表达，并以本有的方式予以完成（法典 834）。[27]"礼仪"是一种精神实践，"仪式"是一种具象行为。宗教仪式作为宗教礼仪表达的外向化符号，是涵盖于其中的核心内容；音乐作为仪式的辅助手段，可极大提升宗教礼仪的精神性内涵，是其不可或缺的一部分。

---

25 尹子文《炉霍概况》康导月刊第 2 卷第 4 期，1945 年。

26 李中定《康南八县纪要-巴安》边疆通讯第 1 卷第 4 期，1944 年。

27 上智编译馆《天主教英汉词典》内部资料，2007 年，第 156 页。

一、国际历史大背景

　　滇藏川交界地区天主教仪式和音乐的国际历史大背景，源于 19 世纪欧洲天主教会的礼仪改革运动，这是天主教会最重大的变革——20 世纪 60 年代梵蒂冈第二届大公会议礼仪改革的前奏。

　　19 世纪礼仪改革运功的功臣归于非常重视文化的天主教隐修会团体-本笃会，1833 年盖朗热（Guéranger,）重建本笃会索莱姆（Solesmes）修道院，带头重振教会传统，他写了 15 册的巨著《礼仪年》和《礼仪制度》一书。一时间各派各说百家争鸣，德国神父葛丁尼（Cuardini）出版《礼仪的精神》一书，比利时蒙西泽修道院的玻度恩（Beauduin）以及德国玛利亚拉克修道院的贾西尔（Casel）和希威勤（Herwegen）都是礼仪改革运动的代表人物。1887 年第一本关于天主教礼仪的杂志《礼仪汇刊》在罗马出版。这些民间活动影响到罗马教廷官方的介入，礼仪改革进入实质性阶段并由上而下地展开。

　　自 20 世纪开始，多位教宗关心礼仪的发展并为此发表正式通谕。1903 年 11 月 22 日，罗马教宗庇护十世（S.Pius X）颁布自动诏书《在善牧职务中》，被视为是天主教官方礼仪改革运动的开端。1909 年玻度恩在比利时马利内斯大会上提出为礼仪改革制定实际计划因此掀起教士礼仪改革运功，而大会最重要的实际计划是要求将拉丁文罗马弥撒经书翻译成各国地方语言以供平信徒参与礼仪活动。之后的欧洲历经两次世界大战，但礼仪改革运动的浪潮已从欧洲波及更广的世界范围内。1947 年 11 月 20 日，罗马教宗庇护十二世（Pius X II）颁布论教会礼仪的《天主中保》通谕，这是梵蒂冈第二届大公会议之前最重要的通用礼仪典章。接下来，庇护十二世组织了礼仪改革委员会，于 1951 年发布关于复活节前圣周礼拜及其规程的教令，1955 年发布"整顿圣乐"通谕，1958 年颁布谈及平信徒积极参与礼仪活动的"圣乐与礼仪训令"。礼仪改革的实际计划已逐步展开，1956 年召开的意大利国际礼仪大会肯定了礼仪革新的努力，官方支持并积极参与的态度终于为梵蒂冈第二届大公会议的召开酝酿好了土壤。

　　教堂音乐的改革更早于礼仪改革有了落实，其过程一波三折。特利腾大公会议时帕勒斯特里那重振复调音乐，但他修订素歌的工作尚未开展就已去世。接手任务的是阿内里奥和索里亚诺，1614-1615 年他们修订的两卷素歌集由获得教宗保禄五世钦准的美第奇出版社出版，这个美第奇版在音乐界被认为是灾难性的修订-增减花唱部和改编素歌旋律，自由清唱风格的素歌被硬塞进严格的节奏框架中，以便可以配上和声性的管风琴伴奏。19 世纪以德国里根思堡为中心创始的德意志全国则济利亚协会[10]（1867 年）掀起的"则济利亚运动"是一场怀旧的革新，人们要再度复兴神圣安宁的拉丁素歌和帕勒斯特里那复调乐风，不过里根思堡素歌的基础却是美第奇版素歌。而同时，本笃会索莱姆修道院的盖朗热宣称单声部的拉丁素歌为教堂音乐的普遍准则且是唯一的教会理想。本笃会士们以极大的热情和科学精神长期研究古手抄本乐谱以校对印刷本的错误，其中莫克奥神父（André Mocquereau）研究并出版的全套十三册的《音乐古谱学》（又译《音乐古文书》Paléographie Musicale）是真正契合传统的里程碑式成果。

　　1903 年教宗庇护十世的自动诏书《在善牧职务中》颁布后，传统拉丁素歌的尊严得到恢复并被规定须采用早期和纯正的数据来源，梵蒂冈版的素歌歌本在已获得工作认可的本笃会负责下出版，并传发到每个教堂。但素歌的旋律恢复传统，节奏问题却争论不休，配有和声伴奏的素歌仍然广泛应用。1914 年接任的教宗本笃十五世（BenedictusⅩⅤ）在制定教会法典中，明令禁止教堂内使用渗入放荡与不纯洁曲调的音乐。1922 年接任的教宗庇护十一世强调教堂的首选用曲为法定梵蒂冈版的拉丁素歌，其次可选用复调音乐。1939 年接任的教宗庇护十二世在其《天主中保》通谕中，强调拉丁素歌是"罗马教会的本有歌曲"，但不排斥能适合于圣礼的现代音乐。[28]迄今为止，罗马教会从未正式允许用各地方言演唱拉丁素歌以及用各地方言举行圣礼，但整个礼仪改革运动的发展和一系列充分铺垫已为具有礼仪改革运动具决定意义的梵蒂冈第二届大公会议做足预备工作。

二、国内历史大背景

　　滇藏川交界地区天主教仪式与音乐的国内历史大背景，是天主教礼仪在华的本土化历程。16 世纪入华的意大利耶稣会士利玛窦采用尊重中国文化的态度，以"合儒辟佛"、"辟佛补儒"策略的传教，从"西僧"到"西儒"的一系列行为思想，终于获得天主教在中国土地上站立的机会。由于教会的根基不稳，随时可能被禁止活动，继任利玛窦职务的龙华民希望能培养中国司铎以保全教会和传播教义。只有拉丁文的经书和礼仪翻译成中文才有可能发展中国本土的司铎，此行为必需上报罗马教宗和教廷批准同意方可执行。1602 年

---

28 参刘志明《额我略歌曲简史》香港，公教真理学会出版，2008 年。

龙华民编译中文《圣教日课》三卷。1614 年龙华民派会士金尼阁在罗马上书教宗请求准许实行中文礼仪，次年保禄五世教宗应允申请，由罗马教廷礼仪部颁谕特许以中文举行弥撒、日课和所有圣事圣仪，并准许以高雅的中文-文言体裁翻译礼仪经书。1617 年清政府禁教，1625 年金尼阁在西安刊印供教徒使用的《推历年瞻礼法》，标明教会瞻礼庆节并注释有阴历和阳历。1628 年金尼阁去世，诸种原因使中文译经工作未能开始。

1629 年第一本中文版小本手册的弥撒礼仪经书《弥撒祭义》由艾儒略编撰在福州刊印，全书分两部分，第一部分说明新旧约中的祭祀概念、圣堂建筑和祭坛、教会圣统制、祭衣、弥撒礼仪、弥撒圣祭的效果、辅祭的方式；第二部分说明弥撒的主要部分。接下来，关于中文圣经和礼仪经书的翻译编着刊印种类逐渐增多，包括艾儒略的四福音缩本《天主降生言行纪略》；庞迪我的《七克大全》七卷；阳玛诺的《圣经直解》十四卷、《天主圣母暨天神圣人瞻礼日解说》；潘国光的《圣体规仪》、《圣教四规》、《瞻礼口铎》；殷铎的《中国礼仪证言》；聂仲迁的《中国礼仪报导》；穆迪我的《成修神务》三卷、《圣洗规仪》二卷等等。其中明清耶稣会士中利类思堪称 17 世纪最具中文素养的洋神父，1670 年他把整本罗马弥撒经本翻译成中文《弥撒经典》5 卷合订二册，另有礼仪经书《司铎日课概要》、《司铎要典》、《圣事礼典》、《圣母小日课》、《已亡日课经》等和其它的中文护教辩教类书籍。

中文著书虽逐渐增多，但用中文举行教会礼仪的事宜一直在向罗马教廷申请中受挫，原因是早在 1615 年保禄五世教宗的特许被遗忘。此过程中，关于如何传教、如何翻译教义、如何对待中国礼仪等问题逐渐拉开了维持百年之久的"礼仪之争"，耶稣会的龙华民一直对利玛窦宽容中国礼仪的传教策略不满，后来多明我和方济各会等其它各会的会士也加入阵营，并上报罗马教廷进一步扩大事态，从宗教学术辩论上升演变成修会内部权利斗争和梵蒂冈与清政府之间的政治斗争，中文礼仪发展的拉锯战成为导火索。1659 年，亚历山大七世教宗准许中国人只需要勉强背诵拉丁文经文就可以晋铎，但未同意使用中文礼仪。1672 年殷铎泽申请全面意译而不是拉丁文音译罗马礼典。中文著述虽然逐渐增多但没有罗马的批准还是不能举行中文礼仪，1680 年耶稣会南怀仁再派柏应理携带着 3400 册中文译本前往罗马，向申请依利诺十一世教宗批准 1615 年的特许，至 1685 年请求最终失败，同年罗文藻在广州被祝圣为首位国籍主教。接下来的数次申请均被拒绝，1693 年福建代牧区主教阎珰出令禁止中国礼仪，至 1704 年礼仪之争持续升温，中国教徒的祭祖敬孔仪式被罗马教廷批令严禁，克雷芒十一世教宗颁谕违者将遭受驱除教会的处罚，使康熙帝大为不悦并于 1721 年禁教。

1726 年被逐广州的麦传世请求罗马传信部复核《弥撒经典》中译本，1727 年罗马圣部反对以中文举行礼仪，1735 年罗马传信部放弃修订《弥撒经典》，1742 年本笃十四世教宗颁令禁止传教士再讨论中国礼仪问题，在华所有司铎必须一律宣誓反对中国礼仪遵从禁令。之后雍正帝禁教，而 1755 年罗马仍勒令弥撒中不能采用中文祈祷或圣歌，1773 年克莱孟十四世教宗下令解散耶稣会，中国的传教工作由遣使会接管，嘉庆、道光帝两朝维持中国禁教政策。在罗马禁令和清廷禁教期间，中国教难教案不断，多由此发生，接下来的时间里天主教只能转入地下或秘密发展的形式。鸦片战争后的天主教借助不平等条约逐渐恢复并迅速发展起来，之后教案迭起错综复杂。

进入 20 世纪初期，随着外国修会大量入华传教和频繁的侵略战事，基督教（新教）发生了声势浩大的非宗教和非基督教运动，基督教（新教）的本色化运动自此开始付诸实践，中国天主教徒的爱国运动和天主教的本地化运动也日益高涨起来。推行天主教神职人员的本地化成为主要任务，此时期虽然没有执行中文礼仪，但中文音译拉丁素歌一直在使用，而中文圣歌也开始刊印，并在拉丁弥撒仪式中间穿插有少量的中文圣歌，对平信徒的教育史仪式以外的学习和圣歌已全部使用中文。"为普及基督教文化，也采取了一些中国人喜闻乐见的大众化传播方式。耶稣受难剧和其它圣经故事被搬上舞台，吸引了普通中国民众。在内蒙古和汉口以及不少教区，望弥撒时教徒高唱带有中国特色的赞美诗。"[29] 中式和中西结合式风格的教堂在各地兴建，其它中西结合式的圣教艺术也相继出现。1926 年庇护十一世教宗颁布通谕，"建议在传教区中创立新修会，就地域与环境的特殊情况，适应本地人的性格与倾向。"[30] 同年，庇护十一世教宗亲自为第一批 6 位中国籍主教在梵蒂冈举行祝圣典礼。1939 年庇护十二世教宗发表通谕钦准传信部撤销禁止祭祖敬孔和传教士宣誓服从禁约的规定。至 20 世纪 60 年代梵二会议召开，允许各地教会使用方言举行圣礼的官方宪章颁布时，中国正值文革期间宗教活动几近消亡。20 世纪 80 年代宗教政策落实，梵二礼仪改革举措进入中国，1989 年在上海畲山

29 晏可佳《中国天主教简史》宗教文化出版社，2001 年，第 233 页。
30 晏可佳《中国天主教简史》宗教文化出版社，2001 年，第 234 页。

修院举行了第一台中文弥撒礼仪，1993 北京召开全国主教代表大会通过各教区可以按情况推行中文礼仪，自此用中文举行天主教圣礼终于在中国土地上变成现实。2001 年"利玛窦到北京四百周年国际学术研讨会"，若望保禄二世教宗对大会致词，充分肯定利玛窦在学术、文化和传教方面的贡献。在历经反复的兴衰激变之后，利氏尊重本土文化的眼光之举，终被历史辨别是非真伪，中西异质文化的交融之路也走向全新的篇章。

三、滇藏川交界地区天主教仪式与音乐的历史

藏区的天主教礼仪完全遵守执行罗马礼仪传统，但随着环境地域的改变和现实需要，本土化的因素都有渗入以适应发展。早在 17 世纪，向古格王朝传播天主教并建立西藏第一座天主教堂的葡萄牙耶稣会士安夺德，为国王及其它人举行传统的天主教仪式：诵经、祈祷、朝拜圣像、弥撒祭礼等。

"在他出发的那天，他把我们叫去，与我们交谈了好长时间，然后双膝跪下，请我为他诵读福音。他头顶着弥撒经本，我为他诵经。诵毕，他非常虔诚和尊敬地亲吻了经本……我们每天都在教堂里唱诵圣经，并大声朗诵祷文。年迈的太后在我们搬家以前经常来听我们诵经，但由于年龄太大，现在她不能来我们教堂……一次，国王正好有机会看到我们举行弥撒大祭。几天以后来到我们住宅，表示希望能够再看到祭饼。我拿出一张祭饼并把它研碎，然后拿在手中对国王说：'陛下，现在它只是面包，但凭借上帝教给我们的一些话语的威力，把它献给上帝后，它就会成为上帝的圣体。'国王于是对我说：'如果现在它只是面包的话，请允许我吃掉它。'他吃了少许，并把剩下的分给了佣人们。他们把这块祭饼当作圣物或者一种非常神圣的东西。因为我曾告诉国王，我们祝圣时不断地摇铃，目的是引起信仰者的注意，国王回家后给我们送来了一个大铃，他说我们那只铃太小，如果我们以后用他送给教堂的那只大铃，他将很高兴，那样他也可以听到铃声并知道何时祝圣，他的精神也可以参加祝圣，因为他本人还不能正式出席祝圣。"[31] 礼仪按传统是拉丁文圣礼，不过 20 世纪 80 年代古格王朝的考古发现一个藏密仪式跳舞时的骷髅面具，面具的糊纸上写满葡萄牙文手抄和印刷的圣经内容，这是古格国天主教的唯一遗物，也许当年安夺德神父在诵读福音书的时候不仅使用拉丁语还有葡萄牙语，这一切无从知晓。

---

31 伍昆明《早期传教士进藏活动史》中国藏学出版社，1992 年，第 149-150、154 页。

18 世纪卡普清传教会在拉萨建立了天主教堂，"卡普清传教会的僧馆和教堂在靠木鹿寺不远的地方。教堂高 5 米，长约 10 或 11 米，教堂内设有 5 个神龛，一小间圣器保藏室，一小间唱诗班、风琴独奏室。教堂用许多宗教图画装饰。僧馆地面一层设有厨房、大食堂、医疗诊所；上层有 8 个房间和一个会客室。整个建筑不超过五米高。楼上这一层很矮，伸手可以摸到天花板。教堂选择在 1726 年 10 月 4 日（火马年八月九日）开光，这一天是圣方济逝世五百周年纪念日。神父们举行了隆重的庆祝仪式，有 11 位新入教的教徒出席，他们多数是在拉萨的尼泊尔土著尼瓦尔族人，教堂题献给'圣母升天节'。"[32]教士们用藏语编译天主教义，曾引起当地喇嘛们的兴趣。罗马教宗后来还致函西藏喇嘛并带去大量贵重礼品，其中有一个教堂大钟和为普及教义使用的一套藏文活字印刷机。"这套印刷机是为了印刷藏文的教会宣传品，即奥拉济奥自己在 1738 年给传信部的报告中所说的，为了'普及《旧约全书》、《新约全书》、《教义问答》和其它教会书籍……'，贝鲁加枢机主教个人捐钱在罗马由梅斯尔斯·芬托齐公司（Messrs.Fantozzi&Co.）在奥拉济奥神父指导下造成的。当时这种活字藏文印刷机造了两部，一部运至拉萨，一部送到传信部。"[33]可以看出，相比后来罗马教廷对使用中文礼仪和经文的反复拒绝态度，西藏地区确实得到非常不同的待遇和礼遇，即便如此这时期的传教活动依然宣告失败。

19 世纪藏区的传教活动集中在四川康区和云南藏区，由巴黎外方传教会管理，归属四川代牧区教务工作。早在 18 世纪中叶巴黎外方传教会就已接管四川省的教务，至此时的教会工作井然有序，对教徒的管理和宗教生活以及教义宣传等方面初成规模。1744-1745 年四川主教马青山两次发布宗座代牧令明令禁止中国礼仪，成为四川代牧区的规定信条，遂即陷入礼仪之争的禁教时期。为教会发展四川教会向罗马申请宽松宗教书籍的翻译和出版，"1777 年 1 月 3 日，罗马同意在四川全体神职人员的讨论和传信部的审查下，'可将部分内容直接或间接涉及宗教教育和教会圣事的已在欧洲刊行的书籍翻译成中文，在（四川）教区内传播'。"[34]四川教会立即出版了很多中文天主教要理和教义的相关书籍。四川康区对汉族和懂汉语的其它民族教徒进行的宗教教育，

---

32 伍昆明《早期传教士进藏活动史》中国藏学出版社，1992 年，第 432 页。

33 伍昆明《早期传教士进藏活动史》中国藏学出版社，1992 年，第 462-463 页。

34 郭丽娜、陈静《论清代中叶巴黎外方传教会对四川天主教徒的管理和改造》宗教学研究，2008 年第 1 期。

就使用之前已经在四川其它地区翻译成文的中文内容和中文礼规。今日西南三省的天主教仍然通用当年四川教会翻译的竖版发行之半文半白的要理经课，在教徒们的口中用西南官话诵念余韵犹在。

对历史中天主教学徒的日常生活，可见一份珍贵的资料，这是笔者在康定天主堂的陈年碎纸片中发现的一张中文校规告示，能对当年的教徒生活和学习内容得见一窥：

> 众姑娘做功夫用时候每天该守的规矩：四点半时一闻钟响，如闻天主呼唤一样各自起身，即点圣水请圣号举心归向天主，谢其保佑一夜平安，并谢主母转达甚多恩惠。就将本日的举动、百思言行与所当受的苦楚，同耶稣玛利亚圣人圣女的功劳苦楚恭献于主。惟愿都合天主的圣意，都行为天主的荣光，全无本性的杂意愿。然后个人预备自己事物。

> 四点三刻做默想。五点半钟念早课-要细声些。六点钟正望弥撒-弥撒后领恩者谢恩，未领者或收拾自己本日当做的活路或读书写字。七点半钟同吃早饭。八点钟上学读书。九点钟听问讲解。十点钟互相考论或写记所问。十一点念六十三一节，然后私省察仍复省视本半天行为之间合乎早晨默想与否。十二点念三钟，随后午食，此时一人朗声读诵善书一节，众宜静听，使肉身得养之，时而灵魂不失其养。食毕休息二刻-此时准说话读谈耍喜笑，惟禁一切犯爱德端庄的话与矜夸固执等语，虽在散心之时，亦不忘与主天神同游同住。二点钟诵玫瑰经，然后上学读书。三点钟听问讲解。四点钟互相考论所讲所问或写记之于书或默存之于心。五点钟默想耶稣苦难神功。五点二十分做活路。六点半钟念晚课-总省察，察本日功夫诸情恰当与否。七点钟晚饭余照午食规条。八点钟公同听读善书-预备次早默想题目，次早领恩者此时可诵预备领恩经，然后收拾安寝。九点钟静寝-此时务要各就本床，勿得支吾迟延。

> 自起身就寝除午晚二食后休息之时，其余各自静默，如有当言语之处，须于上前请命，长上临时亦当于经理前请命，然后乃可。总规每逢主日与天瞻礼之期，上午不读书该念经，下午休息，凡至瞻礼七与办告解之期仍不读书。[35]

---

35 康定天主堂提供资料

　　该告示没有落款时间，据纸张的保存状态和康定天主堂现存数据的时间推算应为民国时期，可能是原康定教堂女学堂或贞女院（童贞院）的规矩条款。告示内详细描述女教徒每日恪守己身的宗教生活，与笔者采访的数位当年上过教会女学堂的年长教徒的描述类似，不过在她们的陈述中玩耍的时间更多一些，因此这样严谨格律的安排似乎更接近贞女院女修道生的日常生活，在此不能确定。

　　历史中在四川康区和滇藏地区，平信徒每天早晨都参加由神父主持的弥撒，周日举行大弥撒。仪式过程中神父在祭台上使用拉丁文祭礼，教徒在座椅上用自己的语言念经祈祷，康区使用汉语，藏区使用藏语。老教徒们告诉笔者，虽然一直没有使用中文礼仪，但在弥撒中间还是有小部分中文的掺入。由于教徒听不懂拉丁语，弥撒当中神父停歇的时候，就由拉丁学堂（备修生）毕业的本地先生进行讲解，答唱咏、圣歌和神父讲道的部分也都是中文。在三地藏区都举行拉丁文弥撒，中间有藏文圣歌和神父的藏语或怒语讲道。康区的主日大弥撒结束后，吃完午饭下午教徒们要诵念二台或三台汉语（四川话）的玫瑰经，一般四点左右可以结束。由于领圣体前不能吃饭，教徒们在主日一般只吃两顿。云南藏区的主日举行神父主持的大弥撒，结束后由修女带领教徒诵念藏语的第二台玫瑰经即结束。

　　四川康区和滇藏地区的天主教除了主日和平日的弥撒以外，最主要的是复活节、圣神降临节、圣母升天节和圣诞节四大瞻礼。康区有的教堂过大瞻礼时，仪式结束后会摆酒席，由教会出钱杀鸡宰猪摆酒招待教徒和非教徒欢度节日。而藏区的教堂过大瞻礼时，则有一个非常本地化的习俗-跳藏族舞，舞蹈是弦子舞和锅庄舞，藏族教徒会围着篝火和酒水彻夜歌舞，这个习惯一直持续到今天，本文的第五章"仪式的延展-教堂外的歌舞"将详述。教徒过春节也要去教堂做弥撒，其余尊当地习俗，在云南藏区的教会，年初一首先进教堂拜天主，然后再互相拜年，接着是十几天挨村挨户的歌舞玩耍。

　　四川康区教堂的盛大节日除四大瞻礼外，还有圣体瞻礼和本堂主保瞻礼。圣体瞻礼最主要的活动是弥撒和圣体游行，当地人俗称"撒花瞻礼"。康区地处高寒山区盛产艳丽的高山大杜鹃，每年花开时节正逢 6 月的圣体瞻礼期，女孩子们上山采花掰成碎片贴在脸上、装在小花篮里，圣体游行时，女花童一席全白的洋裙，在圣体降福时向天空撒花，人行队伍颂唱赞美圣母和圣体的中文圣歌，场景甚是美丽。每个教堂的主保都不相同，每逢本堂的主保庆日时，主保的圣像便会被抬出来游行，其景类似圣体游行，但规模较小。而在滇藏地区的教堂，采访中得知尚未有这两大瞻礼的节庆。

历史中滇藏川交界地区天主教的礼仪基本遵循教会的传统，在此框架内会掺入一些本民族或本地化的习俗，对于平信徒而言，拉丁文只是神圣祭台上天国的语言，他们的生活-祈祷、圣歌、诵经、读书全部是本族的汉语或藏语。而传教士对藏族风俗的宽容程度相对于汉族来说要更高，这也许跟传教的难易程度和生存环境有关。实际上为了教会的生存，本地化是必须的手段和趋势，纵使罗马教廷的态度犹豫反复却又强硬有加，但事实发展依然指向教会需有一定程度的退让和妥协，因为文化的交流从来都是双向互动并相互影响的。

第四节　天主教仪式与音乐的现状

1962 年 10 月 11 日，教宗若望二十三世在梵蒂冈圣伯多禄大教堂召开梵蒂冈第二届大公会议（以下简称"梵二"），至 1965 年 12 月 8 日先后共举行四次会议。大会共投票表决通过 16 个档、9 个法令和 4 个宪章，从各方面对内实行全面改革，对外向世界开放。梵二会议的系列革新意义深远，使整个天主教会与现实社会积极对话。1963 年 12 月 4 日梵二会议的《礼仪宪章》（Constitutio De Sacra Liturgia Sacrosanctum Concilliun）完成，这是天主教礼仪改革的重大举措，也是天主教礼仪千年历史以来最关键性的转变。宪章最重大惊人的决定是：允许用地方语言举行礼仪并编订地方性的礼规。自此，梵二会议之前拉丁礼仪外化的神秘性和神职人员对其之独霸性的局面被彻底改变。宪章特别强调礼仪的多元化和地方教会的重要性，在举行礼仪时应依照各地方教会本民族和地方特性，这是历史中天主教会完全从平信徒民众的信仰需要角度考虑，对礼仪全球本地化最官方和最郑重的许可。《礼仪宪章》第六章"论圣乐"专门谈及教会音乐的革新问题，此文件虽然仍强调拉丁素歌的首要位置，但允许各地教会用本地方言演唱并创作圣歌，门户自此打开，教会音乐将彻底实现全球本土化。

梵二会议结束后，在完善会议精神的基础上逐一建立改革的组织机构，并从 1968 年开始全面修订圣事礼本、日课经、圣教年历，至 1973 年底完成。礼仪改革的实质内容逐步落实到全球各国的天主教组织，平信徒能以自己熟知的语言和音乐赞颂歌唱的本土化行为极大掀起了民众参与的热情。虽然天主教会仪式和音乐的发展从古至今都广泛而不可避免地有本土化的实践，但官方教会自梵二会议之前从未有过首肯的态度，更多是以反对和一统的方法避免异化。梵二会议的创举使各地民族的语言和传统音乐终于可以登入教会圣堂，但对统治千年的拉丁仪式和素歌传统也造成灾难性的冲击。面对当今教会音乐圣俗共享异彩纷呈之现状，现任教宗本笃十六世强烈表达复兴传统拉丁素歌的意愿，而一股复苏古老拉丁仪式的风潮也正在悄然兴起并愈加兴盛。历史的钟摆似乎再一次回转，传统的继承与发展何去何从，人们并不知晓并将拭目以待。

一、天主教礼仪的现状

现在，滇藏川交界地区天主教的礼仪规范遵循全国统一的中文礼仪，但该地区有一个现象-大多数教会常年没有神职人员，这造成教会无法举行天主教圣事，因此日常仪式必须在没有神父的情况下照常举行，其中最神圣重要的环节省略。地方会长从某方面代替神父的角色成为礼仪专家，他们在非圣事礼仪和圣事礼仪的非神圣环节中担任最主要的角色。在一些叙述清代天主教的数据中，可以看到这是天主教进中国以来因地制宜的历史特色。

> "由于教区地域广阔、传教点分散和神父人手不足等客观因素，教会组织传道员（分定点传道员，也称会长和巡回传道员）这一辅助性的教务管理基层，进一步加强对教徒的监督。巡回传道员由神父根据教徒的新的及其教理认识程度进行选拔，其主要任务是跟随外籍传教士四处宣教，皈化异教徒。会长则由小区内的天主教徒共同推选，由于四川教徒多属同宗或同姓聚居，尤其是那些时代奉教的小区，推选出来的定点传道员往往是'家族中的年长者'，因而会长的角色具有教会权利结构与中国宗法社会相结合的特色，能对小区内的教徒产生更大的钳制影响力，在教徒小区的管理中发挥极其重要的作用。神父不在时，各教徒小区的管理工作就落在会长身上。会长根据传道员守则，洁身自好，秉承神父旨意，利用自己在宗族中的威信，讲解教理，维系教徒，主持小区日常宗教生活，督促教徒听取教理宣讲、做忏悔、行告解和临终圣事，时刻密切注意教徒的动向，调节教徒群体的内部矛盾，解决小区一切事务，使教徒小

区在禁教时期也能正常运作。因此神父和会长，一个巡回检查，一个定点宣讲，成为监督教徒活动的两只眼睛，使教会对教徒的各种行为要求得到真正落实。"[36]

会长的角色如上述引文所言一直延续到今日并且更加重要，会长的推荐条件也一如上文所言，但与资料中不同的是：原先的会长是辅助和管理的作用，只是神父的配角和帮手。现在藏区的会长因为长期没有神父的原因，已非常无奈地被推及到类似神父的角色，但他们很清楚自己是无法替代其"神圣"的角色以执行圣礼。引文中提及清代的会长帮助做忏悔、行告解和临终圣事，而现代的会长则非常坚定地告诉笔者这些都是圣礼，非神父执行莫属，如有迫切紧急需要，万不得已时只能自己代理，但其中最神圣的环节会长依然会有折中的办法，会长担任的不过是神父职分中"人"的角色，这得以清楚地告诉人们"世俗"与"神圣"的区别。不过，正是这个神圣环节的空缺和不可替代性，从另一个角度证实了自我信仰的纯正性。人们总会提到过去如何，现在又如何，而其中隐含的是想要告诉人们"我们在多大程度上保留了真正的传统；现在虽然没有神父，但我们的信仰是正统延续的"，这正是藏区教会在有意无意透露出来的自豪信息。如今常年没有神父的日子，使那些非神圣礼仪构和没有"神圣"因素的圣礼成为平信徒宗教生活最主要的环节。

"那些可以由世俗信徒举行的非圣礼或者非教会礼仪，在中国天主教徒日常生活中变成了最重要的。因此，礼仪之间有了一个较清楚的区分：圣事诸如感恩礼和告诫，仍然是严格的教会礼仪；洗礼由圣职人员和地方传教员举行；聚会祈祷和守斋（虽然也由圣职人员参加），成为普通天主教徒将自己和举行与次类似的佛教、道教仪式的中国人区分开来的最为重要的礼仪形式；葬礼成为家庭和天主教团体的基本礼仪，里面只为神父保留了一个边缘角色。"[37]

每一个没有神父的教堂依然按照礼仪年的教会瞻礼日历过宗教生活，年长教徒是信仰最坚固的主体，由于该地区的天主教具有家族和小区传承特点，孩子们从自小的教堂生活长大后都成为信仰传统的继承者。云南藏区的天主

---

36 郭丽娜、陈静《论清代中叶巴黎外方传教会对四川天主教徒的管理和改造》宗教学研究，2008 年第 1 期。

37 [比]钟鸣旦着，张佳译《礼仪的交织-明末清初中欧文化交流中的丧葬礼》上海古籍出版社，2009 年，第 249 页。

教人数虽然不算多，也仅有 1 个刚来的驻堂神父，但在信仰的稳定度上以小区民族为结构顽强地延续着传统。四川康区的天主教情况有所不同，靠近县城的地方未形成教徒小区和民族团体，人员较为分散，信仰的发展状况较为落寞，而乡村地区的天主教徒以村落为结构构成稳定的信仰群体。而主日礼仪、平日念经和四大瞻礼构成藏区天主教最主要的礼仪内容。

二、天主教仪式与音乐的分类

宗教仪式中对音乐的适用范围广过一般意义上的"音乐"概念，其中有声响或不向外表达的内在声响内容仅用"音乐"一词来涵括是不够的，民族音乐学科理解宗教仪式音乐的关注点，是从音乐的角度切入仪式以剖析理解信仰体系中的仪式。有学者理解"仪式是信仰的外向性行为，大部分仪式自始至终在'音声'境域（soundscape）的覆盖之中展现。从宏观的角度来看，'音声'的概念应该包括一切仪式行为中听得到的和听不到的音声，其中包括一般意义上的'音乐'。（听不到的'音声'，指的是不向体外发生的，但存在于仪式执行者内观状态的，而且往往被局内认为属高层次的音声：如道教或佛教意识中的'心诵'、'神诵'。由于学科在理论方法上的局限，目前学科的研究对象暂时只能限于听得到的音声。）"[38] 笔者赞同使用"音声"一词针对民间宗教仪式内所涵括的相应内容，仅用传统的"音乐"概念囊括所有宗教仪式中更为抽象之超越"音"和"乐"体系之外的声响非常有限。

但对于天主教音乐的研究，"音声"一词所涵盖的内容是否有更恰当的定义？在导论的"研究方法"中，笔者已经说明，天主教并非民间宗教，它所放置的处境是世界宗教的范畴，这与民间宗教发散性体系最大的不同是，世界性宗教具有高度的制度性和系统性的神学理论。"音声"一词所蕴含的内容，在天主教神学体系中已经划分归类，并且涵盖的内容更广。前文指出，天主教神学将教会礼仪分为圣事礼仪（弥撒和七大圣事）和非圣事礼仪（圣仪和祈祷）两大体系。而后者尤其是圣仪的内容，已包括除"音乐"内容之外"音声"在天主教仪式内所涉及的所有层面，摇铃、降福、洒圣水、朝拜圣体、念经、吟诵、心祷等等都属圣仪范围，音乐的使用属于"圣乐"范畴。因此笔者也归本源流，将天主教会"音乐"内容之外"音声"所涵盖的概念，依然参照天主教神学的划分归于圣仪概念。

---

38 曹本冶《思想~行为：仪式中音声的研究》上海音乐学院出版社，2008 年，第 13 页。

　　滇藏川交界地区的天主教礼仪具有一定特殊性：大部分教会由于没有神职人员而缺乏神圣礼仪导致该地区礼仪的不全备性，因此本文不按圣事和非圣事礼仪来分类叙述。依据该地区天主教礼仪的特征以及与信仰之关系的紧密度，仪式与音乐在三地藏区天主教信仰内的应用可大致划分为：封闭层面-教会礼仪、开放层面-人生礼仪和外延层面-教堂外的歌舞。教会礼仪是在教堂内对教徒举行，人生礼仪可以在教堂内面对教徒和非教徒举行，而教堂外的歌舞是真正开放面对所有人的狂欢，但并不是严格意义上的仪式，在此作为其外延层面。

三、封闭层面-教会礼仪

　　教会礼仪是针对教徒亦向内封闭性的活动，在三地的天主教会中，最主要的宗教团体生活是每周主日礼仪和每年的四大瞻礼庆节。三地的每周主日礼仪分为三种情况：无神职人员的教堂-以仪式为主举办省略感恩祭弥撒的主日礼仪；以念经祈祷为主按章程举办简单仪式；有神职人员的教堂则遵礼规章程进行主日礼仪。过四大瞻礼庆节在有神职人员的教堂中依然照章办事，在无神职人员的教堂中，汉族地区则祈祷念经讲道或有聚在一起吃饭，少数民族地区按章程举办省略感恩祭弥撒的瞻礼庆节，仪式结束后欢庆跳舞通宵达旦。

　　次要的宗教生活是平日的念经祈祷，根据条件允许，集体上教堂和个人在家参与均可以。参与固定念经的人员多是老教徒，如在地广偏远的山区，便在各家自行念经，老幼都会参与；如在交通方便的地区，附近教徒聚集进堂集体祈祷，时间多为一小时左右。

四、开放层面-人生礼仪

　　人生礼仪涉及婚礼、丧葬礼和洗礼，是对教徒和非教徒开放的仪式，音乐的自由选择度大大扩增，非信仰者往往会借助这类仪式初步了解宗教信仰。这层礼仪尤其能体现本土因素的介入程度，特别突出文化交流的双向互动特性。

五、外延层面-教堂外的歌舞

　　教堂外的歌舞是云南藏区教会和西藏教会特有的形式，在四川康区教会并不存在，主要原因是康区鲜有藏族教徒。这些歌舞跳于两种场合：特定宗教节日的集体狂欢即教堂外的歌舞和自行娱乐。在前者中，歌舞只跳于四大瞻礼仪式结束之后（偶有特例），可以把它看做仪式的外延层面。因为从性质上说，歌舞跟仪式内容毫无关系，但实际上它总出现在特定仪式之后，已无形成为藏区教徒构建的一种新"仪式"，这是很有意思的本土化现象，且仅在云南藏区教会和西藏教会中存在。

本章小结

本章从西方天主教会的礼仪传统叙述到中国天主教会礼仪发展的历史，直至滇藏川交界地区天主教会的礼仪史今，将其脉络传承作一简单梳理。根据实地调研所了解的现状，笔者将三地教会的礼仪划分为封闭、开放和外延的三个层面，下文分别作出具体阐述。这些都突出极具本地特色的现象，尤其是教堂外的歌舞特别反映出西方天主教会的拉丁文化如何与中国藏族的文化嫁接共存而变成今日的模样。

第三章　仪式与音乐-教会礼仪篇

　　天主教礼仪是一套在两千多年的教会历史中逐步形成的复杂文化体系，主要目的是完善神人之间和教会与教徒之间的信仰表达。天主教神学类型中，礼仪精神表达的贯穿轴线是循环往复的神圣时间-礼仪年（度），礼仪的核心内容是弥撒与圣事属于圣事礼仪体系，而礼仪的外化表像是圣仪与祈祷属于非圣事礼仪体系，三者紧密结合组成全备的宗教信仰表述结构。

礼仪的神圣时间-礼仪年

　　圣经的开篇旧约《创世纪》描述上帝用七天时间创造世界，接下来上帝整个拯救人类的救赎计划贯穿于千年的历史时间中。自此秉持上帝一神教信仰的教会（犹太教、天主教、东正教及新教）就拥有一套神圣的时间系统-礼仪年，以表达与世俗时间观念的不同。每年循环往复在神圣时间内，以相同的纪念仪式重复信仰的历史和强化内心的信念，达到坚固深化的精神信靠。整个礼仪年有5个节期：将临期、圣诞期、四旬期、复活期和常年期，节期以圣诞周期和复活周期为主干依次为：圣诞周期（将临期和圣诞期）-常年期-复活周期（四旬期和复活期）-常年期，其中最重要的四大瞻礼为复活节瞻礼、圣神降临节瞻礼、圣母升天节瞻礼和圣诞节瞻礼。礼仪年从将临期第一主日开始至常年期第 34 周结束，节期之间紧密相联讲述着从期待弥赛亚来临到庆祝耶稣降生到耶稣受难而死到耶稣复活升天到耶稣派遣圣神与每位信徒同在的信仰故事，每年循环往复不断深化每位参与者的信念，以达到神人之间心灵修炼的提升。

　　礼仪年的核心是主日，意为"主的日子"，最早是从周六晚守夜延续到周日以纪念耶稣复活的神迹，后来逐渐演变成周日全天为主日，亦称"礼拜日"。对基督宗教徒来说，主日星期天是每周的第一日，代表新的创造与开始。天主教会的传统中，将主日之外的平日六天每日分别指定崇拜：Feria Secunda 瞻礼二（周一）是拯救亡者炼灵、Feria Tertia 瞻礼三（周二）是感谢守护天神、Feria Quarta 瞻礼四（周三）是恭敬大圣若瑟、Feria Quinta 瞻礼五（周四）是虔敬耶稣圣体、Feria Sexta 瞻礼六（周五）是敬礼耶稣圣心、Feria Septima 瞻礼七（周六、安息日）是恭敬圣母玛利亚、Dominica 主日（周日、礼拜日）是钦崇天主圣三。这些平日的崇拜在梵二会议之后并未硬性规定，而是允许神职人员根据需要自行应用。

日课（时辰祈祷）这种古老的祈祷方式是个人和团体圣化每天时间的有效手段，每日的各个时辰以精心安排的祈祷、诵经和歌唱的内容思索生命的意义，藉此体会神人之间的关系维度和信仰深度。传统中，日课的进行总是与平日的瞻礼相辅相成。

天主教会还通行几种圣月的崇拜：三月是圣若瑟月、五月是圣母月、六月是耶稣圣心月、十月是玫瑰圣母和天神月、十一月是为亡者祈祷的炼灵月，这些圣月的崇拜尤其在今日中国的天主教会内十分流行也深受教徒们的喜爱。

传统中，天主教的节日十分繁多分类也过于复杂令人应接不暇，梵二会议之后将其彻底简化，分为节日、庆日、纪念日，为方便教徒过好周年礼仪，将所有庆节标明于天主教的年历-瞻礼单中印发。

礼仪年作为教会生活的时间指导，在每天的纪念事件和祈祷中划分与世俗世界的时间区别，可以说，每位教徒在运用神圣体系时间观念的同时，也将自己的俗人身份圣化并以此达到精神的升华。

礼仪的内核-弥撒与圣事

礼仪的内核是圣事礼仪体系，而弥撒是天主教会祭献的仪式，亦称感恩祭，是天主教所有礼仪最核心的部分。弥撒源于圣经中耶稣最后的晚餐，教会认为耶稣亲自在晚餐中建立圣体圣事，举行了第一台感恩祭。教会的弥撒仪式便是以一种不流血的方式持续不断地重演耶稣在十字架上的献祭，可以说是弥撒是十字架祭献礼仪性的延续。弥撒与圣事礼仪中最核心的圣体圣事联系在一起，天主教会认为饼和酒的圣体血在祝圣后会变成耶稣真实的身体和血，而不是象征性的意义。而圣体只能在弥撒感恩祭中被祝圣，教徒参与弥撒就是为了领受圣体-真实的耶稣体血，藉此达到与耶稣合成一体，在他之内生活和奉献。

今日的弥撒仪式基本由进堂式、圣道礼仪、圣祭礼仪和礼成式四部分组成。在进堂式里要唱圣歌、忏悔、赞美和祈祷，做好心灵的预备。圣道礼仪要开始宣读圣经内容、讲道、宣信和代祷。这些所有的前期内容都是为献祭大戏最高潮-圣祭礼仪做准备，感恩祭的圣祭礼仪中圣体血被祝圣成为耶稣的体血让教徒领受，献上感恩得享身心灵的神人合一，这是重点所在亦是弥撒真正的意义。礼成式及领完圣体血之后祈祷、统治、祝福和遣散教徒平安归去，这场仪式正式结束。

圣事亦称"圣礼"，天主教认为其规范的七大圣事是耶稣亲自创立，其外在仪式能赋予超然性（天主性）和圣宠。这七项圣事为圣洗、坚振、修和（告诫）、傅油（终傅）、圣体、圣秩（神品）和婚配。其中除圣洗和修和是罪人的圣事外，其余都是善人的圣事。而圣洗、坚振和圣秩这三件圣事，是赋予人之灵魂不可磨灭的标志-神印，因此不能二次领受。

礼仪的外化-圣仪与祈祷

圣仪和祈祷作为外在的表现手法，可以被视为礼仪的外化层面内容，是圣事礼仪体系之外的非圣事礼仪。圣仪是什么？[1] 慈母圣教会设立了一些圣仪（Sacramentalia），这就是模仿圣事而设立的一些记号，用以表示某些效果，尤其是灵性的效果，并因教会的转祷而获得。借着圣仪，使人准备承受圣事的特效，并圣化人生的各种境遇。[2] 圣仪被认为不是耶稣亲自创立而是由教会建立的，通常也被称为"小圣事"、"类圣事""准圣事"等。圣仪的种类很多，如祝圣、降福、驱魔、发愿、朝拜圣体、圣像游行、拜苦路、避静神功等。《天主教法典注释》解释圣仪是神圣的记号，这种"记号"依旧法典的规定为"物品"和"行为"，"物品"是指经祝圣成为圣物如圣水等，"行为"是指神圣行为如祝圣、划十字祝福等。圣仪包含以下内容：

1　辅仁神学著作编译会《神学辞典》（天主教上海教区光启社 1999 年出版）对"圣仪"的辞条中关于圣仪的历史之解释：圣仪的历史比起它在神学上明显的讨论要古老的多。有部份圣仪，如祝福，在圣经中已有很明显的基础。此外，教父们对礼仪象征的看法，以及他们对圣事（mysterium，或 sacramentum）的见解，也很值得注意。十二世纪圣事神学的解释有助于圣仪观念的发展。有人提出「主要圣事」的看法，此举已暗示：还有其它有圣事因素的记号……礼仪运动的结果对圣仪的诠释更深刻了。今天的问题也许是：世俗化的步伐对圣仪的理论和实施到底产生什么样的影响？

2　《天主教梵蒂冈第二届大公会议文献》天主教上海教区光启社，2001 年，第 124 页。

① **与弥撒和圣事相连的**

弥撒和每件圣事的核心仪式都很简短，在核心仪式前后，教会规定了不少圣仪，藉以准备心灵，或感谢所领受的恩惠。像弥撒中的整个进堂式、礼成式，和七件圣事中的圣经诵读及某些仪式，比如：圣洗礼仪中的驱魔、傅油、领洗者头上披白布、手执蜡烛等都是圣仪。按不同时代的需要，教会当局可以改变或增减某些圣仪。

② **与弥撒和圣事无关的**

如降福食物，降福房子等等。

③ **对人及其职务方面的**

如祝圣主教、司铎、执事；任命并降福男女隐修院院长、接受修士修女发愿、降福奉献于主的贞女、委任读经员、辅祭员、传道员等；此外尚有降福病人、降福产妇（生产后四十天）等。

④ **对物品及其用途方面的**

用圣油祝圣圣物，如祝圣圣堂、祭台、圣爵、圣盘等；降福为敬主所用之圣物，如降福祈祷所、祭台布、祭衣、蜡烛、香炉、堂钟等；降福为保护人所用之圣物，如降福圣水、圣灰、苦像、圣衣、圣牌、圣像、念珠等；降福教徒们所用之物，如降福房屋、食品、粮食、工程等。[3]

祈祷按表达方式可分为口祷、心祷、默祷、公祷和私祷等。公祷包括弥撒仪式中的祈祷、日课和公诵经文。日课（Breviarium /Breviary /Liturgy of the Hours/ Book of Hours）又称每日颂祷、时辰颂祷、日课经、日课、大日课和本分经等，是教会法定祈祷经书。日课目的在于借着赞美天主而神圣化日夜全过程，将一天分为八个时辰进行神思灵修，包括晨祷（申正经 Matins）、早祷（赞美经 Lauds）、早课（晨经 prime）、第三时课（辰经 Terce）、第六时课（午时经 Sex t）、第九时课（申初经 None）、晚祷（晚课经 Vespers）和夜课（夜祷 Compline）。1971 年 4 月 11 日，梵二会议之后修订的新日课经本《每日礼赞》出版，包括晨祷、晚祷、日间祈祷（含午前、午时和午后祈祷）和夜祷。其中晨祷和晚祷是主要时辰，日间祈祷和夜祷是次要时辰。日课的主要内容

3　巴博编着《天主教礼仪问答》河北天主教信德室出版，1999 年，第 82 页。

是圣经旧约中的 150 篇圣咏，每四周完全念一遍。次要内容是经文、赞美诗歌、讲道、圣人传记等。日课祈祷是教会每日的正式公共祈祷，原为神职人员和修道人士专用，梵二会议之后鼓励平信徒参与诵念。平信徒的每日祈祷主要是早课经和晚课经，可以公祷和私祷，主要内容包括：圣号经、晨祷、赞主曲、信德经、望德经、爱德经、伏求圣神降临经、工作前祈祷、三钟经、天主经、圣母经、圣三光荣经、省察前祈祷、晚祷、谢主曲、圣家经、为炼灵祈祷等等。这些内容都是公诵的经文，中国天主教徒称"念经"。 公共诵祷的经文还有其它很多，如玫瑰经、慈悲串经、苦路经等。

　　天主教的弥撒、圣事、圣仪、祈祷等礼仪虽然复杂多样，但总归是希望体现其对民众精神牧养的价值，《礼仪宪章》解释"礼仪的牧灵价值及与逾越奥迹的关系"为：所以，圣事及圣仪的礼仪，就是使信友尽心准备，靠靠着由基督受难、死亡、复活的逾越奥迹所涌出的恩宠，圣化各种生活遭遇，而所有圣事与圣仪的效能，也都是由这逾越奥迹而来。于是，一切物质事物的正常用途，几无一件不能导向圣化人类、光荣天主的目的。[4]

第一节　中文弥撒仪式程序及选曲

　　天主教弥撒仪式遵循统一严格的条规，其内容载于罗马教廷版的弥撒经书内。20 世纪 60 年代梵二会议修改《罗马弥撒经书》，至今有 1975 年和 2000 年的两次修订版。20 世纪 80 年代初期，台湾地区主教团礼仪委员会根据梵二精神编译一套三卷繁体竖排版的中文弥撒经书，这套礼仪用书推广至全球华人天主教会。至 2008 年大陆教会的弥撒经书一直使用海外探亲回国的天主教人士带回的台湾版中文弥撒经书《感恩祭典》。1994-1999 年上海教区编印关于感恩祭典中的"弥撒经文"部分，并出版上海版《主日弥撒经文》和《平日弥撒经文》赠予各地教会，以缓解经书不足问题。中文礼仪通行的十几年前期，大部分教会以台湾版本经书为主，而后期时间部分教会使用上海版的内容。笔者在云南贡山县的 15 所天主堂内看到几乎人手一本的的弥撒经书就是台湾版《主日感恩祭典（全）》。2005-2006 年首版根据台湾繁体版修订的大陆简体横排版的日弥撒经书《感恩祭典》一卷三册限量出版，至 2008 年开始较大规模刊印发行。

4　《天主教梵蒂冈第二届大公会议文献》天主教上海教区光启社，2001 年，第 124 页。

　　中文弥撒仪式的程序内容自通行运用至今无太多变化，港澳台华语地区的规程框架一致，仅在微小细节上略有不同。弥撒仪式包含四部分：进堂式、圣道礼仪、圣祭礼仪（准备献礼、感恩经和领圣体礼）和礼成式，音乐选曲根据礼仪内容决定。以下示例天主教香港教区礼仪委员会 2003 年修订版的《颂恩-信友歌集》，内附表"感恩祭程序及选曲原则"，其翻译名称有所不同，如开端礼（进台式）、悔罪经（忏悔礼）、荣福颂（光荣颂）、亚孟（阿门）、遣散礼（礼成式）等：

	按当日礼仪	常　用	诵念或咏唱	选　曲　原　则
开端礼	1. 进台咏			1. 进台咏目的乃要聚集天主子民，来到上主台前。应按当日礼仪选曲，曲调宜用进行曲式；亦可保持静默。
			2. 致侯词	2. 致侯词：在大庆典中，如主祭能力所及，可以咏唱，平常可用对答形式诵念。
		3. 垂怜经	3. 悔罪礼	3. 可诵念或咏唱。咏唱方式按悔罪礼的方式而定：如用悔罪礼第一、第二式，可在 悔罪礼后，用众唱或领唱方式咏唱垂怜经：如用悔罪礼第三式，可将垂怜经分三段咏唱。
		4. 荣福颂		4. 在大庆典时，信友可一起咏唱；如果团体能力不及，可以分段，每段后用一重句答唱。亦可一起诵念。将临期，四旬期及圣周取消。
		5. 集祷经		5. 在大庆典中，如主祭能力所及，可以咏唱；亦可诵念。
圣道礼仪	7. 答唱咏		6. 第一篇读经	6. 由读经员宣读。选自旧约经书（复活期则用宗徒大事录）（读经后静默片刻）
				7. 答唱咏可取多种方式进行，按当日礼仪选曲及决定进行方式。圣咏乃上主的话，故不能

				选取任何歌曲代替,应选当日礼仪所定的圣咏或其它一首合适的圣咏。咏唱时:可用领唱、答唱、齐唱、独唱而众人默思等方式。诵念时:可用对答形式诵念、领答诵念或一人朗诵而众人默思等方式。甚至有时可用一段音乐或静默,一起默思上主的说话。
		8. 第二篇读经		8. 由读经员宣读。选自新约宗徒书信。(读经后静默片刻)
	9. 福音前欢呼			9. 是圣道礼中首选众人齐唱部分。如不咏唱阿肋路亚,则可省略。如有圣经游行,可重复咏唱。(四旬期及圣周:愿光荣)
		10.福音		10. 由执事或司铎宣读。选自新约四福音。
		11.讲道		11. 讲道后静默片刻。
	12. 信经			12. 是天主子民表达对上主的信念。可选用宗徒信经或尼采亚信经。在大庆日及团体能力所及时,宜众人齐唱或轮唱,又可分段以答唱方式重唱答句,亦可诵念,或采用复活前夕中的重申领洗誓词。
	13. 祷文答句	13.信友祷文		13. 按庆典及所预备的祷文选用答句。可以咏唱或诵念答句。在隆重庆典中及有适当人选时甚至可以全部咏唱。
圣祭礼仪	预备祭品	14. 预备祭品歌		14. 可以用适当歌曲,伴随着预备祭品的行列,也可以保持静默。
			15. 献礼经	15. 又主祭诵念;在大庆典及主祭能力所及时可以咏唱。
	感恩经		16. 圣圣圣	16. 感恩经在大庆典,如主祭能力所及时可以咏唱。主祭先邀请信众感谢上主;欢呼词
			感恩经文	

段落	项目A	项目B	项目C	说明
				是整个团体对上主的颂赞，故是感恩圣祭中首选由众人齐唱的部分。
		17. 信德奥迹		17. 信得奥迹也是感恩圣祭中首选由众人齐唱的部分。
	18. 亚孟		18.赞颂词	18. 赞颂词由主祭及共祭者一起咏唱，信众齐答唱亚孟。是感恩圣祭中首选咏唱部分。
领主礼		19. 天主经		19. 天主经是信众为预备领圣体与基督一起向天父的祈祷，故咏唱时必须众人一起咏唱，亦可诵念。
		20. 天下万国		20. 天下万国是天主经的结束，故诵念天主经时此经文亦该诵念。
			21. 平安礼	21. 如主祭能力所及，可以咏唱："愿主与你们同在"……
		22. 羔羊颂		22. 羔羊颂：在主祭分饼时咏唱，可以重复咏唱至分饼完毕。也可诵念。
	23. 领主咏			23. 可选用适合的圣体圣歌，亦可保持静默，或用音乐伴随领圣体行列。
	24. 领主后咏			24. 领圣体后，可咏唱一些适合的圣体或谢恩圣歌，或保持静默。
			25. 领主后经	25. 领主后经：在大庆日，如主祭能力所及时可以咏唱，平常诵念。
遣散礼			26. 堂区报告	
	27. 亚孟		27. 祝福词	27. 大庆日，如主祭能力所及，可以咏唱。亦可由主祭诵念祝福词，而信众齐唱或齐答[亚孟]。
	28. 礼成咏			28. 按当日礼仪选曲，有时亦可保持静默。

第二节　无神职人员的主日活动

　　无神职人员参与的主日仪式与正常的主日弥撒仪式程序相同，只是中间与圣体有关的弥撒感恩祭取消。三地藏区的有些教堂在主日举行没有弥撒祭礼的主日仪式，有些教堂没有懂礼仪的人员，教徒就自行聚集在一起上教堂祈祷念经，有时会穿插讲道。此节是对教会中无神职人员的主日仪式与音乐的实录描述。

一、云南茨开天主堂主受洗节主日

1. 仪式实录

　　云南贡山县茨开天主堂是县天主教爱国委员会和天主教教务委员会"两会"所在地，两会的正副会长主要在本堂工作生活，他们也统一管理负责贡山县 15 座天主教堂的事务。茨开教堂是耶稣圣心堂，原教堂已毁，现在的教堂重建于 2002 年，由本地教徒自行设计仿西式带有钟楼的建筑外形，内部中间的拱顶结构画满油画风格的圣经人物故事，四围廊柱和顶部绘布中式风格花鸟山水和宗教符号的图样。茨开教堂是贡山县质量最好的天主堂，也是此地为数不多的砖石结构教堂建筑，全县天主教的重大事件都会在此教堂举办。在茨开堂聚会的天主教徒有怒族、藏族、汉族、独龙族和傈僳族，民族成分较为复杂，因此在每周的主日仪式中，通常有多种语言的汇合。

　　2009 年 1 月 11 日（星期天），是天主教节期中的"主受洗节"，该庆日纪念耶稣在约旦河受洗，这标志他公开传教生活的开始。笔者于当天在云南贡山县茨开天主堂参加"主受洗节"仪式，该程序遵循台湾版弥撒经书《主日感恩祭典（全）》中对应的部分。当日没有神父主持，不能举行弥撒感恩祭，程序中与圣体有关的环节取消。仪式中的讲道部分由当地会长担任，怒族在读修道生 X 替代神父主持的环节参与主祭。全程仪式穿插汉、藏、傈僳、怒四种语言，其中圣歌部分用藏、汉、傈僳语，讲道部分用藏语和怒语，经文部分用汉语普通话和傈僳语，祈祷念经部分用藏语和汉语。歌本使用天主教西安教区 1997 年出版的《圣教歌选》。

程序及名称	时　间	方　位	曲　目	圣　仪	内　容
	10：25	教堂门口			教堂第一次钟声响起，敲双边钟一轻一重持续 2 分钟，节奏为 x x x x ，以重敲 x x 两声结束。响亮的钟声在怒江大峡谷回荡，提醒人们进教堂。平日不开的铁门大敞，熙攘的人群陆续进入聚集在院中，这是教堂难得的热闹。每个人衣着整洁彼此问候，鲜艳缤纷的藏装格外醒目，大部分着汉服，但来者至少有三个以上的民族。
	11：00	教堂座椅		全体行礼鞠躬、取圣水、划十字圣号	教堂第二次钟声响起，X 修生在门口一缓一急地拉绳敲钟。礼仪开始，人们陆续进入教堂，双手合十，面对讲台行礼鞠躬，先取圣水点在额头划十字，随后往两边的座椅散去。全体站立，集体齐声诵念藏语《早课经》。
	11：10	教堂座椅	傈僳文赞美诗 "There is a Fountain"	献唱人员原地站立，其余坐	几位傈僳族教徒用傈僳语献唱赞美诗。

进堂式	1. 进堂咏	11：15	教堂讲台		教徒划十字圣号	替代神父的主祭X修生手捧《主日感恩祭典》，走向主讲台行礼鞠躬后转向教徒，用汉语高声宣读主受洗日进堂咏。
	2. 致侯词	11：16	教堂讲台		教徒站立	主祭与教徒应答
	3. 垂怜经（忏悔词）	11：17	教堂讲台、教堂座椅	汉文圣歌"垂怜经"（中华合一弥撒）	主祭鞠躬、教徒下跪、静默、认罪捶胸、教徒鞠躬	主祭请大家认罪退场，教徒下跪于跪凳，静默片刻后，搥胸认罪念忏悔词。 主祭上台面对教徒念祷词请求赦免，念毕退，教徒起立鞠躬，全体歌咏圣歌。
	4. 光荣颂	11：22	教堂座椅	汉文圣歌"光荣颂"（中华合一弥撒）	教徒站立	全体歌咏圣歌。
	5. 集祷经	11：25	教堂讲台、教堂座椅		主祭行礼	主祭上台，应答集祷经。
圣道礼仪	6. 第一篇读经	11：26	教堂讲台		主祭、读经员甲行屈膝礼	主祭退，读经员甲上，宣读旧约.依撒意亚先知书55:1-11。
	7. 答唱咏	11:29	教堂讲台、教堂座椅		教徒坐	读经员甲领，教徒答。答唱咏-依12:2-3；4；5-6
	8. 第二篇读经	11:30	教堂讲台		读经员甲鞠躬读经员乙行礼	读经员甲退，读经员乙上场。宣读新约.若望一书5:1-9。

9. 福音前欢呼	11：31	教堂座椅	汉文圣歌"唱阿肋路亚"	教徒起立	应答对唱圣歌。
10. 福音	11：32	教堂讲台		读经员、主祭行屈膝礼	读经员乙行礼跪退，替代神父的主祭 X 修生行礼上场。宣读新约.马尔谷福音 1:7-11。教徒坐，主祭行礼跪退。一位藏族男读经员行礼上场，用藏语重复一遍福音信息，念毕行礼跪退。
11. 讲道	11：34	教堂讲台		主祭、读经员、讲道员行屈膝礼	讲道员行礼上场开始用汉语讲道，解释神子耶稣为什么要受洗礼，接着用藏语重述一遍，时间比汉语的长，总共持续10分钟，讲毕行礼跪退。
12. 信经	11：50	教堂座椅	汉文圣歌"信经"（中华合一弥撒）	教徒起立	教徒起立，全体歌咏圣歌。
13. 祷文答句（信友祷词）	11：53	教堂讲台、教堂座椅		主祭、领祷员行屈膝礼、教徒鞠躬应答	主祭行礼上场宣告信友祷词即行礼退，领祷员女行礼上场。共有六项领祷内容，每说完一项，教徒答"求主俯听我们"并鞠躬。领祷员女行礼跪退，主祭上场总结完毕行礼退。

预备祭品	14. 预备祭品歌	11：55	教堂座椅	藏文圣歌"圣体降福歌"	教徒站立	无
	15. 献礼经					
感恩经	16. 圣圣圣（感恩经文）	11：58	教堂讲台、教堂座椅	汉文圣歌"欢呼歌"（中华合一弥撒）	主祭行礼	主祭行礼上场念颂谢词，全体歌咏圣歌。
	17. 信德奥迹	12：02	教堂讲台、教堂座椅	汉文圣歌"信德的奥迹"	主祭转向讲台	主祭转身面对祭台，全体歌咏圣歌。
	18. 阿门（赞颂词）	无				
圣祭礼仪	19. 天主经	12：04	教堂讲台、教堂座椅	汉文圣歌"天主经"（中华合一弥撒）	主祭面对教徒、行礼	主祭转身面对教徒，领教徒歌咏圣歌，主祭行礼退。
	20. 天下万国	12：06	教堂讲台、教堂座椅	汉文圣歌"天下万国"	主祭行礼、转向讲台	主祭行礼上场，转身面对祭台，教徒歌咏圣歌。
	21. 平安礼	12：07	教堂讲台、教堂座椅	汉文圣歌"祝你平安"、"爱使我们相聚在一起"	主祭行屈膝礼、全体握手问安	主祭行礼转身面对教徒，要求大家行平安礼，所有彼此互相握手祝福。完毕全体歌咏圣歌。
领主礼	22. 羔羊赞	12：09	教堂讲台	汉文圣歌"羔羊赞"（中华合一弥撒）	教徒站立	全体歌咏圣歌。
	23. 领主咏	无				
	24. 领主后咏	12：11	教堂座椅	汉文圣歌"圣餐邀请礼"（中华合一弥撒）	教徒站立	无
	25. 领主后经	无				

礼成式	26. 堂区报告	12：12	教堂讲台		讲道员、主祭行礼	讲道员行礼上场用藏语说明，说毕行礼退。主祭行礼上场。
	27. 阿门（祝福词）	12：13	教堂座椅	汉文圣歌"天堂的妈妈"	教徒站立	主祭念"礼成式"，教徒答"感谢天主"并面对主讲台鞠躬。教徒歌咏圣歌。
	28. 礼成咏	12：15	教堂讲台、教堂座椅	汉文圣歌"天主啊，保佑我吧"	教徒鞠躬、跪下念经、静默、行屈膝礼、取圣水、划十字圣号	教徒用藏语男女应答诵念《谢礼经》和其它一些经文，钟声有规律地间插在经声中，念至中间教徒跪下。礼毕，教徒歌咏圣歌。唱毕全场静默，每个人离开座位，面对讲台行单膝跪礼，出门取圣水划十字圣号，出教堂散去。

　　整个仪式完全遵循标准的有神父主持的弥撒礼仪举行：进堂式-圣道礼仪-圣祭礼仪-礼成式，但第三部分圣祭礼仪中与圣体有关的弥撒感恩祭环节因无神父主持而取消，因此不能称作主日弥撒仪式。

2. 曲目分析

　　主日仪式中有傈僳、汉、藏三种语言的圣歌，第一首是傈僳语赞美诗"There is a Fountain"，选自怒江傈僳族自治州基督教两会编印的《傈僳文赞美诗》，汉译歌词《流血之泉歌》。此曲是一首传统的基督教（新教）赞美诗，歌词由英国圣公会牧师考珀（W.Coxper,1731-1800）创作，曲调采用美国民歌"Western Melody"，美国长老会的著名赞美诗作曲家梅森（Lowell Mason,1792-1872）编写副歌并配以和声。[5]现场演唱时分有男、女声部，女声显得不

5　参王神荫编着《赞美诗新编史话》，上海，中国基督教协会，1993年，第343-345页。

太熟悉旋律，男声响亮高亢。当地天主教堂并没有演唱分声部圣歌的传统，这原是傈僳、苗、彝、拉祜族等信奉基督教（新教）的云贵地区少数民族传唱的风格。在茨开天主堂演唱这首分声部圣歌的教徒，是几个改宗天主教但原信基督教的傈僳族人。他们改信的原因是认为基督教会管理混乱，在进入天主教会之后，他们经常会在天主教堂内唱基督教赞美诗，这些傈僳族教徒他们把原有的基督教传统带入了当地天主教会。但对于一直信仰天主教的藏族和怒族教徒来说，这些分声部的傈僳文赞美诗原不是他们的传统，从音乐和语言上的学习难度都太高，因此现场的非傈僳族教徒都在倾听，而这些傈僳族教徒俨然如同一个小型的基督教唱诗班出现在天主教堂内献唱。

　　汉语圣歌共有 14 首，均为全体齐唱，其中"垂怜经"、"光荣颂"、"信经""欢呼歌"、"天主经""圣餐邀请礼"和"羔羊赞"选自天主教西安教区出版的《圣教歌选》，这是太原天主教教徒音乐家耿辉作曲具有西北民歌风格的《中华合一弥撒》套曲。"唱阿肋路亚"是英文基督教（新教）赞美诗，"爱是我们相聚在一起"是中文基督教（新教）赞美诗。其余歌曲为常用天主教圣歌，有些具有汉族民歌风格。仪式中还有一首藏语圣歌"圣体降福歌"，后文叙述。

二、云南才当天主堂耶稣升天节主日

　　云南贡山县捧当乡迪麻洛村有 12 个村民小组，农业人口 2036 人，主要从事畜牧和种植业，该村是云南最大的天主教小区，共有七个天主教堂，其中白汉洛有当地藏区最古老的教堂。迪麻洛村的天主教具有信教人员集中、人口众多、血缘传承、时间久远等特点，信教民族构成中藏族占最大比例，怒族、傈僳族次之。迪麻洛村的才当组是一个藏族天主教教徒集中的"教徒村"，教徒多为三到四代家传，几乎全部是藏族人口，小部分有怒族血统已彻底藏化，这是一个有典型代表意义的藏区天主教考察点。

1. 仪式实录

　　2009 年 5 月 24 日是天主教节期中的"耶稣升天节"，此为复活期第七主日，也是四大瞻礼之一圣神降临节的前一周主日，内容是纪念新约中记载耶稣复活后第 40 日升天。"耶稣升天节"当天笔者一行赶赴才当天主教堂参加主日，才当教会的会长通知我们，为了欢迎远方的客人，村民将在主日仪式结束后，像过天主教四大瞻礼节日一样唱歌跳舞欢庆。这次的安排是笔者感受到的第一场歌舞盛宴，也首次体会到当地人欢庆天主教节日的独特方式。

这里记录"耶稣升天节"上午在教堂举行的主日仪式部分，下午在教堂外的歌舞庆典部分将在第六章"仪式的外延-教堂外的歌舞"中详述。

上午 10：30 到达大山深处的才当教堂，该建筑位于半山腰一块斜坡草地上，为土木结构类似当地民居，县两会计划在不远处将建盖一座新的砖瓦结构教堂。很多年轻的藏族小伙在教堂前的篮球场打篮球，陆续有村民赶到，人们着鲜艳的藏装坐在四处闲聊以等待仪式开始。11：00 才当会长邀请笔者为大家教圣歌"赞美像清泉流出"，此曲是笔者自创的三声部歌曲，考虑到仅有 30 分钟的教课时间，而多声部演唱较为费时，因此现场教了单声部主旋律，做简单的男女轮唱处理。11：30 教歌结束后会长告诉笔者，他决定今天主日的进堂咏就唱这首圣歌，由我伴奏此曲。今天同样是一场没有神父主持的主日，才当的教徒早已习惯，并熟练地自行仪式。

程序及名称	时 间	方 位	曲 目	圣 仪	内 容
	11：30	教堂门口		全体行礼鞠躬、取圣水、划十字圣号、跪向跪凳	进堂的钟声连续敲响，进堂敲钟为集中的信号 X XX，人们纷纷进入教堂，坐在椅子上的教徒全部跪向跪凳，耶稣升天节主日礼仪开始。会长站立用藏语说明："今天是耶稣升天的节日，也是一个大节日，有北京来的两位老师和洋人一起参与。他们是来帮助我们的，帮助信仰虔诚遵守纪律而不是乱七八糟的人。因为他们的帮助我们应该高兴，鼓掌欢迎。（全体鼓掌）现在念早课。"
	11：33	教堂座椅		全体跪、划十字圣号、合掌	藏语《早课经》

进堂式	1. 进堂咏	11：37	教堂座椅	汉文圣歌"赞美像清泉流出"	划十字圣号 教徒站立	Y 教徒捧着经书上场，替代神父主祭，宣告"进堂咏"。全体歌咏圣歌。
	2. 致侯词	11：39	教堂讲台		划十字圣号 教徒站立	主祭与教徒应答。
	3. 垂怜经（悔罪礼）	11：40	教堂讲台、教堂座椅	汉文圣歌"垂怜经"（若瑟弥撒）	主祭鞠躬、教徒下跪、认罪捶胸、教徒鞠躬、起立	主祭请大家认罪退场，教徒下跪于跪凳，静默片刻后，捶胸认罪念忏悔词。主祭上台面对教徒念祷词请求赦免，念毕退，教徒起立鞠躬，歌咏圣歌。
	4. 光荣颂	11：42	教堂讲台、教堂座椅	汉文圣歌"光荣颂"（若瑟弥撒）	教徒站立	全体歌咏圣歌。
	5. 集祷经	11：44	教堂讲台、教堂座椅		主祭行礼	主祭上台，领集祷经。
圣道礼仪	6. 第一篇读经	11：45	教堂讲台		主祭、读经员甲行屈膝礼	主祭退，教徒坐，读经员甲上，宣读新约宗徒大事录。
	7. 答唱咏	11：47	教堂讲台		读经员甲、领咏员行屈膝礼	读经员甲退，领咏员上，与教徒应答答唱咏。
	8. 第二篇读经	11：49	教堂讲台		领咏员、读经员乙行屈膝礼、扬举经书	领咏员退，读经员乙上，宣读新约圣保禄宗徒致厄弗所人书。
	9. 福音前欢呼	11：51	教堂讲台	汉文圣歌"唱阿肋路亚"	读经员诵读面对教徒，歌咏面对讲台。	教徒站立，读经员乙领经文与教徒歌咏应答。
	10. 福音	11：52	教堂讲台		读经员乙、会长行屈膝礼、扬举经书	读经员乙退，会长上，宣读圣玛窦福音。

		11. 讲道	11：53	教堂讲台		教徒坐	会长用藏语讲道，先用藏语将读先经一念了一遍，抽出最重要的经文及福音书做简短的讲解。读经的内容都用藏语翻译，主要是新约四福音书和宗徒书信。
圣祭礼仪		12. 信经	12：00	教堂座椅	汉文圣歌"信经"	会长行屈膝礼、教徒起立	全体歌咏圣歌。
		13. 祷文答句	12：02	教堂讲台、教堂座椅		领祷员行屈膝礼、教徒鞠躬	领祷员上带领祷文，每领一句，教徒鞠躬答"主，求你垂允我们。"主祭在座椅处念结束祷文。
	预备祭品	14. 预备祭品歌	12：04	教堂座椅	藏文圣歌"贺赞沧海星"	教徒站立	无
		15. 献礼经					
	感恩经	16. 圣圣圣（感恩经文）	12：12	教堂讲台	汉文圣歌"欢呼颂"	诵读员屈膝礼	诵读员上，诵读耶稣升天节颂谢词，教徒歌咏圣歌。
		17. 信德奥迹	无				
		18. 阿门（赞颂词）					
	领主礼	19. 天主经	12：15	教堂讲台	汉文圣歌"天主经"	主祭行屈膝礼	主祭上，面对教徒领歌咏圣歌，主祭退。
		20. 天下万国	12：16	教堂讲台	汉文圣歌"天下万国"	主祭鞠躬	主祭上，面对教徒领歌咏圣歌，主祭退。
		21. 平安礼	12：17	教堂讲台、教堂座椅	汉文圣歌"祝你平安""朋友我永远祝福你"	主祭鞠躬、全体握手互祝平安	主祭上，面对教徒领平安礼。所有人彼此互相握手祝福，完毕全体歌咏圣歌。

	22. 羔羊颂	12：18	教堂座椅	汉文圣歌"羔羊颂"	全体站立	全体歌咏圣歌。
	23. 领主咏	无				
	24. 领主后咏	12：17	教堂座椅	汉文圣歌"主！我当不起"	全体站立	全体歌咏
	25. 领主后经	无				
礼成式	26. 礼成咏	12：18	教堂座椅	藏文圣歌"耶稣圣心""天皇后喜乐"	教徒鞠躬、主祭屈膝礼	主祭上宣告"礼成式"，教徒答"感谢天主"面对主祭台鞠躬，主祭退。第一首男女歌咏应答对唱，第二首歌咏时教堂大钟先敲三下，随即中间加入不停加入钟声，代表复活期的信息。
	27. 诵经	12：25	教堂座椅	汉文圣歌"天主啊！保佑我们"	全体跪下	藏语诵念《跪领圣体经》，诵毕歌咏圣歌，唱毕继续用藏语诵念《向圣母祈祷经》。
	28. 堂区报告	12：30	教堂座椅		全体跪下、划十字圣号合掌、行屈膝礼、取圣水、划十字圣号、鞠躬离堂	会长报告事项，请全体为炼狱亡灵念经。全体依然跪立用藏语诵念《平安经》和《为亡者经》。诵念完毕，静默片刻，会长用藏语说明接下来的活动，人们纷纷行礼走出教堂。

2. 仪式注解

念经是每周才当主日中很重要的内容，外国传教士曾将天主教经课的很多内容译成藏文，但遗憾的是这些千辛万苦翻译出来的本土文字，今天的藏族人已经无法看懂。人们凭借传统的代代延续用藏语念经，不过每段经课的实际含义几乎没有人知道。曾上过拉丁修院的云南德钦县茨中村肖老师，为便于新教徒学习经课，花费 7 年时间将藏文经课的内容用汉字注音，著书名为《圣教经课》，由茨中教堂和大理教堂内部出版，才当教徒念经均参考茨中教堂出版的汉字注音藏文版《圣教经课》诵读。"耶稣升天节"主日现场念经的情景是，中老年教徒背诵经文，孩子坐在长椅的最前排拿着《圣教经课》响亮地大声跟读。才当诵念的的藏文《早课经》原先内容很长，现已大为缩短。《早课经》在《圣教经课》的第 1-9 页，其中《耶稣祷文》省略，一直念到《耶稣玛利亚若瑟诵（圣家诵）》。主日仪式尾声处，人们诵念《跪领圣体经》，这是此地的传统：没有神父主持的情况下，教徒不能领圣体，但存放在教堂圣体柜中的圣体已被神父降福过，因此每次主日念经都要跪拜圣体，等何时神父能来主持，仪式的最后也要念此经。

在仪式的最后，人们诵念纪念平安经和为亡者经，当地教会现在要求经文不要念得太长，避免教徒走神影响效果，所以经课内容都经过简化，但其中最重要的内容圣号经-天主经-圣母经-圣三光荣经不能省略。今天仪式中的诵念经文很长，原因是会长已两周没在本教堂主持主日，因此求炼狱亡灵和平安经的教徒较多。当教徒求炼狱和平安经时会捐钱给教堂，全体教徒就为他（她）祈祷，钱存下来用于教堂维修等其它事务需要。才当会长将教徒的要求和所奉献金钱的具体数目都记在本子上，并一个个公布出来。会长用藏语如此说"你要想成为天主的儿女，首先要把自己的心奉献给天主，出去以后也不要做让天主生气的坏事，今天为炼狱已亡者祈祷和在外地的亲人求平安：xxx 求炼狱和平安 xxx 元……。"说完，教徒就在念经中一起祈祷纪念。这种情况如果有神父主持，就不需要教徒祈祷念经，奉献的钱会直接给神父做弥撒，在仪式中神父会公开为其诵念祷文。如果没有神父主持，就由教徒代替祈祷。天主教徒认为求经祈祷的人越多效果就会越好，人们根据需要随机不定时求平安经或求弥撒。

在整个仪式中，才当的教徒几乎人手拿三本书：茨中教堂汉字注音藏文版《圣教经课》、台湾版的《主日感恩祭典（全）》和天主教西安教区的《圣教歌选》。由于常年没有神父主持教务工作，在这里神职人员的专职用书《主日感恩祭典（全）》成为普通教徒的使用书籍，主日仪式中坐在前排的孩子们每当人员上讲台诵念时，便会快速翻找书中的出处，然后跟着大声跟读竖排繁体字的经节。

才当教徒唱圣歌时声音高亢响亮，纵使领唱人员有时音调起高，大家仍会毫不犹豫用藏族特有的音色和声域顶到高点，孩子们尤其卖力冲出毫不掩饰的叫喊。从才当教徒的口中涌出歌唱藏文和汉文圣歌时排山倒海般的声浪，这迥异于欧洲天主教堂内庄严高雅的传统氛围，但令人难忘。

三、云南茨开天主堂圣神降临节主日

1. 仪式实录

2009 年 5 月 31 日是天主教四大瞻礼之一圣神降临节（基督教新教称五旬节），笔者一行计划在贡山县茨开天主堂参加当天的大瞻礼活动。这个节日是纪念新约中记载耶稣复活后第 50 天，圣神以火舌的形态降临，宗徒们开始宣讲福音，当天有三千人领洗入教，耶稣建立的教会由此诞生的故事。

这是天主教会隆重庆祝的大瞻礼节日之一，虽然贡山当地正值农忙季节，还是有很多教徒放下手头的农活前来参加主日。藏族的天主教会每逢大瞻礼节日，庆祝的内容会有两部分：首先是教堂内按弥撒经书举行的仪式，然后是教堂外欢庆的歌舞盛典。此时正逢大节日和我们采访的缘故，贡山县两会的会长已于一周前通知各处教徒前来盛装庆祝。但就在节日前两天，瓢泼大雨光顾县城不间歇持续了 48 小时，直到星期日圣神降临节当天的清晨雨水仍未止住。当地人说此时节的大雨通常要持续一周左右，很显然这种情况我们只能参加教堂内的仪式，而教堂外跳的歌舞只能取消。

5 月 31 日星期日早晨 7 点左右，会长仍为我们远道而来的客人做了两手准备，他派人前去购买水酒，以备因大雨阻挠的歌舞可以在较大的厨房空间内跳起来，不过参加的人数会比较少。但笔者已不抱太多期望，只打算 11 点钟的教堂仪式开始后结束采访。9 点钟雨水开始减弱，10 点钟雨滴奇迹般止住，10 点半教堂钟声第一次敲响，盛装的人们陆续来到教堂门前，并开始清扫地上的雨水，上午的仪式和下午的歌舞一切如期所至，这次经历成为笔者在藏区田野调研中最意外的一次惊喜，这里记录上午教堂举行的仪式，下午教堂外的歌舞庆典部分将在第五章"仪式的外延-教堂外的歌舞"中详述。

在教堂内举行的圣神降临节大瞻礼没有神父主持，由教徒 H 替代神父主祭。

程序及名称		时间	方位	曲目	圣仪	内 容
		10：30	教堂门口			教堂第一次钟声响起。
		11：00	教堂座椅		全体行礼鞠躬、取圣水、划十字圣号、跪下	教堂第二次钟声响起，人们陆续进入教堂，双手合十，面对讲台行礼鞠躬，先取圣水点在额头划十字，随后走向往两边的座椅。片刻静默后，全体跪下，集体齐声诵念藏语《早课经》。
		11：10	教堂座椅	藏文圣歌"伏求圣神降临"	全体起立	歌咏圣神降临节的圣歌。绝大部分教徒背诵歌唱，少数人拿着藏文歌词的音译本提示。
进堂式	1. 进堂咏	11：15	教堂讲台		教徒划十字圣号	替代神父的主祭 H 教徒手捧《主日感恩祭典》，走向主讲台行礼鞠躬后转向教徒，用汉语宣读圣神降临节进堂咏。
	2. 致候词	11：16	教堂讲台		划十字圣号	主祭与教徒应答
	3. 垂怜经（忏悔词）	11：17	教堂讲台、教堂座椅	汉文圣歌"垂怜经"（中华合一弥撒）	主祭鞠躬、教徒下跪、静默、认罪捶胸、教徒鞠躬	主祭请大家认罪退场，教徒下跪于跪凳，静默片刻后，搥胸认罪念忏悔词。主祭上台面对教徒念祷词请求赦免，念毕退，教徒起立鞠躬，歌咏圣歌。

	4. 光荣颂	11：22	教堂座椅	汉文圣歌"光荣颂"（中华合一弥撒）	教徒站立	全体歌咏圣歌。
	5. 集祷经	11：25	教堂讲台、教堂座椅		主祭行礼	主祭上台，应答集祷经。
圣道礼仪	6. 第一篇读经	11：26	教堂讲台		主祭、读经员甲行屈膝礼	主祭退，读经员甲上，宣读新约宗徒大事录 2:1-11。
	7. 答唱咏	11：28	教堂讲台、教堂座椅		教徒坐	读经员甲领，教徒答。
	8. 第二篇读经	11：30	教堂讲台		鞠躬、行屈膝礼	读经员甲退，读经员乙上场。宣读新约圣保禄宗徒致迦拉达人书 5:16-25。
	9. 继抒咏	11：32	教堂讲台		鞠躬、行屈膝礼	读经员乙下，读经员丙上，宣读当日继抒咏。
	10. 福音前欢呼	11：33	教堂座椅	汉文圣歌"阿来路亚"	教徒起立	应答歌咏圣歌"阿来路亚"。
	11. 福音	11：34	教堂讲台		行屈膝礼、扬举经书	读经员丙行礼跪退，替代神父的主祭 H 教徒行礼上场。宣读新约 圣若望福音 15:26-27；16:12-15。主祭下，教徒坐，傈僳族读经员上，用傈僳语重复一遍，念毕扬举福音书，行礼退场。
	12. 讲道	11：39	教堂讲台		主祭、读经员、讲道员行屈膝礼	讲道员上，用藏语讲解福音内容，讲毕行礼退场。
	13. 信经	11：58	教堂座椅	汉文圣歌"信经"（中华合一弥撒）	教徒起立	教徒起立，歌咏圣歌。

		14. 祷文答句（信友祷词）	12：02	教堂讲台、教堂座椅		主祭、领祷员行屈膝礼、教徒鞠躬应答	主祭行礼上场宣告信友祷词即行礼退，领祷员女行礼上场。共有六项领祷内容，每说完一项，教徒答"求主俯听我们"并鞠躬。领祷员女行礼跪退，主祭上场总结完毕行礼退。
圣祭礼仪	预备祭品	15. 预备祭品歌	12：04	教堂座椅	傈僳文圣歌"Holy Spirit, Bringer of Happiness"	教徒站立	傈僳族教徒献唱圣歌。
		16. 献礼经					
	感恩经	17. 圣圣圣（感恩经文）	12：08	教堂讲台、教堂座椅	汉文圣歌"欢呼歌"（中华合一弥撒）	主祭行礼	主祭行礼上场念颂谢词，教徒歌咏圣歌。
		18. 信德奥迹	12：14	教堂讲台、教堂座椅	汉文圣歌"信德的奥迹"	主祭转向讲台	主祭转身面对祭台，教徒歌咏圣歌。
		19. 阿门（赞颂词）	无				
	领主礼	20. 天主经	12：15	教堂讲台、教堂座椅	汉文圣歌"天主经"（中华合一弥撒）	主祭面对教徒、行礼	主祭转身面对教徒，领教徒歌咏圣歌，主祭行礼退。
		21. 天下万国	12：17	教堂讲台、教堂座椅	汉文圣歌"天下万国"	主祭行礼、转向讲台	主祭行礼上场，转身面对祭台，教徒歌咏圣歌。
		22. 平安礼	12：18	教堂讲台、教堂座椅	汉文圣歌"朋友我永远祝福你"、"爱使我们相聚在一起"	主祭行屈膝礼、全体握手问安	主祭行礼转身面对教徒，要求大家行平安礼，所有彼此互相握手祝福，完毕全体歌咏圣歌。

	23. 羔羊赞	12：20	教堂讲台	汉文圣歌"羔羊赞"（中华合一弥撒）	教徒站立	全体歌咏圣歌。
	24. 领主咏	无				
	25. 领主后咏	12：22	教堂座椅	汉文圣歌"圣餐邀请礼"（中华合一弥撒）	教徒站立	无
	26. 领主后经	无				
礼成式	27. 堂区报告	12：23	教堂讲台		讲道员、主祭行礼	讲道员行礼上场用藏语说明，说毕行礼退。主祭行礼上场。
	28. 阿门（祝福词）	12：24	教堂座椅	汉文圣歌"传扬福音歌"	教徒站立	主祭念"礼成式"，教徒答"感谢天主"并面对主讲台鞠躬。教徒歌咏圣歌。
	29. 礼成咏	12：25	教堂讲台、教堂座椅	藏文圣歌"天皇后喜乐"汉文圣歌"天主啊，保佑我吧"	教徒鞠躬、跪下念经、静默、行屈膝礼、取圣水、划十字圣号	钟声敲响，教徒歌咏藏文圣歌。唱毕全体跪下，用藏语念经，唱汉文圣歌，唱毕继续用藏语念经。念毕，会长走上前要求大家起立，用藏语说明今天的瞻礼大节日的安排、介绍笔者一行，大家鼓掌欢迎。解说结束会长退场，教徒陆续行礼离开，在教堂外的广场等待酒水午饭和节日庆祝的部分。

常规的圣神降临节瞻礼有两台专用弥撒。第一台为前夕弥撒，在星期六晚上举行。第二台是在星期天主日举行的弥撒；仪式中在读经二之后或唱或念一首十三世纪歌颂圣神的继抒咏。由于没有神父参加仪式，云南茨开天主堂的圣神降临节瞻礼没有举行星期六第一台弥撒，星期天的第二台弥撒也不能举办，但按圣神降临节的常规程序举行主日仪式，继抒咏的部分也特别加入。

2. 曲目分析

当天的仪式中，使用天主教西安教区出版的《圣教歌曲》之汉文圣歌《中华合一弥撒》套曲。其它的汉文圣歌有些具有汉族民歌风格均为常用圣歌，而"阿来路亚"则是一首传统的拉丁素歌，采用第 6 调式。此旋律的"阿来路亚"素歌用于领圣体后唱经班唱晚课经的第一首，此曲由四线谱译成简谱后，与原谱有出入，自由节拍也划分为规整的 4/4 拍。藏族教徒演唱此曲时气息节拍较自由，无意中贴近素歌风格，并在旋律上多加一份本土滑音。

傈僳族教徒演唱的傈僳文四声部赞美诗 "Holy Spirit, Bringer of Happiness" 是传统的基督教（新教）赞美诗，曲调采用苏格兰民歌"友谊天长地久"，歌词内容讲述带给人们喜乐的圣神（圣灵）。演唱时坐在最前排的一位男性教徒自己指挥打拍应和声部。

四、云南重丁天主堂常年期第 24 主日

云南贡山县丙中洛乡重丁村的天主教堂是当地著名旅游景点，背包客和旅行团进入丙中洛游玩时都要前来参观这个教堂。教堂的看守人丁大妈更是名声在外，她独具眼光较早开办农家乐，在"丁大妈家"客栈住宿的游人多是慕名前来。丁大妈本人是藏族天主教徒，她的家人有 6 种少数民族身份，仅这一点足以吸引城市人群猎奇的目光。重丁教堂紧挨着丁大妈家，耸立于一片平矮的石片瓦房之中，直面着高黎贡山的雪景风貌，确是一大景观。但这原不是气势宏伟壮观的老教堂，民国年间法国神父任安守在此修建欧式教堂，并在此处办藏文学校，为教徒教授藏文的天主教知识。

> 据 1935 年著名人类学学者陶云逵所著的《俅江纪程》记载："从得（即今重丁村）……任司铎偕吾参观教堂。不意在此边荒，竟有如是壮丽之建筑，不但土人目之为奇迹，吾亦钦佩教士精力之伟大。建筑费时三年，恰好今天刚刚完成，工人是由剑川请来。全个教堂，

成为方形，大四合院，两旁住楼，礼拜堂居中，甚高大，自底到塔
峰尖端约有七八丈高。礼拜堂可容五百人。主龛陈设异常辉煌炫目。"
　　从一张保存下来的老照片看，该教堂正立面系一仿罗马建筑样式：
高大的三层砖石建筑，半圆的门窗拱顶装饰、厚重的墙壁。[6]

　　据当地人讲述，原教堂总共耗费的时间不止三年，多说七年之久。原内部
祭台部分用汉白玉石雕刻，上面层层迭迭的雕花饰纹标满拉丁文，这些质量上
乘的石头以及其它材料都是从村外通过马帮踏着窄小险峻的古道一点点驮运
进来，就这点来说耗时七年以上并不夸张。老教堂毁于文革期间，现汉白玉祭
台仅存很小一块残片堆放在教堂的一个角落。在原址上重建的重丁教堂经过两
次修缮，远不能同日而语，不过依旧很漂亮。教堂立面两边高中间低，仿老教
堂的西式钟楼样式，只是原有三个大钟仅存一个保留于低顶的中厅，两高顶只
能做装饰用途。外部面壁两端以黑白两色勾线绘满对称的山水花鸟水粉画，面
壁正中以蓝白两色绘以宗教画卷，配有美术体白底黑字藏文书写的对联"天主
在天受光荣"、"主爱之人在地上平安"和横批"钦崇一天主万有之上"，教堂
整体基色为白粉颜色，配以清雅淡描的蓝黑勾画，衬映在高原清湛的日光之中
甚是美丽。教堂的创始人任安守神父于 1937 年死于重丁教堂并埋葬于此，现
教堂的原始建筑中唯有几片碎石、一顶大钟、一座破旧的厢房和任安守亲自种
下几颗粗大的板栗树，在陪伴着神父简陋的坟墓诉说曾经的故事。

　　2009 年 9 月 13 日星期天，笔者一行和丁大妈一同前往教堂参加主日仪式，
当天是天主教历常年期第 24 主日，没有特别纪念的宗教故事。上午 10：10 教
堂看管人丁大妈敲响第一次钟声，到 10：30 左右陆续有村民前来，几位藏族老
教徒在教堂内打扫卫生，其余人在教堂外的空场里闲聊等待，11：07 第二次钟
声响起，主日仪式开始，没有神父主持，人们已经安排好各程序的人员。

程序及名称	时 间	方 位	曲目	圣 仪	内 容
	10：10	教堂门口		行屈膝礼、鞠躬、取圣水、划十字圣号、跪向跪凳	10：10 教堂第一次钟声敲响，约有5、6 位教徒陆续往教堂正中的奉献箱内投 20 元，是为亡者求平安经。

6　刘鼎寅、韩军学《云南天主教史》云南大学出版社，2005 年，第 348 页。

					11:07 教堂第二次钟声敲响，人们陆续进入教堂。一位教徒用打火机点亮祭台和圣体柜前的蜡烛，点完行屈膝礼退。
		11:10	教堂座椅		全体跪、划十字圣号、合掌	藏语《早课经》
进堂式	1. 进堂咏	11:16	教堂座椅	汉文圣歌"上主是我的牧者"	全体起立	全体歌咏圣歌。H教徒捧着经书上场，替代神父主祭，全体宣读"进堂咏"。
	2. 致侯词	11:21	教堂讲台		划十字圣号教徒站立	主祭与教徒应答。
	3. 垂怜经（悔罪礼）	11:22	教堂讲台、教堂座椅	汉文圣歌"垂怜经"（若瑟弥撒）	主祭鞠躬、教徒下跪、认罪捶胸、教徒鞠躬、起立	主祭请大家认罪退场，教徒跪默片刻后，搥胸认罪念忏悔词。主祭上台面对教徒念祷词请求赦免，念毕退，教徒起立，主祭与教徒应答歌咏圣歌。
	4. 光荣颂	11:23	教堂座椅	汉文圣歌"光荣颂"（若瑟弥撒）	教徒站立	主祭退，全体歌咏圣歌。
	5. 集祷经	11:25	教堂讲台、教堂座椅		主祭鞠躬	主祭上台，全体宣读集祷经。
圣道礼仪	6. 第一篇读经	11:26	教堂讲台		主祭、读经员甲行屈膝礼、扬举经书。	主祭退，教徒坐，读经员甲上，宣读旧约依撒意亚先知书。
	7. 答唱咏	11:27	教堂讲台			读经员甲与教徒应答诵读答唱咏。

		8. 第二篇读经	11：28	教堂讲台		读经员乙行屈膝礼、扬举经书	读经员甲退，读经员乙上，宣读新约圣雅格书。
		9. 福音前欢呼	11：29	教堂讲台	汉文圣歌"阿来路亚"	读经员乙转身面对祭台、教徒站立	读经员乙与教徒应答歌咏圣歌。
		10. 福音	11：30	教堂讲台		读经员乙、主祭行屈膝礼、扬举经书	读经员乙退，主祭上，宣读圣玛谷福音。
		11. 讲道	11：32	教堂讲台		主祭、讲道员行屈膝礼、教徒坐	主祭退，讲道员拿记事本上场。首先用藏语翻译福音内容，然后提醒人们遵守教堂规矩，不要开手机说话，要专心祈祷。接着藏语讲道，最后说明要为12位亡者祈祷。
		12. 信经	11：50	教堂座椅	汉文圣歌"信经"	讲道员行屈膝礼、教徒起立、鞠躬	全体歌咏圣歌。
		13. 祷文答句	无				
圣祭礼仪	预备祭品	14. 预备祭品歌	11：54	教堂座椅	汉文圣歌"杯子"	教徒站立	无
		15. 献礼经					
	感恩经	16. 圣圣圣（感恩经文）	11：57	教堂讲台	汉文圣歌"欢呼颂"	诵读员屈膝礼	诵读员上，诵读颂谢词，教徒歌咏圣歌。
		17. 信德奥迹	无				
		18. 阿门（赞颂词）					
	领主礼	19. 天主经	11：59	教堂讲台	汉文圣歌"天主经"	主祭鞠躬	主祭上，面对教徒领歌咏圣歌，主祭退。

	20. 天下万国	12：00	教堂讲台	汉文圣歌"天下万国"	主祭鞠躬	主祭上，面对教徒领歌咏圣歌，主祭退。
	21. 平安礼	12：01	教堂讲台、教堂座椅	汉文圣歌"朋友我永远祝福你"	主祭鞠躬、全体握手互祝平安	主祭上，面对教徒领平安礼。所有人彼此互相握手祝福，完毕全体歌咏圣歌。
	22. 羔羊颂	12：02	教堂座椅	汉文圣歌"羔羊颂"	全体站立	全体歌咏圣歌。
	23. 领主咏	无				
	24. 领主后咏	12：03	教堂座椅	汉文圣歌"主！我当不起"	全体站立	全体诵读"主！我当不起"，并歌咏圣歌
	25. 领主后经	无				
礼成式	26. 礼成咏	12：05	教堂座椅	藏文圣歌"慈悲圣母"	主祭扬举经书、教徒合掌鞠躬、主祭屈膝礼	主祭上宣告"礼成式"，教徒答"感谢天主"面对主祭台鞠躬，主祭退。
	27. 诵经	12：12	教堂座椅	汉文圣歌"天主啊！保佑我们"	敲钟、全体站立、全体跪下、划十字圣号、合掌、行屈膝礼、取圣水、划十字圣号、鞠躬离堂	藏语诵念《三钟经》，诵毕歌咏圣歌，唱毕跪下用藏语诵念《圣体经》《谢恩经》和纪念12位的《亡者经》。诵毕静默片刻，人们陆续行礼走出教堂。
	28. 堂区报告	无（提前至讲道内说明）				

五、云南茨中天主堂主日

云南德钦县燕门乡茨中天主堂是原西藏教区云南总铎区所在地，教徒人数较多，信仰根基较深。茨中村多为藏化的纳西族教徒，生活习惯、宗教风俗几乎没有纳西民族的痕迹。在这里，藏族、纳西族、汉族教徒是老天主教徒的后代，他们多居住于茨中、茨菇、巴东等几个村落，一些年长的老人还进过当年的拉丁文学堂和藏文学堂学习，具有一定的神学和文化知识水平。据当地老教徒回忆，最早从四川迁来 100 多位天主教徒定居到茨菇、巴东附近村寨，现在村中刘、黄、李、余姓人家都是川籍教徒的后代。其中，茨菇属巴东村行政属的一个社，传教时间最早，教徒最多，除一户人家外，全村人都是天主教徒。离茨中村 5、6 公里的茨菇、巴东教堂在解放前，每逢周六下午年轻的法国神父罗维会由助手牵着骑马过来，为教徒周日在教堂做弥撒仪式，周一返回茨中村。旧时的茨中教堂，在周日早晨 9 点由神父带领做第一台弥撒，大家领圣体做完圣事后才可以吃早饭。[7]中午 12 点由修女带领主日第二台经，主要内容是念玫瑰经及教年轻教徒学汉文圣歌。20 世纪 50 年代外国神父们全部遣返之后，这些村落就再也没有神职人员驻扎，茨菇的老教徒们平日习惯在家念经，茨中有新教徒领洗时，由老教徒给他们施洗或代领圣水自己领洗。没有固定的驻堂神父主持教务工作的情况下，教徒们由会长组织每周主日进教堂念经祈祷听讲道。

直到 2008 年 Y 神父被派驻茨中教堂驻堂 5 年时间，自此教堂内的仪式场景已完全不同，由每周进堂一次自行组织念经变成神父每天为教徒举行弥撒仪式。笔者一行 2009 年 1 月赶赴茨中教堂时，逢周三的晚间弥撒仪式。至于 2008 年之前，茨中教堂没有神职人员主持举行的主日仪式，我们已无法见到。不过，茨中村天主教徒也是原会长的 W 为笔者提供一份 2003 年夏天茨中教堂某主日念二台经祈祷的录像，藉影像数据可以了解茨中村教徒在 2008 年之前自行维持的信仰活动状况，主日念经全程使用藏语，诵念和歌唱的内容均是当年外国传教士教习并由藏族教徒世代流传下来的，迄今将近百年历史。

主日念经	藏文经课	音　调	曲　目	圣　仪
第一台经	1. 圣神降临经	吟诵调 1		全体坐
	2. 天主经	吟诵调 1		全体站立
	3. 圣母经	吟诵调 1		
	4. 信经	吟诵调 1		全体跪或坐
	5. 认罪经	吟诵调 1		

7　传统上天主教建议教徒在领圣体之前空腹守斋，各地教会延续至今。

	6. 洒圣水经	歌唱	藏文圣歌《洒圣水歌》Asperges me	男女应答对唱
	7. 天主十诫	吟诵调2		
	8. 圣教四规	吟诵调2		
	9. 信德经	吟诵调2		划十字圣号、合掌
	10. 望德经	吟诵调2		
	11. 爱德经	吟诵调2		
	12. 忏悔经	吟诵调3		
	13. 圣家经	吟诵调1		
	14. 称颂圣母经	吟诵调1		男女应答念诵
	15. 圣母经	吟诵调1		划十字圣号、全体起立
	16. 三钟经	吟诵调1		全体跪、合掌
	17. 圣家经	吟诵调1		鞠躬、划十字圣号、合掌
	18. 祷文	吟诵调1		全体坐、男领经全体应答
			19. 藏文圣歌《赞颂圣母歌》Ave Maris Stella	划十字圣号、合掌
	20. 祷词	吟诵调1		
第二台经	21. 祷文	吟诵调1		划十字圣号、合掌
	22. 信经	吟诵调1（升调）		
	23. 天主经	吟诵调1		
	24. 圣母经	吟诵调1		合掌、鞠躬
	25. 光荣颂	吟诵调1		
	26. 祷文	吟诵调4		两女领经全体应答
	27. 亡者经	吟诵调1		合掌
			28. 藏文圣歌《慈悲圣母》Misèricordieuse mère	全体起立、男女应答对唱
	29. 称颂圣母经	吟诵调1		划十字圣号、合掌

藏文经课的韵律很强，在连续一个多小时的主日二台经中，持续有 4 种旋律走向的吟诵调，以下是音符基本走向的记谱。

吟诵调 1

吟诵调 2

吟诵调 3

吟诵调 4

（谱例 3-1：吟诵调四调-孙晨荟记谱）

这些吟诵调不仅流传于茨中教堂，也一脉相承在云南藏区的其他教堂和西藏的教堂中。其旋律基本相同，仅风格有所差别。云南贡山地区的吟诵曲风最为高亢明亮，旋律性鲜明，速度较快；西藏盐井的吟诵风格最为低沉委婉，念诵性突出，速度较慢；云南茨中地区的吟诵风格介于两者中间。大部份吟诵调的旋律听起来接近藏族民歌，但并没有人知道它们究竟是外国人所创，还是藏族人自编。一篇当代的法语论文，提到一则相关的历史故事[8]，其译文如下：

8　原文：Ensuite, ce sera un lama, Pema, **grand-chantre** au couvent de Tchraya, qui se convertit avec sa compagne et sa petite fille. Comme ce lama avait rompu son voeu de chasteté, son oncle, supérieur du couvent, lui avait dit de faire le pèlerinage du Kawakarpo（Dokerla）avec sa maîtresse, et de tuer l'enfant à sa naissance. Ils arrivèrent finalement à Bonga et se feront baptiser avec l'enfant qui est appelée Marie（Launay 1902, I : 246）. Ce lama devint maître d'école, traduisit un catéchisme ainsi que des prières chrétiennes auxquelles il appliqua une psalmodie harmonieuse（Mesnard 1904 : 26）49.

> Tchraya 寺一个叫 Pema 的喇嘛是寺庙诵经团的领唱，他还俗并爱上一个女人，女儿也将出生。寺庙的主持是其伯伯，他要求 pema 一家去卡瓦格博神山朝圣并弃婴赎罪。一家人历经艰难到了崩卡，在那里领洗改信天主教，女儿取名玛丽亚。Pema 成为一个学校的老师，他将天主教要理问答和一些祷文翻译成藏文，并将祷文配上好听的旋律。[9]

我们终于知道一些藏文经课的曲调由藏族喇嘛 Pema 编写，但这些好听的旋律是藏族民歌、寺庙吟诵调，还是自创的旋律呢？暂无更多的文献资料加以考证。但可以肯定的是，有了本地藏民或寺庙喇嘛的协助，藏区天主教的教务工作将更易发展。

第三节　有神职人员的主日活动

一、四川康定天主堂常年期第 22 主日

四川康定天主教堂是原西康（康定）总教区主教座堂所在地，县城内的几座老教堂建筑悉数已毁，现在康定天主教爱国委员会所在地的康定天主堂是 20 世纪 90 年代后期重建。教堂于 1998 年祝圣，共有四层楼，一二层已作出租商铺使用，三层是教堂办公室和住宿会客区，四层是主礼拜堂。教堂内部于两年前重新翻修，主祭台请当地藏族木匠手工打制，用色彩鲜明的藏族雕绘风格打造圣经故事。教堂配有一架电子琴和较为齐备的 PPT 投影设备，用作主日弥撒仪式时的程序提示，可以算是藏区条件最好的一座天主教堂。

2009 年 8 月 30 日为天主教历常年期第 22 主日，笔者一行在康定天主堂参加一场由两名神父、两名修士、和一名修女主持的主日弥撒仪式。主日早晨，讲台旁的 PPT 就打出"温馨提示：为了你和他人能虔诚地、和谐地参与弥撒，请你关闭手机等通讯工具，同时请不要在教堂里讲话！"的字幕，提请

---

49 "Locale" pourrait-on dire. Voir [F. Biet], *Chants religieux Thibétains*, Rennes, Imprimerie Oberthur, 1854. Pour le détail des travaux de traduction en tibétain effectués par les missionnaires, voir Launay （1902：335-36）参 *TERRES DE CONFINS, TERRES DE COLONISATION*：Essai sur les Marches sino-tibétaines du Yunnan à travers l'implantation de la Mission du Tibet. Stéphane Gros, « Terres de confins, terres de colonisation », Péninsule 33, 1996 （2）

9　感谢香港中文大学文化及宗教研究系【法】包智光神父的翻译

人们主日弥撒仪式就要开始。教徒人手一本四川天主教会出版的《圣教经课》和四川天主教神哲学院出版的《爱的旋律-信友歌集》。

程序及名称		时　间	方　位	曲　目	圣　仪	内　容
		9：30	教堂座椅		进堂行礼鞠躬、取圣水、划十字圣号、跪下	一位老教徒为大家读圣维亚纳神父的故事约十分钟左右。修女带领全体用四川话的吟诵调诵念川版的《圣教经课》之《向耶稣圣心赎罪颂》、特别为司铎的祈祷经文、天主经、圣母经、圣三光荣颂各一遍；"司铎之母，请为司铎们祈祷！"三遍、"圣维亚纳神父，请你为神父们祈祷！"三遍
进堂式	1. 进堂咏	10：00	教堂座椅、教徒祭台	汉文圣歌"每当我想起你"	全体起立	修女弹电子琴，带领教徒歌咏圣歌。X神父担任主祭站在祭台中间，L神父和H修士担任辅祭站在祭台两边。
	2. 致侯词	10：02	教堂祭台		全体站立、划十字圣号、神父伸手祝福	X神父与教徒应答
	3. 洒圣水	10：03	教堂祭台、教堂座椅	汉文圣歌"复活期外洒圣水歌"	神父伸手祝福、划十字降福圣水、合掌祈祷、向祭台鞠躬；教徒跪划十字圣号	X神父念洒圣水的祷文，完毕拿圣水刷与捧圣水器的H修士下祭台行礼，向教徒洒圣水。洒完，上台到祭台右侧的座椅等候。

		4. 垂怜经	无			
		5. 光荣颂	10：05	教堂座椅	汉文圣歌"光荣颂"	教徒站立、唱圣名时鞠躬	神父们站立于祭台右侧的座椅领祷文，全体歌咏圣歌。
		6. 集祷经	10：07	教堂座椅			X 神父诵读集祷经
圣道礼仪		7. 第一篇读经	10：08	教堂讲台		全体坐、读经员甲鞠躬	读经员甲上，宣读旧约申命纪，读完退场。
		8. 答唱咏	10：10	教堂座椅	汉文圣歌"答唱咏"		教徒歌咏圣歌。
		9. 第二篇读经	10;12	教堂讲台		读经员乙鞠躬	读经员乙上，宣读新约雅格伯书。
		10. 福音前欢呼	10：13	教堂座椅	汉文圣歌"欢赞咏"	教徒起立	教徒歌咏圣歌，读经员乙退场。
		11. 福音	10：15	教堂讲台		神父吟唱扬举福音书	L 神父上场，宣读新约玛尔谷福音，读完退场。
		12. 讲道	10：17	教堂讲台		全体坐	H 修士上讲台讲道，主讲"爱"，读完退场回座椅处。
		13. 信经	10：33	教堂座椅	汉文圣歌"信经"	全体起立	教徒起立，全体歌咏圣歌。
		14. 祷文答句（信友祷词）	10：35	教堂座椅	汉文圣歌"信友祷文答句"	鞠躬、静默	X 神父宣告信友祷词，领祷员宣读五项领祷内容，每说完一项，教徒答歌咏圣歌并鞠躬，神父总结代祷。
圣祭礼仪	预备祭品	15. 预备祭品歌（奉献咏）	10：38	教堂祭台	汉文圣歌"杯子"	教徒坐、神父略举圣爵、调水与酒、鞠躬	X 神父上祭台准备祭品，L 修士辅祭帮助。
		16. 献礼经	10：40	教堂祭台		神父扬举双手、合掌祈祷	X 神父与教徒应答祈祷

	17. 圣圣圣（感恩经文）	10：42	教堂祭台	汉文圣歌"圣圣圣"	神父扬举双手、合掌祈祷	X 神父诵读感恩经文、教徒歌咏圣歌
感恩经	18. 成圣体血	10：43	教堂祭台		跪下、合掌祈祷、扬举圣体血、摇铃、鞠躬	H 修士在祭台左方合掌跪下，X 神父在祭台正中诵读经文行祭礼，L 神父在祭台右方站立，配合经文内容伸手指向圣体血。扬举圣体血时各有一次摇铃。
	19. 信德奥迹	10：46	教堂祭台	汉文圣歌"欢呼词"	全体站立	X 神父与教徒应答歌咏圣歌，H 修士站立，双手合十退与祭台左后方。
	20. 阿门（赞颂词）	10：47	教堂祭台		合掌与扬举双手祈祷	X 神父与 L 神父轮流扬举双手祈祷，最后两位神父互相鞠躬，共同扬举起圣体血祈祷。
领主礼	21. 天主经	10：50	教堂座椅	汉文圣歌"天主经"	神父举手上扬	教徒歌咏圣歌
	22. 天下万国	10：52	教堂祭台、教堂座椅	汉文圣歌"天下万国"	神父举手上扬、合掌	X 神父领祷，教徒歌咏圣歌。
	23. 平安礼	10：53	教堂祭台、教堂座椅		神父举手上扬、全体鞠躬握手	X 神父与教徒应答祷文，全体互祝平安。
	24. 羔羊赞	10：55	教堂座椅	汉文圣歌"羔羊赞"	鞠躬、跪下	全体歌咏圣歌，唱毕行礼。
	25. 领主咏	10：56	教堂祭台、教堂中部通道	汉文圣歌"你住在哪里"	扬举圣体、合掌鞠躬	两位神父和修士先领圣体，然后下祭台，教徒排队走到教堂中间，行礼恭领圣体。全体在领圣体中歌咏圣歌，领毕，神父回祭台独自领完剩下的圣体血并收拾祭台。最后全部回座椅坐下。

	26. 领主后咏	无			
	27. 领主后经	无			
礼成式	28. 堂区报告	无			
	29. 阿门（祝福词）	11：00	教堂座椅	神父举手上扬、合掌、划十字圣号降福	H 修士辅祭捧经书，X 神父看经书诵读神父诵读祝福词，读完三位神职人员拿走祭台上的圣器，退至祭衣间。
	30. 礼成咏	11：02	教堂座椅	汉文圣歌"给予和参与"	教徒鞠躬、跪下、静默、行屈膝礼、取圣水、划十字圣号	唱毕全场静默，跪下念经祈祷"圣维亚纳神父为我等祈！"。完毕，H 修士上来说明一些事项后，每个人离开座位，面对祭台行单膝跪礼，出门取圣水划十字圣号，出教堂散去。

据康定天主堂的驻堂 L 神父讲述，当地藏族教徒鲜有人会唱藏文圣歌，所有的礼仪全部遵照汉语仪式的规定，念经祈祷也是使用四川话的汉语经课。在庆祝教会的大瞻礼和节日时，藏族特有的歌舞从未出现，这一点与云南藏区和西藏的天主教会很不相同。L 神父一再强调，康定地处交通要道，民族虽混杂但仍以汉族为主，风俗习惯受汉族影响很大，当年传教士为藏族天主教打下的种种风俗传统，除了在原址毁后重建的几所零星教堂外，在四川康区已基本看不到。

二、四川泸定天主堂常年期第 23 主日

泸定天主堂作为历史上红军飞夺泸定桥战前动员会旧址，在 2004 年被泸定县人民政府定为四川省重点文物保护单位。教堂于文革期间未遭到毁灭性的破坏，在 2008 年 5 月的汶川大地震中也得以幸存。现有一座修复的中西结合式砖石结构教堂建筑和一座川式木质居民楼老建筑。现在，泸定天主堂有

一位驻堂 X 神父，他的管辖范围有泸定天主堂和周边的沙湾、沙坝、冷迹三个活动点，并代管道孚、炉霍和九龙地区的教务工作。X 神父海经常与康定的 L 神父一起前往阿坝州等其它地区探访教徒。泸定地区的教徒信教时间较长，人们多坚持保留下来的传统。解放前，神父在祭台上做拉丁文弥撒时，教徒在座椅上用汉语念《早课经》、《三十三想》和《玫瑰经》，晚上诵念《晚课经》。如今，老教徒们每天早上 8：00 左右自发去教堂念经祈祷，瞻礼平日诵念《早课经》和《玫瑰经》等。主日仪式如果有神父主持，教徒们会参加完弥撒后再念经，如果没有神父主持，教徒就诵念《三十三想》和《玫瑰经》。念经完毕教徒们再回家吃饭，每周如此常年坚持。

2009 年 9 月 6 日是天主教教历常年期第 23 主日，笔者一行在泸定天主堂参加主日弥撒仪式。当天来教堂的教徒都是老年人，很多人前去一位教徒亲戚家吃满月酒，因此参加主日的人不多。X 神父主持当天的主日弥撒仪式，全程用四川方言，歌本使用四川天主教神哲学院出版的《爱的旋律-信友歌集》。

程序及名称		时间	方位	曲目	圣仪	内容
		8：30	教堂座椅		教徒行屈膝礼、站立、跪下念经、点亮祭台蜡烛	《早课经》
进堂式	1. 进堂咏	9：00	教堂座椅	汉文圣歌"走进新的一天"	教徒站立	教徒歌咏圣歌
	2. 致侯词	9：02	教堂座椅		划十字圣号、合掌	神父与教徒应答
	3. 洒圣水	9：04	教堂座椅	汉文圣歌"复活期外洒圣水歌"	神父伸手祝福、划十字降福圣水、合掌祈祷、向祭台鞠躬；教徒跪划十字圣号	神父念洒圣水的祷文，完毕下祭台行礼，向教徒洒圣水，洒完回到祭台。教徒歌咏圣歌，唱毕，神父祈祷，教徒答"阿门"。
	4. 垂怜经	无				
	5. 光荣颂	9：08	教堂祭台、教堂座椅	汉文圣歌"光荣颂"		神父与教徒应答对唱圣歌

			时间	地点	音乐	动作	内容
		6. 集祷经	9：11	教堂祭台		教徒站立、神父举手上扬、合掌	神父诵读集祷经，读毕退至祭台右侧的座椅处。
圣道礼仪		7. 第一篇读经	9：12	教堂讲台		扬举经书	读经员诵读旧约依撒意亚先知书。
		8. 答唱咏	9：15	教堂讲台			读经员与教徒应答
		9. 第二篇读经	9：16	教堂讲台		扬举经书	读经员诵读新约圣雅格书
		10. 福音前欢呼	9：18	教堂座椅	汉文圣歌"阿来路亚"	教徒起立	教徒歌咏圣歌
		11. 福音	9：20	教堂讲台、教堂座椅		教徒划十字圣号、神父举福音书亲吻	神父下到教堂讲台，宣读新约圣玛尔谷福音。
		12. 讲道	9：23	教堂讲台、教堂座椅		教徒坐	神父讲道，讲毕回祭台。
		13. 信经	9：28	教堂座椅	汉文圣歌"信经"	教徒起立、鞠躬	神父与教徒应答对唱圣歌
		14. 祷文答句（信友祷词）	9：32	教堂祭台、教堂座椅	汉文圣歌"信友祷文答句"	教徒鞠躬、静默、神父举手上扬、合掌	神父带领祈祷，两位领祷员轮流宣读六项祈祷内容，每说完一项，教徒答歌咏圣歌并鞠躬，神父总结代祷。
圣祭礼仪	预备祭品	15. 预备祭品歌	9：35	教堂祭台、教堂座椅	汉文圣歌"奉献咏"	神父略举圣爵、调水与酒、鞠躬	神父在祭台上准备祭品
		16. 献礼经	9：37	教堂祭台、教堂座椅		神父举手上扬、合掌祈祷	神父与教徒应答祈祷
		17. 圣圣圣（感恩经文）	9：38	教堂祭台、教堂座椅	汉文圣歌"圣圣圣"	神父举手上扬、合掌祈祷	神父诵读感恩经文，教徒歌咏圣歌。
	感恩经	18. 成圣体血	9：40	教堂祭台、教堂座椅		教徒跪下；神父合掌祈祷、扬举圣体血、鞠躬	神父在祭台上行成圣体血祭礼，行完祈祷。
		19. 信德奥迹	9：44	教堂祭台、教堂座椅	汉文圣歌"信德的奥迹"	全体站立	神父与教徒应答歌咏圣歌

	20. 阿门（赞颂词）	9：45	教堂祭台、教堂座椅		神父举手上扬、合掌祈祷、鞠躬、扬举圣体	神父带领祈祷，教徒回应"阿门"。
领主礼	21. 天主经	9：46	教堂祭台、教堂座椅	汉文圣歌"天主经"	神父合掌、举手上扬	神父与教徒应答对唱圣歌，唱毕神父祈祷。
	22. 天下万国	9：48	教堂祭台、教堂座椅	汉文圣歌"天下万国"	神父合掌祈祷	教徒歌咏圣歌。
	23. 平安礼	9：49	教堂祭台、教堂座椅		神父举手上扬、全体鞠躬握手	神父与教徒应答祷文，全体互祝平安。
	24. 羔羊赞	9：50	教堂祭台、教堂座椅	汉文圣歌"羔羊赞"	神父对圣体鞠躬	全体歌咏圣歌，唱毕行礼。
	25. 领主咏	9：52	教堂祭台、教堂中部通道	汉文圣歌"主，我当不起"	神父扬举圣体、领圣体、行屈膝礼	神父自行先领圣体，然后下祭台，教徒排队走到教堂中间，行礼恭领圣体。全体在领圣体中歌咏圣歌，领毕，神父回祭台领完剩下的圣体血并收拾祭台。
	26. 领主后咏	无				
	27. 领主后经	9：56	教堂祭台、教堂座椅		神父举手上扬	神父带领祈祷，教徒回应"阿门"。
礼成式	28. 堂区报告	9：57	教堂祭台、教堂座椅			神父做简要事项说明
	29. 阿门（祝福词）	10：00	教堂祭台、教堂座椅		神父划十字圣号降福	神父对教徒诵念祝福词，念完退至祭衣室。
	30. 礼成咏	无				
	31. 念经	10：01	教堂座椅		教徒跪	教徒诵念《谢恩经》
主日第一台经	32. 念经	10：15	教徒座椅		教徒跪	教堂诵念《玫瑰经》

康定和泸定教徒念经时使用四川地区天主教会统一编排发行的汉语半文半白式《圣教经课》，诵念起来虽没有形成前文提到藏文念经的旋律线条，但也有一定的韵律，主要音符走向为"Mi-Sol-Mi-Re-Do"。很多老人的文化水平不高，对半文言文式的经课似懂非懂，全凭一番虔诚之心背诵下来，倘若将经书放在她们面前倒跟不上看不懂。X神父将老教徒念经的声音录下来，在前去看望阿坝州新入教的藏族教徒时放给他们听，以此方法教习新人念经。

三、云南茨中天主堂将临期第 4 主日

将临期是天主教礼仪年的第一个季节，2009 年 12 月 20 日是将临期第 4 主日，亦是圣诞节前的最后一个主日，一切活动都为"主的来临"-圣诞的到来做预备，主日弥撒由茨中天主堂驻堂的 Y 神父主持。

程序及名称		时间	方位	曲目	圣仪	内容
		10：40	教堂座椅	藏文圣歌"洒圣水歌"藏文圣歌"贺赞沧海星"	教徒行屈膝礼、站立、跪下念经、诵念结尾敲钟、全体划十字圣号	藏文《早课经》，诵毕，会长用藏语向大家说明圣诞节事宜并报告事项。接着，再次用藏语诵经。
进堂式	1. 进堂咏	11：30	教堂座椅	汉文圣歌"我们来到上主的圣殿"	教徒站立	教徒歌咏圣歌
	2. 致侯词	11：40	教堂座椅		划十字圣号、合掌	身披紫色祭袍的神父与教徒应答
	3. 垂怜经	11;42	教堂座椅与祭台	汉文圣歌"垂怜曲"		藏文诵念"悔罪经"；神父与教徒应答歌咏圣歌。
	4. 集祷经	11：44	教堂祭台	汉文圣歌	神父伸手祝福、合掌行礼亲吻祭台	神父吟诵祈祷经文，教徒唱答"阿门"。
圣道礼仪	5. 第一篇读经	11：46	教堂讲台		扬举经书	读经员甲诵读旧约米该亚先知书。
	6. 答唱咏	11：48	教堂讲台			读经员甲与教徒应答

		7. 第二篇读经	11：49	教堂讲台		扬举经书	读经员乙诵读新约致希伯来人书
		8. 福音前欢呼	11：52	教堂座椅	汉文圣歌"唱阿来路亚"	教徒起立	教徒歌咏圣歌
		9. 福音	11：55	教堂讲台、教堂座椅		教徒划十字圣号、神父举福音书亲吻	神父到教堂讲台，宣读新约圣路加福音。
		10. 讲道	12：00	教堂讲台、教堂座椅		教徒坐	神父先宣布圣诞节事宜，然后讲道，讲毕回祭台。
		11. 信经	12：20	教堂座椅	汉文圣歌"信经"	教徒起立、鞠躬	教徒歌咏圣歌
		12. 祷文答句（信友祷词）	12：24	教堂祭台、教堂座椅		教徒鞠躬、静默、神父举手上扬、合掌	神父带领祈祷，领祷员宣读六项祈祷内容，每说完一项，教徒应答并鞠躬，神父总结代祷。
圣祭礼仪	预备祭品	13. 预备祭品歌	12：27	教堂祭台、教堂座椅	汉文圣歌"杯子"	神父略举圣爵、调水与酒、鞠躬	神父在祭台上准备祭品
	感恩经	14. 成圣体血	12：30	教堂祭台、教堂座椅	藏文圣歌"耶稣圣体歌"	教徒跪下；神父合掌祈祷、扬举圣体血、鞠躬	神父在祭台上行成圣体血祭礼，行完祈祷，自行划十字领圣体血。
	领主礼	15. 领主咏	12：33	教堂祭台、教堂中部通道	藏文圣歌"耶稣圣体歌"	神父扬举圣体、领圣体、行屈膝礼	神父自行先领圣体，然后下祭台，教徒排队走到教堂中间，行礼恭领圣体。全体在领圣体中歌咏圣歌，领毕，神父回祭台领完剩下的圣体血并收拾祭台。

	16. 领主后经	12：40	教堂祭台、教堂座椅		神父举手上扬	神父带领吟诵祈祷，教徒回应"阿门"。
礼成式	17. 阿门（祝福词）	12：41	教堂祭台、教堂座椅		神父划十字圣号降福	神父对教徒吟诵祝福词，念完手捧福音书退。
	18.礼成咏	12：42	教堂座椅	汉文圣歌"有一条路"		
	19.念经	12：45	教堂座椅		教徒跪、双手合十祈祷	教徒用藏文诵念《谢恩经》

　　弥撒仪式结束之后，有特别安排的婴儿洗礼仪式。该教徒是从香格里拉县赶至茨中教堂请神父为自己满月的孩子施行神圣的洗礼。此时全体教徒开始用藏文诵经，已经换下便装的神父再次回到祭台，换了一套白色的祭袍，下到第一排座椅抱着婴儿的教徒面前，手捧经书与教徒一起划十字圣号之后大声诵读祈祷，然后在婴儿的额头划十字，再继续诵读，全体在额头、下巴和胸口处划三处小十字圣号，继续诵读至响应阿门结束。神父取出小圣盒，将圣水倾倒于婴儿的头顶完成洗礼仪式。接着神父继续祈祷片刻，然后拿出小圣盒在婴儿头顶傅上圣洗圣油，再祈祷片刻后，神父从包中取出两颗葡萄干递给婴儿家长，洗礼仪式结束。

第四节　无神职人员的平日活动

一、西藏盐井天主堂的晚课经

　　西藏自治州芒康县纳西乡上盐井村有座全西藏唯一的天主教堂-盐井天主堂，它在历史中原属四川后划为西藏，当地藏民祖先多从四川巴塘迁徙至此，因此盐井的藏族天主教徒在生活习惯、语言发音和歌舞文化等方面都与巴塘藏族一脉相承。上盐井全村共有五百多天主教徒，基本是"传代教"沿袭的结果。由于此地信佛教的藏族是主要人口，天主教发展便十分困难，但终究相安无事。而一家人信两种宗教和睦相处的情况更不少见，这些家庭中常同时设有藏族的佛龛和天主教圣龛，这也是滇藏川交界地区的一大民族特色。

　　2009 年 1 月笔者一行第一次赴盐井天主堂考察，云南境内仅有一条德钦-界界河的公路通往西藏盐井，全程仅靠中巴车颠簸前行，沿江峡谷断壁羊肠车道，危险系数较高。到达上盐井村时，沿路远远能看见一座耀眼的十字架矗立在山上一座建筑物顶部。至教堂门口看见带有十字架的建筑是藏式风格的三层教堂钟楼，主教堂位于院落的内部，建筑外观鲜亮明丽，采用浓郁藏式特色的装饰，而正面墙体用绿色玻璃镶嵌成一个大大的十字架。教堂内部设计成欧洲罗马拱顶式教堂风貌，由廊柱间隔开分为左中右三个厅。中厅正中前方为镶有巨大耶稣十字苦像的主祭台，两排归置左右边的座椅跪凳面对祭台。左厅正前方为挂有圣母圣心像的小祭台，顶部绘有 16 幅圆形油画风格的新约圣经故事，一小排座椅跪凳面对小祭台。右厅采用与左厅对称风格，正前方为挂有耶稣圣心像的小祭台，顶部绘有 16 幅圆形油画风格的旧约圣经故事，也有一小排座椅跪凳面对小祭台。左右四围的墙壁上悬挂耶稣十四苦路像，富有特色地在每幅画像顶部的十字架下方挂着一条白色哈达，时时提醒参观者这里是西藏。

　　盐井天主教堂在原址上新建于 2002 年，由全国各地教会筹款捐助，教堂内还张贴着各地帮助的资金项，2004 年圣诞节新教堂落成祝圣典礼。除主教堂外，还有一栋三层高藏式风格的钟楼，内部悬挂从日本运来的三口大钟，钟的原产地是法国。这三口钟到达西藏还有一个小插曲，起因是盐井教堂的原神父现任会长 L 教徒有一个在昆明工作的朋友帮助教堂做宣传，海外天主教徒知道他们的需要之后愿意捐赠大钟。当时正逢一个在日本传教的法国神父，从自己家乡运抵日本四个大钟，由于天主教钟楼基本位于教堂上方，而所有的钟敲响振动性很强对教堂结构影响较大，因此只留用一个钟。卸下来的三个大钟，日本的教徒买来捐赠送抵昆明。盐井教堂钟楼安置的三口法国钟，一层钟最大有 1710 公斤，二层钟有 1150 公斤，三层钟有 980 公斤，声音依次为 DO-RE-MI。教堂平时简单的敲几下第一层的大钟做念经的提醒，大节日三个人一起敲三个钟。敲钟有一定的技术要求，村子较多的地方，靠钟声传讯息是通知的钟声；有人去世敲钟通知是丧钟，另有喜庆等各方面的钟声。三口钟的音效非常好，从上盐井敲响，如果没风吹动方圆十公里左右下盐井能听见，如果有风吹动，整个村子里也能听见。大钟没有配备电动机，人们手动敲钟的方式未能将三口钟的声音完全敲出来。

通常盐井天主堂每天都有早晚两次的念经时间，为早课和晚课，分别祈祷每天的平安和感谢全天的保守。参与念经的坚持者多为年老的妇人和老修女，人们基本都有自己的固定座位。所有经文均用藏语诵念，代代口传约近一百年左右，由于是音译藏语的发音和天主教要理的内容，在缺乏学习的情况下现在的教徒虽然都能背诵，但没有人能真正明白每一句的具体含义。

1月16日周五下午三点左右，教堂大门半开，当天照教会传统为拜苦路纪念耶稣在十字架受难，辅助教堂事务的修女马达肋纳带领4位藏族老教徒在教堂内念苦路经，到了晚上本村教徒都会进堂念晚课经。晚7点钟，马达肋纳进入钟楼敲响一楼大钟，悠远的钟声在静谧的藏族山谷回响，高原夜晚的天空星河璀璨，陆续有藏族教徒手持电筒来到教堂门前，闪烁点点的手电筒之光显得格外神秘，人们纷纷坐在教堂门前的台阶上三三两两地聊天等待。7：50人们进堂开始晚课经，会长告之今天的晚课会为在头尾处加唱两首藏文圣歌。所有人取圣水划十字圣号行屈膝礼进教堂，面对主祭台跪在最前排的座椅跪凳上。静默片刻之后，会长带领大家首先歌咏藏文圣歌"伏求圣神降临"，然后开始诵念藏文晚课经，其主要内容有圣号经-伏求圣神降临经-三钟经-天主经-圣母经-圣三光荣经-玫瑰经五端-为炼灵祈祷-亡者经等，最后歌咏藏文圣歌"赞颂圣体"。诵经的韵律与前文提及茨中教堂主日念经的韵律一致，音调和速度也基本相同。盐井天主堂现在没有固定的驻堂神父，四代奉教的藏族教徒L原任神父现已还俗担任会长，教徒们每天来教堂念晚课经，主日仍由会长主持进堂念经讲道。如果有神父主持仪式依然遵循汉语礼仪的程序，人们主要唱颂流传下来的藏文圣歌，仪式中也会唱部分的汉文圣歌。

二、云南茨开天主堂的周五经课

2009年1月份的云南贡山县贡山天主堂迎回了几位放寒假回家的在读修道生，9日周五晚怒族X修生带领大家学习纪念耶稣受难时的拜苦路经。参加念经的人员每人发一篇汉语圣歌篇《十四处苦路歌》，教徒面对教堂两壁悬挂的十四个圣像画，由左边第一处开始行礼鞠躬，用汉语唱圣歌祈祷行礼，再进行至下一处至十四处全部结束，从第十二、十三、十四处苦路结束时用藏语加念拜圣体经。

单声部的《十四处苦路歌》是当地教徒以前没有唱过的新歌，旋律优美，民歌味十足，重复一两段之后人们很快学会，旋律类似简化的东北民歌《摇篮曲》前半段。

十四处苦路歌

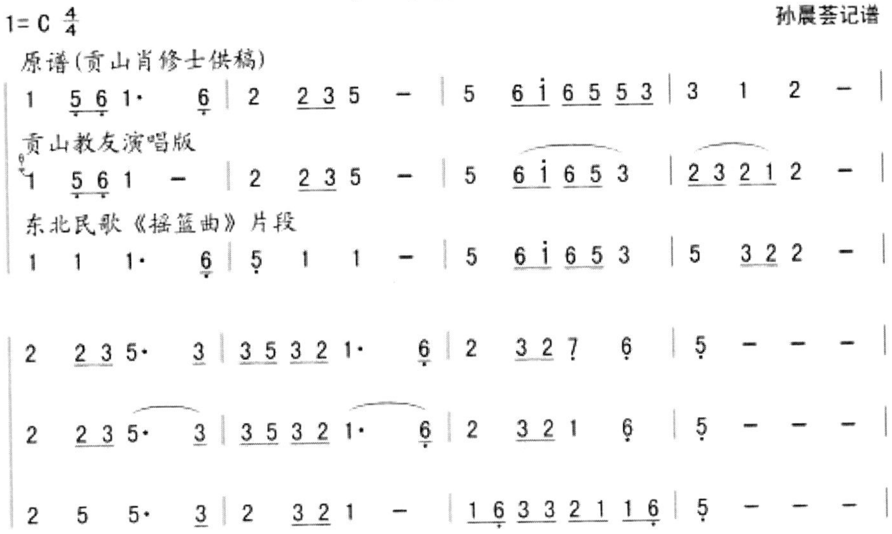

（谱例 3-2）

《十四处苦路歌》歌词：

第一处，在官衙证多罪，受鞭打戴茨冠皮破血流。

比拉多听恶人言断他该死，默不辩如羔羊死了耶稣。

第二处，决死案押赴刑场，恶人们抬十字架放他身上。

接过来不推辞为赎人罪，走苦路心喜欢我的耶稣。

第三处，背十字架力尽筋疲，又脚踢又手拉跌倒在地。

天神主天地王在人足下，受人凌辱受践踏我的天主。

第四处，背十字架路遇圣母，一见面惊得慌心如刀割。

两下里想怜惜愿赴法场，往前走愿同死跟随耶稣。

第五处，恶人们见他重伤，怕他死在半路上觅人想帮。

有西满背十字架被人勉强，我愿背跟随你我的耶稣。

第六处，有圣女物洛尼加，见耶稣满面血毫不害怕。

用白帕擦圣面圣容印下，求圣容印我心常想耶稣。

第七处，出城外二次跌倒，伤重开血重流众人耻笑。

天主子至尊贵如此卑贱，愿痛改我骄傲效法耶稣。

第八处，众妇女跟随耶稣，主回头惊醒说哭你的罪恶。

主的死教训人要救灵魂，我宁死不再犯得罪耶稣。

第九处，到山下三次跌倒，伤重开极疼痛跌倒在地。

教徒们见光景谁不动心，我宁死不再犯安慰耶稣。

第十处，在山上强剥衣服，连皮肉都带去浑身血流。

尝苦胆喝酸醋加增其苦，众人前无衣服羞愧了耶稣。

第十一处，钉十字架拉开两臂，钉两手穿两足疼痛钻心。

众恶党极凶恶如狼似虎，为救赎人的罪钉死耶稣。

第十二处，竖十字架恶党动摇，架左右钉两盗讥笑咒骂。

坟墓开帐幔裂地震山崩，这情况证耶稣真是天主。

第十三处，卸圣尸圣母接抱，胸肋开圣身凉真正死了。

浑身破有伤开谁不动心，圣母娘放声哭我的耶稣。

第十四处，入坟墓盖以石板，用大石掩坟墓圣尸不见。

圣若望扶圣母忧闷回府，为救赎人的罪苦死了耶稣。

《十四处苦路歌》的词曲通俗易学，歌词颇有民谣风格，"圣母娘"的圣母玛利亚称呼更是十足的民间风味。演唱时，谱中的"Si"音被习惯五声音阶的人们自动纠称成"Do"音，第一行谱第四小节的"Mi-Do-Re"唱成装饰音"Re-Mi-Re-Do-Re"，其它地方还添多处滑音，很符合地方民歌的装饰特色，配上民风民谣的乡土歌词，听起来韵味十足。

三、云南茨开天主堂的晚课经

云南贡山县茨开天主堂常年遵循每日念早晚课的传统，现在因为人们都很忙碌，早课经取消，每日晚饭后念晚课经15分钟左右，周六念玫瑰经。2009年1月11日晚7：30，教堂钟声第一次敲响，8：00钟声第二次敲响，人们陆续进入教堂，当天是星期天主日，很多人参加完白天的仪式已经回家，因此念晚课经的人少了很多。整场藏文念经持续到9：00，没有人参与主持，也没有人拿经本，所有经课人们都耳熟能详背诵下来。人们拿着一串念珠，男女应答此起彼伏时跪时立，半吟半唱夹杂着朗诵。相比起茨中教堂和盐井教堂的念经，贡山教堂的教徒诵念起来音域要高很多，女声尤其清脆带动主音越念越高由起头的 G 调升到 bA 调，韵律和乐感尤为强烈，简言之贡山地区吟诵的经课旋律感增强更接近于歌唱。

玫瑰经是天主教的重要经文，组合形式较长也很复杂，为连串的祷文，其模式源于中世纪。通过手持玫瑰念珠诵念默想，一次念经至少需要半小时至 40 分钟。玫瑰念珠每串 53 个小珠，6 个大珠和一个耶稣苦像，小珠诵念圣母经，大珠诵念天主经及圣三光荣颂。每串有分欢喜、痛苦、荣福、光明各五端，代表耶稣和圣母玛利亚的生平。其中欢喜五端于星期一及六诵念，痛苦五端于星期二及五诵念，荣福五端于星期三及主日诵念，光明五端于星期四诵念。教徒自己念玫瑰经可以随意编串，或念简易的玫瑰经。本次是主日因此诵念圣母荣福五端。在一些乡村教堂，人们已经不念像玫瑰经这样长而复杂的经课。而贡山茨开天主堂的教徒们持续每周诵念藏语玫瑰经，诵经人群中有很多的年轻人手持念珠不拿经本进行背诵，吟诵的曲调也是由外国传教士或最早一批藏族教徒所编世代传承。虽然没有几个人识藏文，也不知自己念的经课具体是什么含义，但家族和小区团体的传承强有力地维持着人们的传统。

四、云南才当教徒家的晚课经

迪麻洛村的才当地处翻越碧罗雪山前往德钦的必经路线之一，沿路雪山湖泊风景独特，仅徒步或马帮前行，路途艰险和高原反应对旅行者极具挑战性，每年有很多国内外的背包客观顾此地并在附近的村落寻找向导。30 多岁的藏族天主教徒安当是才当组组长和才当天主堂的会长，为人热情头脑灵活，汉语非常流利，书写一手漂亮工整的汉字。安当也是翻山向导，他告诉我们当地最著名的向导是藏族小伙阿洛，他不仅汉语流利，英语也很好，还能说一些法语，并有自己的网络博客。这些偏远宁静的山区村落正悄然发生变化，像阿洛和安当这样的少数民族村民，让我们这群来访者感受到古老村寨中另一种新的生气。

2009 年 5 月 23 日，安当担当向导带领笔者一行前往迪麻洛村考察附近的几个村落教，同行者还有 2 位要翻山的法国天主教徒。晚上宿在安当家中，为了明天长途跋涉的路程，他烧制侠腊（鸡肉酒）共饮又试图唱歌跳舞，但一天的翻山越岭使大家都非常疲劳不能尽兴。八点钟左右，安当全家四口和 3 个亲戚小伙一起面向火塘跪下集体用藏语诵周六晚课经，安当很喜欢慈悲串经，当晚用玫瑰念珠诵念圣女傅天娜的慈悲串经。

慈悲串经诵念的基本程序如下：天主经、圣母经和信经各一遍。在念珠每端前的每一粒大珠诵念"永生之父，我把你至爱之子，我们的主救主耶稣基督的圣体、圣血、灵魂及天主性奉献给你，以赔补我们及普世的罪过。"在念珠每端内的每十粒小珠诵念"因他的至悲惨苦难，求你垂怜我们及普世。"五端后的结束祷文"至圣天主、至圣强有力者、至圣长存者，求你垂怜我们及普世。"三遍阿门颂。

藏族天主教的习俗是在诵经开端附加如下经文：伏求圣神降临-信经-天主经-圣母经-圣三光荣经。安当一家诵经至汉语大意为"因耶稣受难，求你垂怜我们"时男女应答换气呼应，接如下经文：耶稣圣心垂怜我们-又圣母经-圣母祷文-天主十诫。诵毕歌咏藏文圣歌"慈悲圣母"大意为祈求圣母为我等罪人转求，这是周六晚课经必唱圣歌，和另一首藏文圣歌"天皇后喜乐"，这是复活期的圣歌，当天诵祷的日子还在天主教教历的复活期之内，因此颂唱此歌。唱毕，大家诵念一段为亡者祈祷经文即追思已亡者经，通常来说每天晚课经最后都有这一段经文，教徒选择可念可不念。

安当家的晚课经持续约半小时左右，孩子们在诵经声中时常跟着祈祷，大家对这样的生活方式习以为常。当地教会规定教徒每周六晚在家诵经，周日进教堂诵经。人们恪守这些习俗，年长教徒通常挂着一串玫瑰念珠或十字架项链表明自己的身份，年轻人也很喜爱类似天主教圣物。而家中火塘处通常挂有天主教人物圣像和十字架更是藏族教徒家中的传统，人们在其中赋予浓厚的情感，教徒安当家的周六晚课经让笔者亲身体验一次藏族普通信徒的家庭信仰生活。

五、云南小维西天主堂的晚课经

2009 年 12 月 18 日，笔者一行第二次赶赴云南迪庆藏族自治州维西傈僳族自治县白济讯乡统维村的小维西天主堂。最近的一周每到晚饭过后，教徒和非教徒们都会来到教堂外的空场内为即将到来的圣诞节做舞蹈节目的排练，当天亦有晚课念经。在小维西教堂聚会的教徒有傈僳、藏、白、汉、纳西等多民族，因此仪式中没有藏文传统，所有程序及圣歌都与内地其它教会一样遵循汉文礼仪，经课亦用云南土话诵念，通用四川贵州流传的半文半白汉语之《圣教经课》。晚课诵念于 19：30 分开始，没有神职人员主持，但特别添加主日才有的圣道礼仪部分内容，程序如下：

　　圣号经-进堂咏：汉文圣歌《我们来到上主的圣殿》-读经一耶肋米亚先知书-答唱咏：汉文圣歌《上主是我的光明》-福音：玛窦福音-汉文圣歌《信经》-信友祷词-汉文圣歌《天主经》-平安礼：汉文圣歌《朋友我永远祝福你》-礼成咏《我的家乡在天主那里》-汉文经课五谢礼诵经。

　　汉文经课吟诵调：

（谱例3-3，孙晨荟记谱）

第五节　有神职人员的平日活动

一、云南茨中天主堂的平日弥撒

　　滇藏川交界地区的天主教依靠积淀的信仰底蕴在没有神职人员的情况下代代传承，但现实中即使曾用鲜血换来的坚固信念也在岁月中慢慢淡去。茨中村从 2006 年底由北京神哲学院派驻一位内蒙籍的 Y 神父，任期 5 年，终于结束教堂没有神父的日子。然而这位中年神父所面临的挑战无比艰辛，信仰的淡漠、经济的冲击、教堂的贫困和生活条件的不便使我这位慕名前来的探访者深觉教务工作的不易。近几年茨中村因茨中老教堂和葡萄酒出名的旅游开发使村民的经济意识加强，教堂离通车的路口尚有一段开车 15 分钟左右的距离，但在通车的茨中桥头就大大地张贴农家客栈和玫瑰蜜葡萄酒的广告。进入村落中几乎每家每户都改装成客栈，还有不少在装修重整成条件更好更漂亮的藏式楼阁，玫瑰蜜、玫瑰红之类的葡萄酒招牌到处都是，宁静幽谧的山谷中挡不住浓浓现代大潮的冲击。茨中村地处雪山高原腹地，交通十分不便，因此没能像丽江、阳朔等古镇那样彻底地灯红酒绿，它保留住本村最具特色的文化传统-藏民的天主教信仰，然而这种情况能维持多久？这也是神父最为担忧的。常年没有神职人员的信仰生活使村民已然淡忘其真正原貌，在农耕线纺日复一日的田园生活中，电视、手机等消费品逐渐替代了传统精神内容，教堂的魅力正如它汉白玉墙砖上的彩纹绘画一样消退剥落。解放前由法国神父引进的葡萄种籽原本为弥撒仪式的圣血所备，如今也发扬了它另一番物质福音的作用-古法酿制的古种葡萄酒成为又一个主要旅游经济收入。然而，除教堂被列为重点文物保护单位外，每年熙攘而至的国内游客和经常到访的外国教徒（法国人最多）并没有使茨中教堂中的任何一项有本质改变。常进教堂的人群依旧是老年人，教会事务资金匮乏，一场弥撒做完神父会快速关灯以节省电费。人们不想进教堂诵念稍长的经文如玫瑰经等，晚上时间更愿意在家看电视。除了出生领洗成为教徒和固定时间进教堂外，似乎没有更多一点证明村民的天主教信仰。新到的 Y 神父正在努力建设教徒们对天主教传统体系的意识，经过一年多不懈的努力已略有建树，最典型的例子是教徒举办婚礼时已经知道也愿意进教堂举行婚配圣事而不仅是摆酒请客，葬礼仪式上也开始出现神父祝圣的身影。Y 神父自从来到茨中村，无论来者人数多少都坚持每晚举行弥撒仪式让教徒们领圣体，仿佛要把这 50 多年失去的一切弥补回来。虽然茨中村落沉淀了百年的信仰传统，但时光的流逝使一切需要从头开始。

2009 年 1 月 14 日周三晚，笔者一行在茨中教堂参加了唯一的一次平日弥撒，Y 神父主持仪式。白炽光暗淡的百年老教堂里陆续进入一些藏族服饰的教徒，人们男左女右坐在几乎齐地的跪凳上准备念经参与弥撒。几位年轻的女教徒坐在最前排准备今晚的仪式程序，歌本使用河北邢台教区备修院 2002 年出版的《禧年之声》。

程序及名称		时 间	方 位	曲 目	圣 仪	内 容
		19：30	教堂座椅		全体进堂鞠躬、取圣水、划十字圣号、合掌坐或跪后站立并再次跪下诵经、起立划十字圣号	面对祭台方向，女左男右坐在几乎齐地的长条凳上，随即自发开始藏语念《信经》、《天主经》、《圣母经》和《早晚课经》，神父在此期间准备祭服。诵经最后全体起立跪，再次起立等待神父，弥撒仪式开始。
进堂式	1. 进堂咏	19：50	教堂座椅	汉文圣歌"我们来到上主的圣殿"	教徒站立	教徒歌咏圣歌。

	2. 致候词	19：52	教堂祭台		划十字圣号、神父举手上扬	神父与教徒应答致礼。
	3. 垂怜经（忏悔词）	19：53	教堂祭台、教堂座椅		神父举手上扬、合掌鞠躬；教徒下跪、静默、认罪捶胸、鞠躬；神父合掌鞠躬、转向祭台鞠躬	神父请大家认罪，教徒下跪于跪凳，静默片刻后，捶胸认罪念忏悔词。神父对教徒念祷词请求赦免，教徒起立鞠躬，与神父应答诵读垂怜经。
	4. 光荣颂	无				
	5. 集祷经					
圣道礼仪	6. 第一篇读经	19：55	教堂讲台		读经员行屈膝礼	神父退，读经员上，宣读新约致希伯来人书。
	7. 答唱咏	19：56	教堂讲台、教堂座椅		教徒坐	读经员领，教徒答。
	8. 第二篇读经	无				
	9. 福音前欢呼	19：58	教堂座椅	汉文圣歌"唱阿肋路亚"	教徒起立	领经员与教徒应答圣歌。
	10. 福音	19：59	教堂祭台		读经员行屈膝礼、教徒在额头、口、胸上划十字圣号、神父高举并亲吻福音书	读经员行礼退，神父上场。宣读新约圣马尔谷福音。
	11. 讲道	20：00	教堂祭台		教徒坐	神父将前面所读的经文进行讲解，内容涉及死亡、复活、耶稣的神迹、魔鬼、驱魔、罪、地狱以及耶稣的拯救，请大家反省自己的过犯，思

					考不可避免的死亡而如何向天主交账，学会在每天生活中感恩，不可起誓说大话，要常常依靠天主。
	12. 信经	无			
	13. 祷文答句（信友祷词）	20：10	教堂讲台、教堂座椅	教徒起立、静默祈祷、鞠躬	神父宣告信友祷词，领祷员带领共有六项领祷内容，每说完一项，教徒答"求主俯听我们"。
圣祭礼仪	预祭品	14. 预备祭品歌	20：12	教堂座椅	汉文圣歌"请接受我们的礼品"	教徒坐、神父去祭台准备祭品	教徒歌咏圣歌《奉献咏》
		15. 献礼经	20：14	教堂祭台	神父将圣盘和祭饼稍微举起默念、将酒及滴水注入圣爵内稍微举起默念、伸手后合掌、举手向上、教徒起立	神父准备弥撒圣祭，诵念祷文。
	感恩经	16. 圣圣圣（感恩经文）	20：16	教堂祭台、教堂座椅	神父举手向上、合掌鞠躬	神父念颂谢词，教徒诵念"圣圣圣"祷文。
		17. 成圣体血	20：17	教堂祭台	合掌覆手于祭品上、合掌对祭饼和圣爵划十字；成圣体-双手拿起祭饼略举、稍微俯身、双手举起圣体，置于圣盘内跪请安；成圣血-双手	神父在祭台成圣体血仪式，教徒诵念祷文。

					拿圣爵略举、双手举起圣爵置于圣体布上跪请安	
	18. 信德奥迹	20：18	教堂祭台、教堂座椅		神父转向祭台	神父转身面对祭台，与教徒领答"信德的奥迹"。
	19. 阿门（赞颂词）	20：19	教堂祭台、教堂座椅		神父举手向上；神父一手持圣爵，一手持置有圣体的圣盘，一同举起。	神父念赞颂词和圣三颂
领主礼	19. 天主经	20：20	教堂祭台、教堂座椅		神父举手上扬、合掌	神父与教徒共诵经文。
	20. 天下万国	20：21	教堂祭台、教堂座椅		神父举手上扬、合掌	神父与教徒应答祷文。
	21. 平安礼	20：22	教堂祭台、教堂座椅	汉文圣歌"祝你平安"	神父举手上扬、合掌与教徒互相鞠躬、全体互祝平安	神父行礼转身面对教徒，要求大家行平安礼，所有彼此互相握手祝福。完毕全体歌咏圣歌。
	22. 羔羊赞	无				
	23. 领主咏	20：23	教堂祭台	汉文圣歌"耶稣我信你"	高举圣体、掰饼、神父自己领圣体、教徒站立、神父下祭台，教徒排队前往恭领，感谢圣体，领完跪唱圣歌。	神父行弥撒圣祭礼，教徒应答。
	24. 领主后咏	无				
	25. 领主后经	20：27	教堂祭台		教徒起立、神父举手上扬、合掌	神父领经文

礼成式	26. 堂区报告	无				
	27. 阿门（祝福词）	20：28	教堂祭台		神父举手上扬祝福、划十字圣号降福教徒；教徒站立、对祭台鞠躬；神父亲吻祭台、拿福音书转向祭台鞠躬退。	神父宣礼"弥撒礼成"。
	28. 礼成咏	20：30	教堂祭台、教堂座椅	汉文圣歌"万福玛利亚"	教徒站立歌咏、跪下念经、默祷、行屈膝礼、取圣水、划十字圣号	教徒歌咏圣歌，神父褪去主祭祭服，收拾祭台。教徒跪下，藏语诵《谢礼经》，神父下到跪凳处一同默祷，诵毕行礼，点圣水离开教堂。

　　这是一场天主教汉语礼仪和藏语传统衔接的弥撒仪式，我们可以从中看到解放前外国传教士留下的习俗和中间缺失神职人员阶段教徒们自行沿袭的传统，以及现代汉语礼仪规范的执行，三者合为一体。

二、其它活动

　　由于长期缺乏经费和神职人员，滇藏川交界地区的天主教除保持现有人数外，教会发展处于萎缩状态。2009年1月春节前笔者一行至贡山茨开天主堂调研，正逢县两会举行培训。从北京修院回来的本堂怒族修士和两位在西安修院上学的汉族修生，利用寒假来贡山义工培训。学员是二十位左右来自各堂区的年轻教徒，住在教堂的集体宿舍，笔者宿于学员楼上的修女房间。每天上下课时分敲钟提醒，教堂宿舍的后院约是某歌舞团，每日清晨教堂钟声响起时，后院高亢欢快的弦子歌舞也在拉响，笔者房间夹在中间，很能感受"世俗"与"神圣"的距离如此之近却又相距甚远。学生们利用难得的机会学习，课程安排较为丰富，宿舍门口贴着课程表：

贡山县天主教第六期培训班课程表

时间　星期	上午			下午		
	9：00-9：50	10：00-10：50	11：00-11：50	2：30-3：20	3：30-4：20	4：30-5：20
星期一	圣经	圣经	音乐	信理	信理	礼仪实践
星期二	圣事	圣事	教会礼仪年	圣经	圣经	礼仪实践
星期三	弥撒礼仪	弥撒礼仪	音乐	诫命	诫命	礼仪实践
星期四	圣经	圣经	祈祷	信理	信理	礼仪实践
星期五	诫命	诫命	教会礼仪年	圣经	圣经	礼仪实践
星期六	圣事	圣事	音乐	祈祷	礼仪实践	
星期天	休息					

贡山县天主教"两会"茨开培训中心

2009 年 1 月 5 日

培训期间，教会规定了具体的作息时间表，藉此可了解学员整体的学习生活安排：

贡山县天主教第六期培训班作息时间表

起床	7：30
早课	7：50
早餐	8：00
读圣经	8：00-9：00
上课	9：00-11：50
午餐	12：00
午餐后休息	
下午上课时间	2：30-5：20
晚餐	6：00
信仰活动	7：30-9：30
休息	10：00

学员须知：

一、彼此关心，团结互助，实践基督爱的精神

二、遵守时间，保持良好的上课秩序

三、妥善保管好自己的财务

四、有特殊事情者请告之

五、有病者请勿拖延，及时上报就医

六、为了这次学习班能够顺利地举办并完成，请各位弟兄姊妹们有任何意见和建设性的建议请多多提出，并请我们每一位把这些天所有的学习生活都在祈祷中交托给天主，在圣神的引领与助佑下，使我们爱主爱人与传福音的精神不断增长，愿天主降福我们！

贡山县天主教"两会"茨开培训中心

2009 年 1 月 5 日

笔者在一次晚课经结束之后，为这些年轻教徒做了一次音乐培训，他们没有唱过多声部歌曲，不识五线谱也不会演奏乐器，在教堂内唱的圣歌大多是西安教区出版的单声部《圣教歌选》。笔者挑选一首简单的四声部圣歌译成简谱，经过一个半小时的练习，最终放弃四声部学习，用男女两个声部演唱女高和女中旋律，勉强可以合唱。这些教徒音乐基础较浅，不习惯学习欧洲圣歌，但对旋律的记忆力较强，歌声积极直率，唱起自己熟悉的流行歌曲和藏族民歌时颇有感觉。

第六节　节日庆典活动

一、云南茨开天主堂的圣诞节

圣诞节是天主教四大瞻礼之一，也是最隆重的庆典节日，通常教会在 12 月 24 日晚举行子夜弥撒，12 月 25 日早晨举行圣诞大礼弥撒，很多地方还举办圣诞晚会使教徒和非教徒之间进行良好的沟通交流。云南藏区和西藏天主教会举行圣诞庆典别具特色，人们会穿上最漂亮的衣服，燃放鞭炮进教堂唱圣歌念经祈祷，仪式举办完之后，大家走出教堂喝酒唱歌围着篝火通宵跳舞，舞蹈是藏族弦子舞和锅庄舞，云南藏区教徒称这种娱乐为"欢乐"。当地为多民族聚居区，"欢乐"内容亦有藏、傈僳、怒等多民族歌舞，但藏族歌舞占绝对主体。文革期间极左路线执行时，教堂主日活动取消，所有聚会全部停止，教徒更不能"欢乐"跳自己的舞蹈时，转化的毛主席歌舞便大行其道。1979年三中全会之后宗教政策落实，天主教活动得以恢复。念经祈祷和主日圣道礼仪被忠实地传承下来不允许变动，但圣诞节等宗教大节日的歌舞庆典可以畅快淋漓地"欢乐"任何内容，人们喝到醉酒即回家睡觉。参观者目睹藏族教徒在教堂内做完神圣仪式之后，涌出圣堂点燃篝火跳起弦子和锅庄舞，很容易产生一种错觉即不知他们是在过洋节还是藏族节日。贡山县天主教两会的会长给笔者提供茨开天主堂2008年圣诞节的录像片段，虽然不完整，但也能直观感受到那份欢快的氛围。

2008年12月24日晚，茨开天主堂挂满彩灯，门前摆着一棵闪耀的圣诞树，盛装的男女教徒在连续的钟声和震耳欲聋的鞭炮声中进入教堂，藏族和怒族女教徒内着五彩华丽样式各异的现代女式藏装，外披一件汉族外套，头戴圆形彩色丝带线绒编成的辫套或尖锥形彩绒装饰编织辫帽；傈僳族女教徒穿着平日难得一见的传统傈僳服装，绣花纹的百褶长裙配着从左肩到右腰斜跨用白色圆贝壳和玛瑙串珠的"拉贝"，头戴红、白珠串和白色圆贝壳串成的"欧勒帽"；孩子们有的穿藏装戴藏帽，有的穿藏装戴红色的圣诞帽。

教堂内小耶稣诞生的马槽装饰闪耀着霓虹彩灯，在藏文圣歌"耶稣圣诞歌"与鞭炮声钟声汇成一道洪流挑燃节日气氛，中、西、藏、怒、傈僳各式风格的混杂奇异夺目。仪式中用汉语祈祷和汉语圣歌，中间穿插有傈僳文《路加福音》章节诵读和傈僳文演唱的圣诞歌"听啊，天使高声唱"。仪式结束后，人们走到教堂的广场，一位圣诞老人从二楼向人群分撒糖果，引起阵阵兴奋的欢呼哄抢。此时一个火盆架在中间，里围人群成圈坐在旁边，外围是一个更大环绕操场的圆圈，男女手拉手在弦子的伴奏下以 xx x 的欢快节奏高歌起舞歌颂圣诞快乐，苞谷水酒、侠腊、啤酒随意畅饮，人们在这里跳舞守夜到第二天凌晨5点，老人们在1点左右先回家休息休整，以备第二天的歌舞。25日中午12点教徒来教堂念经祈祷至1点完毕，继续舞蹈盛会到直下午5点。老人们（多是妇女）手牵手围着熄灭的火盆成圈，慢悠悠地跳起一首只有长者才会的锅庄舞，舞蹈为一拍一步，左脚退步-右脚上步-左脚向右斜提-右脚向左斜提，同时举双手，整个舞蹈没有乐器伴奏，人们清唱心中的歌声"今天在天主堂门口，耶稣诞生欢乐，我们一生心里应当欢乐"。这是老教徒最喜欢的歌，亦是她们心中的今生意愿表达，年幼的孩子们跟在后面比划着脚步。

二、西藏盐井天主堂的圣诞节

据西藏盐井天主堂的会长讲述，盐井天主堂过圣诞节时如果有神父参与主持，会在 12 月 24 日晚 8：30 举行第一次弥撒，然后大家出教堂喝自酿葡萄酒和青稞酒并拉弦子跳藏族舞，午夜 12：30 举行第二次弥撒，仪式结束后大家继续跳舞到凌晨 2：00 左右。12 月 25 日早晨开始跳舞一直到中午 11：30 左右，人们聚餐吃饭，晚上进教堂做弥撒，节日庆典就结束了。欢乐的时间里，附近佛寺的僧人们和信藏传佛教的非天主教徒通常会被邀请至教堂一起唱歌跳舞，不同宗教信仰的人们在共同的传统中分享愉悦。2009 年 12 月 23 日-25 日，笔者一行再次抵达西藏盐井天主堂，实地参加了一次全程的圣诞节庆典，但此次节日由于出现突发事件而不同寻常。

1. 12 月 23 日的活动

由于盐井教堂目前暂无驻堂神父，一位云南的藏族 D 神父在近几年内凡遇教会大瞻礼节日会赶赴教堂主持活动。12 月 23 日下午，全体教徒在准备各项圣诞节准备事宜，D 神父在教堂内办教徒的忏悔告解圣事，完毕带领数位在教堂左侧的小祭台旁搭建圣诞马槽并挂上彩灯。会长在教堂办公室内写请柬，邀请 25 日中午当地各层朋友及领导赴教堂共进午餐。至晚七点，修女马达肋纳敲钟通知人们进堂念常规的每日晚课经。由于正值圣诞前夕并有神父主持，今晚的经课特别安排"朝拜圣体"的敬礼部分。这种活动源于 14 世纪的欧洲，是将圣体安放于明显的地方供人朝拜，后来用圣体直接降福信徒。圣体专用的容器-圣体光常用金银框做发光体状的造型，中间有一个圆形的玻璃框，圣体装于其中供信徒朝拜。

程序及名称	时 间	方 位	曲 目	圣 仪
1. 圣歌	19：40	教堂座椅、教堂祭台	藏文圣歌"俯求圣神降临"	全体进堂鞠躬、取圣水、划十字圣号、合掌；全体起立唱圣歌，辅礼（香炉、执烛）和主礼（神父或执事）到祭台前敬礼，并跪于祭台前。
2. 明供圣体	19：45	教堂圣体龛、教堂祭台	藏文圣歌"我今虔诚朝拜你"	主礼身穿绣花的圆氅衣，辅礼为主礼披上白色绣花披肩，主礼到保存圣体的圣体龛处，单膝跪礼用披巾裹住圣体请到

				祭台上，安放在圣体光座内，置于祭台上，行双膝跪礼，回到祭台前的跪凳处取下披肩。辅礼协助主礼向圣体献香，全体跪下唱圣歌。
3. 简短提示	19：47	教堂祭台		主礼在祭台前，手捧经书用藏语说后明后，主礼及辅祭人员走向座位处。
4. 晚课经	19：48	教堂座椅		全体跪于跪凳，用藏语诵经。
5. 祈祷	20：03	教堂座椅		静默片刻后，全体跪于跪凳，用藏语应答吟诵《耶稣圣体祷文》。
6. 圣歌	20：10	教堂座椅	汉文圣歌"天主经"	全体起立唱圣歌
7. 朝拜圣体	20：12	教堂座椅、教堂祭台	藏文圣歌"耶稣圣体歌"	全体跪下唱圣歌，辅礼和主礼从座椅处回到祭台的跪凳处。
8. 圣体降福前主礼祷词	20：15	教堂祭台		全体跪，主礼站立应答颂唱祷词首句。然后诵念祷词，全体起立。
9. 圣体降福	20：16	教堂祭台、教堂座椅		辅礼再次为主礼披上披肩，主礼双手合十从跪凳处走到祭台前行单膝跪礼，用披肩裹起圣体光举起圣体朝正前方、左方及右方降福全体，两名辅礼持续摇铃燃香。完毕行单膝礼退至跪凳。
10. 降福后欢呼歌	20：18	教堂座椅	汉文圣歌"赞美我上主"	主礼回到祭台取出圣体，用披肩裹住送回圣体龛中，行单膝跪礼，回到跪凳，辅礼取回披肩，三人行单膝礼退。全体用藏语简短诵经结束。
11. 仪式结束	20：20	教堂座椅		全体坐下，会长用藏语说明过节事宜。辅礼收拾祭台。

2. 圣诞节的活动

2009 年 12 月 24 日早 7 点 58 分，修女马达肋纳敲响大钟，提醒人们进堂做早弥撒。早弥撒的程序与常用弥撒程序相同，盐井教堂的习俗是通常在每次弥撒和念经之前颂唱藏文圣歌"俯求圣神降临"，中间穿插藏文的《悔罪经》，最后诵念藏文的《三钟经》和《慈悲串经》，讲道及事项说明均用藏语，其余为汉语。这次早弥撒的讲道中，神父向大家提问头一天讲授的教理内容，有几人轮流回答。盐井教堂领圣体的习俗保留了传统拉丁弥撒的印记，盐井藏族妇女习惯用紫红色的长布条头巾包头，当弥撒进入领圣体程序时，男人脱帽女人拆下头巾留出长辫，全体从座椅上双手合十走到祭台前的台阶处，跪成一排或几排长条形，由神父从左至右分送圣体。现在的天主堂领取圣体时，均是神父下台站在中间，教徒无需脱帽并排成一字队前往领取再从左右侧回到座位。弥撒仪式结束后，盐井的教徒还要用藏文诵经，此时妇女们才将头巾重新缠上，并坐下诵念直至结束各自回家。

10点40分教堂敲钟三下，提醒大家为圣诞节准备帮忙。男人们在教堂钟楼的空地上砍剁一周前杀好约二百斤重的牦牛肉，市价约四千元左右，人们时不时拿起切好的生肉大快朵颐。女人们在旁边剥葱、洗木耳，另有两拨人在两个厨房大灶中切猪肉、剁排骨、炸鱼和花生米，这是为25号中午的聚餐做准备，将有三百人吃饭。一拨人在教堂对面的露台处擦洗桌椅，安排明天坐席位置。12点左右，大家在钟楼旁的草地上席地而坐，休息并吃午饭，每人一份酥油茶和萝卜木耳炖牦牛肉，佐料是辣椒蘸水。下午时分，人们继续劳作，会长带领几位老教徒，在露台上练习藏文圣歌。25日早晨的弥撒最为隆重，会长有一个新想法：用藏族乐器-弦子为藏文圣歌伴奏，预备在弥撒中献唱。两名弦子手在练习旋律试图和上人们并不规整的歌声，藏文圣歌原是拉丁圣歌的音译歌曲，本无规整节奏，为了使弦子能对上圣歌旋律，弦子舞曲多四拍或三拍的特征在人们七凑八和的韵律中，圣歌终于被卡入弦子节奏，越发有了非同一般的奇特风格。如果练习能够达到会长的要求，这种新尝试将会应用在教堂仪式中，持续两个多小时的练习后，人们逐渐散去。会长有带领一拨人为教堂和钟楼以及圣诞树安装彩灯，高原的阳光和山风强烈，使圣诞的氛围悄悄弥漫出这一小片领地。

20点左右，陆续有盛装的藏族人进入教堂聊天等候，来者只有两拨人-佛教徒和天主教徒。据当地人说，盐井只有藏传佛教和天主教这两种宗教，没有人没有宗教信仰。遇上两种宗教的大节日，不同信仰的人都会进入对方的宗教场所跳舞庆祝，只是宗教仪式方面双方都心照不宣地避开。教堂内的空场逐渐聚满了前来过节的藏民，人们在中间放置一张小方桌，上面摆上饮料啤酒，接着就围成圈手拉手高歌起舞，弦子手大约来了4、5位，大家跳起传统的藏族弦子舞，长袖摆舞五彩艳丽很是热闹。

盐井弦子舞曲谱

孙晨荟记谱

（谱例3-4）

一两首舞蹈之后，20：20分钟声响起，圣诞前夕-平安夜的第一台弥撒即将开始，于是出现笔者没有预料到的一种情形：教堂外院是佛教徒和部分贪玩的天主教徒仍然高歌起舞，教堂内院是虔诚的天主教堂开始一年中最隆重的弥撒庆典，两者同时进行互不干涉。20：30分第一堂弥撒开始，仪式的整体程序与通常弥撒相同，只是在开头有15分钟的藏文晚课经以及藏文圣歌"伏求圣神降临"，程序开始中间有藏文悔罪经，并颂唱汉文圣歌"垂怜经"、"光荣颂"以及"阿肋路亚"，领圣体时大家颂唱藏文圣歌"真而又真"，男人首先上前跪领紧接着是女人，最后用藏文诵经结束。当晚特别惹眼的一道风景是，所有的女人全部编上粉红、紫红、天蓝三色的长及大腿部的辫子，进堂时一律去掉头巾，每一排从背后望去，艳丽的长辫垂落，配上五彩的藏装，十分整齐靓丽。第一台弥撒进行约一小时左右，此时教堂外跳舞的人突然没了踪影，人们走出教堂纷纷坐在台阶各处不知发生何事。接下来的情形没有任何人预料到，一位50多岁的藏族女天主教徒没有进教堂做弥撒，而是一直在院外跳舞，由于提前带孙女回家便离开教堂。出门不到5米处，她摸黑就近方便却失足滚下山崖，由于教堂建在山上且没有护栏，此人翻滚约两公里左右摔成重伤，会长已经带她去医院抢救。大家都在等消息，没有人再跳舞，这种节日中的意外还是头一回，神父也紧急赶往医院，人们都盼望能传来好消息，能继续跳舞快乐欢度节日。等至约摸两小时左右仍然没有回音，此时接近23：00分，D神父已赶回教堂，大钟又一次敲响，第二场隆重的子时弥撒即将开始，人们陆续进入教堂，欢乐的气氛此时悄悄蒙上一层阴影。神父在讲台处首先用藏语作了一些程序说明，弥撒即将开始。

程序及名称		时 间	方 位	曲 目	圣 仪	内 容
		23：00	教堂座椅		全体进堂鞠躬、取圣水、划十字圣号、合掌、坐或跪后站立并再次跪下诵经、起立划十字圣号	面对祭台方向，女左男右跪，开始藏语念经课，神父和辅祭在此期间准备。
进堂式	1. 进堂咏	23：06	教堂中殿	藏文圣歌"俯求圣神降临"	教徒站立。两名持香辅祭在前，一名手持大十字架的辅祭在中间，两名辅祭在后，神父身披金色祭袍在最后，全体从教堂入口处缓缓走至祭台，行单膝跪礼走向两旁座位处。神父亲吻祭台后与两名辅祭准备乳香，准备完毕，神父围绕祭台一圈鞠躬摇香炉献香。	教徒歌咏圣歌。圣仪仪仗队行进教堂。
	2. 致候词	23：12	教堂祭台		划十字圣号、神父举手上扬	神父与教徒应答致礼后，用藏语说明今晚弥撒内容。
	3. 洒圣水	23：15	教堂祭台、教堂座椅	藏文圣歌"洒圣水歌"	神父伸手祝福、洒圣水划十字降福、合掌祈祷、向祭台鞠躬；教徒跪划十字圣号	神父拿圣水刷与捧圣水器的辅祭下祭台行礼，向教徒洒圣水。洒完，神父上祭台祈祷祝福。藏语说明。
	4. 圣歌	23：17	教堂座椅	藏文圣歌"耶稣圣诞歌"	全体站立，教堂外大钟敲响，鞭炮点燃，辅祭点燃圣体龛两旁的两支五头蜡烛和旁边所有的蜡烛。	歌咏圣歌

	5. 集祷经	23：24	教堂祭台、教堂座椅		神父伸手祝福，完毕双手合十。	神父与教徒应答致礼。藏语说明。
圣道礼仪	6. 第一篇读经	23：25	教堂讲台		读经员甲行屈膝礼上、全体坐下。	神父退读经员上，宣读旧约依撒意亚先知书。
	7. 答唱咏	23：27	教堂讲台、教堂座椅	汉文圣歌"答唱咏"	教徒坐，读经员甲行屈膝礼退。	读经员领，教徒答。
	8. 第二篇读经	23：30	教堂讲台、教堂座椅		读经员乙行屈膝礼上	宣读圣保禄宗徒致弟铎书
	9. 福音前欢呼	23：32	教堂座椅	汉文圣歌"唱阿肋路亚"	教徒起立	领经员与教徒应答圣歌。
	10. 福音	23：34	教堂讲台		读经员乙行屈膝礼退、教徒在额头、口、胸上划十字圣号、神父与辅祭准备燃香，神父为福音书献香。	神父宣读新约圣路加福音。
	11. 讲道	23：37	教堂讲台		教徒坐	神父用藏语讲道
	12. 诵经	23：52	教堂座椅		神父与四名辅祭下到祭台前的台阶跪下行礼	教徒诵经
	13. 恭迎圣婴敬礼	23：53	教堂左侧祭台、教堂中殿	藏文圣歌"耶稣诞生歌"	神父与辅祭下祭台，走到教堂左侧小祭坛旁提前布置好的耶稣圣诞马槽处，鞠躬后燃香，全体跪下献香一圈，完毕两次鞠躬。神父从马槽处取出小圣婴像，双手高捧，庄重地走在最前头辅祭随其后，走到教堂正中的红地毯处，高举圣像，辅祭献香，全体咏唱圣歌。神父将圣像放置祭台前的台阶	全体等候恭迎圣体敬礼，唱圣歌并跪拜。此环节是子时弥撒最隆重庄严、亦是时间最长的部分。

上，跪拜鞠躬献香，辅祭在两旁点燃蜡烛。神父与辅祭领头回到教堂门口处，从远处向圣婴像走来，双手合十划十字圣号鞠躬叩头。完毕辅祭四人跪至圣像两旁，一人在左侧跪捧圣像，一人在右侧手拿一卷手纸，另两人跪在旁边燃蜡。此时，教徒由男性首先开始，沿红地毯排队轮流朝拜圣像。每人手捧白色哈达，跪下鞠躬亲吻圣像献上哈达，行礼完毕，辅祭用手纸擦拭圣像。亦有人一直跪步前行走到圣像处叩头朝拜以示虔敬，或投钱至旁边的箱子中。男性朝拜完毕，女性排队朝拜，圣歌一直伴随着仪式进行。女性在朝拜圣像完毕后，大多回到闪烁彩灯的耶稣圣诞马槽处，跪下默祷叩头片刻，亦有人往马槽中投钱。教徒全部朝拜完毕之后，神父与辅祭跪拜再次向圣像燃香献香，五人站立，两名辅祭在前倒退走步向圣像

						献香，神父在中间高举圣像，两名辅祭在后手捧蜡烛。圣仪队伍绕教堂一周，将圣像恭送回耶稣圣诞马槽处，神父高捧圣像划十字圣号将其放回原处，五人跪下叩拜并燃香献香，然后回到祭台前的台阶行礼，神父用藏语说明。全体面对祭台跪下默祷片刻。	
圣祭礼仪	预备祭品	14. 预备祭品歌	00: 40	教堂座椅、教堂祭台前的台阶	汉文圣歌"请接受我们的礼品"	教徒坐、神父准备祭品。五名儿童队伍走向神父，前两名并排每人手捧大蛋糕和一台白色哈达献给神父，神父将蛋糕高举片刻转交身后的辅祭并接过哈达转交。第二排一名儿童献上一束红色假花，神父将花高举片刻转交身后的辅祭。第三排两名儿童分别献上覆布的装饼与酒的圣爵，神父将其高举片刻转交辅祭，献仪后儿童划十字圣号退至两旁，辅祭将祭品放于祭台桌上。五名儿童聚集成一排来到神父面前，神父向她们划十字圣号降福合掌鞠躬，儿童回礼。	教徒歌咏圣歌《奉献咏》

	15. 献礼经	00：43	教堂祭台		辅祭向祭台献香，神父取来圣盘和祭饼，稍微举起默念、将酒及滴水注入圣爵内稍微举起默念、伸手后合掌、举手向上、教徒起立，辅祭向教徒献香片刻。	神父准备弥撒圣祭，诵念祷文与教徒应答。
感恩经	16. 圣圣圣（感恩经文）	00：44	教堂祭台、教堂座椅		神父举手向上、合掌鞠躬	神父念颂谢词，教徒诵念"圣圣圣"祷文。
	17. 成圣体血	00：45	教堂祭台		合掌覆手于祭品上、合掌对祭饼和圣爵划十字；成圣体-双手拿起祭饼略举、稍微俯身、双手举起圣体，两名辅祭面对祭台跪下第一次摇铃并献香，神父将圣体置于圣盘内跪请安；成圣血-双手拿圣爵略举、双手举起圣爵，两名辅祭面对祭台跪下第二次摇铃并献香，神父将圣血置于圣体布上并跪请安。	神父在祭台成圣体血仪式，教徒应答诵念祷文。
	18. 信德奥迹	00：48	教堂祭台、教堂座椅		辅祭起身退、全体站立。	神父转身面对祭台，与教徒领答"信德的奥迹"。
	19. 赞颂词	00：49	教堂祭台、教堂座椅		神父举手向上；神父一手持圣爵、一手持置有圣体的圣盘，一同举起。	神父诵念祷文一句用藏语翻译一句。

	20. 天主经	00：50	教堂祭台、教堂座椅		神父举手上扬、合掌	神父与教徒用藏语共诵经文。
	21. 天下万国	00：51	教堂祭台、教堂座椅		神父举手上扬、合掌	神父与教徒应答祷文。
	22. 平安礼	00：52 00：54	教堂祭台、教堂座椅	汉文圣歌"祝你平安"	神父举手上扬、合掌与教徒互相鞠躬、全体互祝平安	神父行礼转身面对教徒，要求大家行平安礼，所有彼此互相握手祝福。完毕全体歌咏圣歌。
	23. 圣圣圣		教堂祭台、教堂座椅		神父举手上扬	全体共诵经文
领主礼	24. 领主咏	00：55	教堂祭台	藏文圣歌"耶稣圣体歌"	高举圣体、掰饼、神父自己领圣体、教徒男先女后前往祭台前的台阶跪成数排、神父下祭台从左至右分送圣体，教徒感谢圣体，划十字圣号鞠躬领完跪唱圣歌。送完圣体，神父收拾祭台，将剩余圣体送回圣体龛中。	神父行弥撒圣祭礼，教徒歌咏圣歌。
	25. 领主后经	1：15	教堂祭台		教徒起立、神父举手上扬、合掌	神父领诵经文完毕，做藏语说明。
礼成式	26. 圣诞节颂谢词及祝福词	1：16	教堂祭台		神父按手降福、划大十字圣号教徒；教徒站立、对祭台鞠躬；神父亲吻祭台鞠躬退。	神父宣礼"弥撒礼成"。

27. 礼成咏	1：18	教堂中殿、教堂座椅		辅祭及神父五人面对祭台拿着香炉及十字架下祭台，从中殿地毯处行对退下，在圣水台处鞠躬行礼，然后绕圈回祭台处行礼，退到教堂后面的圣衣室更衣。教徒站立念经、默祷、行屈膝礼、取圣水、划十字圣号	藏文诵经

　　子时弥撒结束时已是 12 月 25 日的凌晨，高原的夜晚非常寒冷，按常规此时正是高歌欢舞的时刻，但由于前面出现的事故没有人再跳舞，人们走出教堂围成一圈圈蹲坐在院落各处等待消息，如果没有意外，25 日白天依然会有一天的舞蹈庆典。不多时，一大桶粥端到院落中央，这是原有的夜宵时间，人们纷纷上前取粥驱寒。西藏高原的粥很不一样，浓浓的牦牛骨汤掺杂肥腻的碎牛肉，熬出各种杂粮配搭的粥食，在微风过后，碗面上立即凝结一层厚厚的牛油，特殊的腥膻味使笔者这群汉族人不能适应，却能在夜间提供很高的热量。今天的舞蹈已取消，吃完粥人们只能纷纷散去回家休息，等待天明的通知。25 日圣诞节早晨的弥撒是大礼天明弥撒，所有人都会参加，到时也会知道这位摔伤教徒的病情已决定当天的庆典。

　　几小时的休整之后，25 日早晨 8 点笔者得到坏消息，昨天在教堂门口摔伤的教徒于凌晨 3 点去世，神父连夜赶至医院为她做祈祷，会长等人均是身心俱备，心情非常低落。他们告诉笔者，此地从未在平安夜发生过类似事情，缘由基于旅游局在教堂门口修路之后路面变窄，却并未在山崖旁做上防护栏杆导致人们会摔下去毙命，但作为教徒他们只能相信也许就是天主预定在这个时间和地点接走这位教徒上天国。如此一来舞蹈庆典就不能举行，因为大家都是弟兄姊妹并且街坊邻居实在不好意思跳舞欢庆。8：30 分教堂大钟第一次敲响，人们陆续赶赴教堂后得知该消息。修女马达肋纳坐在教堂门口，很多人向她奉献弥撒献仪和求平安经的钱，马达肋纳一笔笔记在教堂献仪的账本上，每人多是 20、30 元钱不等。9：50 分教堂大钟第二次敲响，天明弥撒开始，进堂程序同 24 日晚的子时弥撒，基本程序同常规弥撒，开始有藏文早课经，结尾处所有投钱奉献的人跪在教堂祭台前数排，由神父特别为她们祈祷诵经并降福。天明弥撒结束后，人们留在教堂准备午饭，客人们将会陆续达到教堂赴宴。没有舞蹈的圣诞节显出一丝冷清，大家将耶稣圣诞的大蛋糕切开分发。约12点左右嘉宾陆续到场，有县乡领导、学校教师、佛庙僧人、公司代表等。每桌分发烟酒、酥油茶、饮料以及教堂自酿葡萄酒，冷盘热菜上流水席，热情的藏族女教师每桌高歌轮流敬酒带来欢乐的气氛，会长主持敬酒感谢大家对教堂事务的支持，屋内墙上悬挂一幅红底黄字的大条幅上用汉藏双语写着"天主教堂深化寺庙爱国主义教育"。客人们吃完酒席离开之后，教堂内辛苦一年的人们收拾餐桌自己开始聚餐，此时终于有人忍不住在酒桌上小示一两首歌舞欢庆片刻。午餐吃到下午 3 点左右，大家陆续收拾回家，原本等待歌舞盛宴的我们变得百般无聊，白天和晚上原本都是锅庄舞和弦子舞的欢跳，现在已经取消。神父赶到丧主家中念经祈祷，晚上在教堂将为她举行亡者弥撒，并计划第二天一早九点出殡，这次意外使圣诞节最终变成葬礼，但全体教徒依然忠实地参加弥撒盛典并为亡者祈祷。2009 年盐井教堂的圣诞大瞻礼保留了教堂内的传统礼仪，而在民俗传统庆典中由于情感所致，取消了娱乐的环节，让我们感受到当地村民教徒之间纯朴的关系处理方式，也特别体会一次不同寻常的圣诞节日。

三、其它

2009 年 1 月 18 日，笔者一行参与云南小维西天主堂的圣诞节舞蹈排演。晚 8 点左右晚课诵经结束之后，人们开始穿戴衣物准备舞蹈排练。当地会长自 2004 年小维西教堂祝圣之后，开始在圣诞节举办联欢会，附近的村民、小学校教师都会应邀前来参与，这个习惯延续到今天并且越办越好。今天，圣诞节成为全村的联欢节日，教徒和非教徒联排的舞蹈节目经常上县城参加比赛，会长为此置办了傈僳、藏、纳西族等专业舞蹈服装数十套。当晚的排练，人们就表演了传统的傈僳舞、纳西舞和藏舞，在大喇叭电声的伴奏下，舞蹈队排演近 2 小时左右，欢乐之情溢于言表。

藏区天主教会除四大瞻礼庆典之外，还在春节期间有最隆重的欢乐场景，人们唱歌、跳舞、喝酒、吃火锅、拜年。云南贡山地区旧时风俗是在大年初一早晨争抢水井里的第一口水，现在水井已不复存在，人们会在初一早起时煎粑粑、蒸馒头、春饵块，10-11 点教徒首先前往教堂的主祭台前互相拜年，再去各自父母家拜年。中午 12 点左右聚集在教堂操场打篮球玩耍，晚上在教堂广场跳舞。接下来的日子里，哪家村寨有聚众跳舞，教徒们就前往欢乐，一直持续到正月十五。

本章小结

如今，滇藏川交界地区的天主教会虽划属三个行政省，但其地理位置属于道路贯通的狭长走廊地势，民族文化风貌呈现一致特性。天主教传统文化在三地的历史上呈统一状态，而现代教会的教会礼仪由于行政划分原因，在保留诸多相同的文化存遗同时出现各异特质，但仍保留其封闭特性，也彰显其神圣意义。

从仪式与音乐的角度叙述，云南藏区和西藏的天主教会有更多的一脉相承性，其中德钦地区和西藏的教会路途贯通，两地教徒藏文经课的吟诵风格在速度和音调上展现高度一致性，而一山之隔的贡山地区教徒吟诵经课比前者更多一份音乐韵律感。在大瞻礼庆典的模式上，西藏、德钦和贡山教会则完全相同，这些藏文经课、圣歌和藏族歌舞庆典在四川康区已经看不到，康区的天主教仪式与音乐内容同内地汉族的天主教会没有区别。因此四川康区教会从文化传承的角度来说已经与云南藏区和西藏的教会基本断开，后者之间时常有一定程度的联络和走动。

滇藏川交界地区的天主教会在很多其它方面情况相同，例如，老教堂基本损毁殆尽，传统教堂中设有唱经台的习俗在现代新修的教堂中一概取消，因为唱经班的位置从二楼改站在教堂最前方的角落边。而三地所有教堂里都没有唱经班，原因是没有神职人员教导和带领，教徒人数很难发展新增。四川康定天主堂的修女从 2009 年 5 月起每周五晚培训教徒唱歌，力图组建一个唱经班。但其它地方便没有这样的机会，几乎在任何一方面都极度缺乏人手。康区没有神父的天主教堂点，主日由教徒自行组织进堂念汉语二台经，这一点与云南藏和西藏的教会基本相同，不过后者是用藏语念经。滇藏川交界地区天主教的教会礼仪便在这样的情况下用自己的方式维系和生存。

第四章 仪式与音乐-人生礼仪篇

第一节 葬礼

一、口述中的葬礼

在滇藏川交界地区藏传佛教是占主导地位的宗教，笔者考察中注意到，赴三地天主教会调研数次，每到一处无论是否赶上葬礼，只要涉及宗教问题，人们都不约而同提及藏传佛教的葬礼习俗。当地天主教和基督教（新教）的葬礼从简单程度上较类似，藏传佛教的形式与之形成强烈对比，这层原因竟然成为导致人们投奔皈依天主教和基督教（新教）的重要因素。

在参加完永拉嘎村天主教徒的葬礼之后，贡山县天主教两会会长简单介绍了当地葬礼的情况：当地天主教葬礼采用土葬，藏传佛教葬礼由喇嘛决定水葬、火葬还是土葬。佛教葬礼十分繁琐并且花费巨大，贫穷人家葬礼顶多办一两天，富裕人家葬礼能办十天之久的仪式，时间长短由喇嘛看丧家经济情况决定。丧家招待喇嘛僧人必须杀大猪、小猪和鸡等牲畜，

喇嘛一排排分列打鼓、念经、做法，前面是级别最高的僧人，丧家给他的个人报酬是一千元，其余的每人一千元以下，丧席上仅僧人一项开销就多达万元。喇嘛在葬礼上昼夜做法念经，丧家对这些僧人和所有吊唁的来宾均是每顿肉菜酒水缺一不可，并且是上等招待，因此一个佛教葬礼办下来，不太富裕的家庭几乎破产。笔者调研时，听当地人说起捧当乡一位笃信佛教的村民，因怕给儿孙留下太重负担，临终前改信天主教并领洗入教，葬礼按天主教仪式办理，省下一大笔费用，也没有招致儿孙的怨言。笔者向当地会长

证实了村民所说的内容，并得知此种情形在当地并不少见。这种现象不仅存于贡山地区，笔者1月份在迪庆州德钦县茨中天主堂考察时，80岁的肖老师提起当地天主教和藏传佛教的葬礼习俗，他的叙述更为详尽：

茨中村主要存在天主教和藏传佛教两种宗教，人们互不干涉礼尚往来，各自按各自的信仰办事。在葬礼仪式上两教之间互不参加，仅请客吃一顿饭而已。但抬灵柩送葬时，不论信仰何种宗教，亲戚朋友中的年轻人争行恐后前来帮忙，人们都觉得这样比较好。当地村民之间贫富差距很大，富人送葬相当隆重，相比穷人葬礼就摆不上台面，因此村委会提出不准浪费和攀比，葬礼上的酒席办五个菜不要九个。婚礼酒席是双数菜品，而丧礼用单数是有避讳，表示死一个就一个人走，不要两个一起走。

茨中村的天主教徒办葬礼时，首先报信挨家挨户通知，只要有人听见不管教内教外都邀请。丧事不兴送钱，宾客需带上一斤自酿苞谷酒，三桶（一桶约五六斤左右）或四桶大米或杂粮，没有大米带小麦或玉米。如果家里收成不好没有酒或米就需要想办法借，参加葬礼必须有礼，通常带上一饼茶就不用带酒。丧家准备葬礼酒席要摆酒、杀牛、杀狗，有钱人家要杀猪，一次葬礼办下来看个人家庭条件花费不一。摆酒席时间是正式送葬头一天，早上中午吃馒头、糕点，吃完之后教徒聚在一起念玫瑰经平安经，等到吃晚饭正式酒席时间，丧主准备必须是九七五三单数的酒肉菜品。吃完酒之后，丧家请人们洒圣水念经晚些离开，家远的人先走。非天主教徒由丧家请吃中午饭和晚饭即回家。第二天一早丧家准备好之后，教徒先去念经。主要诵念玫瑰经痛苦端，这些只有老年教徒会，年轻教徒在场就直接念天主经、祈祷辞或追思祷文，人们按照肖老师编写的汉字注音藏文《圣教经课》诵念。念完经如有神父在场，就往灵柩洒圣水代表洁净-洗净灵魂的罪过，洒完圣水抬灵柩送葬。抬灵柩者头戴一小白帕或白花之类，身穿平常衣服，白帕或白花是条件好的家庭穿戴，没有钱人家会向儿子亲戚借，实在没有就作罢。抬灵柩送葬时教徒们唱藏文圣歌"公审判词"直到坟地，藏文圣歌的歌词大部分汇集于肖老师编写的汉字注音藏文《圣教经课》中，他标注的注音很简单，因此年轻人学习传统藏文圣歌时，只具备小学三年级文化水平，就能学会这些无人看懂原文的藏文圣歌。到达坟地时棺木入土下葬，如有神父在场，神父首先到坟地重新洒圣水洁净安葬死者的地方，然后开始埋葬，最后做专用的追思弥撒仪式。追思弥撒时神父祭衣特别为紫色以表哀悼，仪式中间大家颂唱汉文圣歌"天主求你垂怜"，如果希望程序长一些可加念信经，领圣体的内容照常进行。如没有神父在场，由教徒念经唱歌。仪式结束后，丧家有时会通知教徒回家再次念经，人们就返回帮忙，先吃午饭再念平安经、追思经，老教徒在场念玫瑰经，年轻教徒在场念慈悲主经。如果丧家没提及此事人们就各自回家，葬礼结束。茨中村天主堂自 2008 年起有一位驻堂 Y 神父，他将当地天主教的各种礼仪慢慢恢复起来。当教徒去世后，Y 神父试图恢复正规葬礼仪式，但面临与教徒语言不通以及教徒之间并不团结等问题，他在种种障碍下为村民置办传统天主教葬礼，当地教徒也学习将灵柩抬到教堂里做弥撒或抬到坟地处做弥撒的仪式，神父穿上祭衣为教徒们办领圣体，仪式的神圣庄严使长期忘却真正礼仪形式的村民感觉很满意。

茨中村的藏传佛教徒办葬礼按照佛教习俗请喇嘛念经超度，丧家给僧人的报酬有规定，按等级不同得到的酬劳也不一样，通常一个人给一百多元。根据丧主的家庭条件，喇嘛会在葬礼上持续少则四天多则十余天时间伴随敲牛皮鼓吹唢呐昼夜念经。穿红袈裟的喇嘛红彤彤坐满房间，丧主会觉得脸上增光。结束葬礼僧人离开时，丧家要给每人带猪肉，贫穷人家根本请不起喇嘛念经。由于请的人数可彰显家庭经济状况，攀比之风屡禁不止，丧家请喇嘛少至四五人多至二十余人，其中仅唢呐手就有四至六人，最穷人家也必须请两人边吹唢呐边念经。这种耗费给滇藏边界贫困地区带来很大经济负担，人们通常为自家脸面负债累累。

贡山地区的基督教（新教）徒也常跟笔者谈及藏传佛教的葬礼，人们一致的观点是劳民伤财。当地人多务农，没有经济收入的家庭非常之多，一次佛教葬礼几乎花去整个家庭几年的积蓄。县宗教局的某官员提起他曾参加过的一次佛教葬礼，对席上的每一位来宾，丧家要准备人手一块 2 斤重的新鲜猪肉和 2 瓶酒送客，自家的猪宰光不够要上集市购买，耕地的牛也被宰杀。当地一头普通耕牛卖 2、3 千元左右，而人均年收入也就 7、8 百元左右。除此之外，要给每一位喇嘛酬劳，从百元到一千元按级别不等。一般喇嘛诵经三天左右，每人每天每顿饭要好吃好喝伺候，不能降级。这位官员告诉笔者一个相同的情况，信佛教快去世的老人怕丧事拖累儿女，在临终前改信天主教或基督教，这样不仅节省一大笔开销，教内信徒还能义务前来帮忙，丧家仅招待大家一顿便饭即可。而相比基督教（新教），天主教的仪式同样简单但更有神圣感，因此更受村民欢迎。

四川康定县城天主教徒的生活条件远高于滇藏地区，当地藏传佛教的葬礼花费巨大，但天主教徒的花费也非同小可，人们颇讲究礼尚往来的脸面。葬礼中如果神父能来就请神父主持，没有神父请教徒按照程序念经祈祷三天三夜。第一天去世时念经一天，第二天遗体停放家中再念经一天，第三天送葬念经一天。出葬时念出葬经，抬到山上安葬念经，完毕回丧家请吃饭。请来三天念经帮忙的教徒需给三天饭食，家中打杂、跑堂的因做饭活多，每人另送一条毛巾、香皂和一包烟，山上抬棺的人不用给礼。葬礼谢客正式酒席请吃一顿，最低花费五至十来万元。酒席上由主家提出多少桌几盘菜什么标准，要求写在帖子上交给主管安排。酒席大师傅给多少礼钱需看他和主家的关系，关系好的收费30-35元一桌，没什么关系的最低40-45元一桌，当地办事最低50桌，多者达80、100桌。路远的亲戚打电话通知前来，其它人一个传一个，加上有来往关系的，一天摆酒席八十桌，一桌十人就有八百人。丧事会补发请帖，收到帖的人地位重要，没有请帖的人并不重要，但当地人如果知道办丧事会不请自来，来宾需带礼金50元起价没有上限。村民办红白喜事基本亏本，关系好人脉广的人家办事就能赚钱。康定县城的天主教徒之所以能这样大操大办红白喜事，是因为经济富裕。村民主要依靠开车拉货挣钱，另有土地的人家，政府征地有较优厚补贴。笔者采访的一户藏族天主教徒给我们算了一笔账，他家土地因政府开发新城被征用时，按一亩地将近四万元作为土地费补偿，村民新买的房子由政府折价，他购买850元/平米市价的复式楼房200-250平米，其中每平米就有30%的补贴。可以说由于资本丰厚，在攀比铺张的风气习俗上，当地天主教并未与藏传佛教有所区别，这与滇藏地区的天主教大不相同。

二、云南贡山县永拉嘎村的葬礼

2009年5月21日（周四）晚十点左右，笔者在云南贡山县茨开天主堂宿舍休息时得知，捧当乡永拉嘎村的一位老教徒突然去世，会长可能在第二天前去主持葬礼，笔者欲随同前往获得许可，但再次联络时丧家却突然失去音讯，此事暂告一段落。第二日，笔者一早按计划到贡山县基督教（新教）锡安堂采访，中午时分接到电话通知尽快与会长会合前去参加葬礼。赶回天主教堂时会长夫妇正坐在吉普车里等候，去目的地需开车沿怒江大峡谷走山路1小时左右。车行5分钟停下来，二人下车进小卖部买啤酒和雪碧各两箱，这些饮料代表县天主教两会送给丧家，啤酒是给喝酒的来宾喝，对象是天主教徒、喇嘛教徒和其它不信教的人；雪碧是给不饮酒的来宾喝，对象是基督教徒（当地基督教徒忌烟酒），而笔者作为一个来宾，前去吊唁可不用带礼物。

永拉嘎的村民以傈僳族为主，多信仰基督教，也有部分天主教徒。丧家的家属亲人都是基督教徒，惟独丧主在去世前一年改信天主教并领洗归教，一年后突然离世，于是亲属尊重丧主的宗教信仰，按天主教的礼仪办丧事。按当地教会习俗，丧事没有神父主持就由会长替代，教徒们认可会长不到葬礼不能开始。在昨晚失去音讯后，丧家第二天想方设法最终与县两会会长联络成功。

下午 2 点左右，吉普车开过一段颠簸的土石泥地，路过白墙粉饰的永拉嘎天主教堂之后，来到丧主的家中。这是位于山脚下的三间房，很多人坐在路边和屋内外聊天，一切只等会长到来。穿过小截山路，进入丧家，大部分人坐在院落周边等待葬礼开始，院落中央停放着简易棺材的盖板，旁边摆放一个刚做好底部削尖的木板十字架，一人正蹲在地上手拿一碗墨汁，用毛笔在十字架上写丧主的教名。

（图片 4-1：丧主的十字架）

　　丧主的遗体停放在二层楼主屋的一楼客厅内作灵堂，从室内的简陋摆设看得出由于事发突然准备得非常仓促。正对大门的一张钢丝床上头靠墙壁脚冲大门停放去世的老人，遗体全身从头到脚蒙一块白布，身下铺一床棉絮褥子和草席垫子。旁边顶墙放着一张小桌，上面供着一座耶稣十字架苦像、两只点燃的白蜡烛、一碗清水、一枝绿叶、一卷手纸。

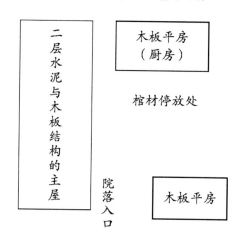

（永拉嘎丧家房屋结构方位图）

　　会长夫妇二人进屋面对遗体肃立片刻后，会长首先拿起小桌子上的绿叶和清水，用绿叶蘸了一点水洒在亡者的头部，然后放下水碗绿叶，双手合十低头默祷，会长夫人也同样作了一遍。这是天主教洒圣水仪式，代表洁净、祝福和驱邪，是对天主教梵二会议礼仪改革殡葬礼的响应，亦表达对亡者是教徒受洗身份的认同。通常由神父所为，在这里是当地两位尊敬的长者替代，会长告诉笔者如果愿意的话我也可以去洒圣水，表示来宾的祝愿。笔者在其它地方的天主堂未见过神父以外的普通教徒可以洒圣水降福或驱邪，一直认为这是神职人员的专利，这里的情况却有所不同。他们知道笔者不是天主教徒，但却告诉我可以施行圣礼中的某个程序，藉此看出当地风俗的宽容性，此时在一定范围内对亡者的敬重和祝福超越笔者自认为约定俗成的圣礼仪式。

　　丧主亲属三三两两坐在客厅沙发上，他们多是基督教徒，在一旁目不转睛地观看。会长与几位男女天主教徒交代仪式的事宜，告诉他们接下来仪式将以会长带来的台湾版《追思礼仪》和《殡葬礼仪》中内容为依照。即将参与主持的几位教徒上午从迪麻洛村赶来奔丧帮忙，在整个仪式中他们起到重要作用。交代完毕，人们站立在遗体周围开始追思礼仪，头尾加入藏文诵经，其余的仪式及圣歌均用汉语。整个下午的葬礼程序为：第一部分"追思礼仪"-第二部分"亡者入棺-上山安葬"-第三部分"殡葬礼仪"-第四部分"下山吃饭"。

第一部分"追思礼仪"持续 20 分钟左右，程序如下：

追思礼仪程序	内 容
藏文诵经	圣神降临-信经-天主经-圣母经-圣三光荣
为亡者诵祷礼	
祈祷导言	主礼领
集祷经	全体默祷、主礼领集祷经
圣道礼仪	
教徒甲读经一	乔布传
答唱咏	主礼与教徒应答
教徒乙读经二	圣保禄宗徒致格林多人后书
福音前欢呼词	阿来路亚
福音	圣若望福音
信友祈祷文	主礼带领结束，领祷员代四项祷文
天主经	主礼与教徒应答
祝福亡者祷文	主礼与教徒应答
追思礼成	全体答"感谢天主"并鞠躬
藏文诵经	为亡者、炼灵祈祷的为亡者经

第二部分"亡者入棺-上山安葬"程序开始：

几位教徒靠近遗体前，双手合十划十字圣号，为亡者洒圣水祝福。男教徒将遗体从床上抬起来，走到屋外空地的准备入棺，此时其它教徒开始歌咏第一首汉文圣歌"骊歌"，寄调 "友谊天长地久"。空地中间有两个长条板凳，上面搭一块长条木板做棺材的盖板，人们将遗体用棉絮褥子裹起来放在盖板上，然后用几条绳子从底部穿过，将棺材底盖板与遗体捆住，中间挑一根大竹竿，做了一个简易担架。与此同时，一位教徒在遗体身上从头到脚洒三遍圣水。捆放完毕，一位男教徒手持十字架走在最前面，抬棺队伍紧随其后，其余人等尾随，一路上山准备入殓，教徒歌咏第二首汉文圣歌"求救炼灵歌"，这首"求救炼灵歌"是呼求圣母玛利亚及诸圣，向天主转求恩赐炼狱灵魂早日得救的圣歌，歌词采用天主教的传统祷文，用于追思殡葬礼仪。歌声伴随着行进队伍，走在第一位手持十字架的并不是丧主的本家亲人，而是迪麻洛村的一位天主教徒，抬棺的人也是前来帮忙的周边村民和教徒。上山到墓地的路崎岖狭窄很不好走，中间歇息两次，40分钟后终于到达，所有人已是大汗淋漓。墓地是半山腰树林中的一小块平地，已经有两座插着十字架的坟茔，这是本村天主教徒的公墓。三座坟茔中靠近树林深处的一座就是今日丧主的目的，下葬坑已挖好，旁边水泥还未干透，周围摆着成块的大石板和空心砖预备砌坟用。教徒为丧主颂唱起一首藏文圣歌"公审判词"，这首歌曲是天主教末日审判的圣歌，专用于葬礼。

由于空间十分拥挤，在灵柩入殓时将要举行殡葬礼仪的教徒只能站在另一边的坟墓旁。此处已准备好一座没有封盖的棺木，人们将捆在遗体身上的棉絮褥子解开，首先在棺木底部铺了一层厚厚的白棉絮褥，再铺一床宝蓝色绣花的锦缎被，然后抬入遗体，并将身上的白布撤去，丧主头戴瓜皮帽，已穿戴整齐一身的黑色寿衣。此时人们七嘴八舌用好几种语言讨论什么，原来有人提醒要给遗体先垫枕头，接着在上面又铺一床宝蓝色绣花的锦缎被，并将准备好的其它几件完好的丧主衣物塞入棺木的缝隙处填紧，最后将刚才扯下的白布折好铺在最上方满满当当地盖满全棺，此时站在一边稍作休息的教徒开始歌咏起第四首汉文圣歌"请众教徒可怜炼灵"。当丧主的衣物与遗体摆放妥当后，人们将没有封盖的棺木开始入土，经过一番调整盖上棺盖，并用几个木栓封好棺木，教徒又唱起第五首汉文圣歌"有一条路"。人们用铁锹目测棺木与墓坑之间的缝隙距离，正打算挪动立刻被提醒："慢一点！慢一点！这个时候不能再碰开棺木，不能开了！"接着用麻绳丈量墓坑的长短尺寸，准备封墓。此时一旁的歌声停止，殡葬礼仪即将开始。

第三部分"殡葬礼仪"持续30分钟左右，程序如下：

殡葬礼仪程序	内 容
告别礼	
导言	主礼祈祷
祷词	主礼与教徒应答为亡者祈祷
为亡者祈祷文	亡者经应答祈祷，全体默祷，主礼结束祈祷。

安葬礼	
祝福墓穴	主礼与教徒应答。与此同时，人们已经用一块块的大石板将坟墓铺盖，中间空隙处及前后四围用水泥抹上，严严实实将墓坑封死。
信友祷词	主礼领六项为亡者代祷祷词，全体每项应答"求主俯听我们"并鞠躬。
祈祷文	主礼祈祷文
灵柩入土	主礼与教徒应答祝福
安葬礼成	全体答"感谢天主"并鞠躬
藏语诵经	主礼带领全体人员向坟墓三鞠躬后念经

　　第四部分"下山吃饭"，这是丧家招待的便饭，以感谢大家无偿帮忙：

　　干活的人们封好墓坑后并没有起坟，因天色已晚还要招待今天所有来宾吃顿便饭，起坟的工作就留到第二天一早完成。于是全体下山，将十字架、水泥、空心砖等建材留在墓地。整个仪式没有哭泣，有人默默流泪，充满了歌声和祈祷诵经。下山时一位村民与笔者攀谈起来，说自己是从贡山县城赶来帮忙，刚才一直参与抬棺的队伍。这位村民不信教，谈及宗教问题觉得基督教、天主教很好，其葬礼简单不像藏传佛教的葬礼请客摆饭诵经劳民伤财，但当地人还是信仰自由互相尊重。谈话中不觉已到丧家，很多人坐在院落中手捧一次性饭盒吃饭，丧家在厨房门口摆了张长桌，上面有三盆菜：花菜炒肉片、五花肉和冬瓜排骨汤，米饭在别处做好用竹背篓背过来。每人一个饭盒和一次性筷子，饭菜随添，饮料和水自己拿。笔者没有胃口吃饭，但人们告诉我这顿饭是一定要吃，否则丧家不高兴，吃完饭这次葬礼基本结束。整个程序由于没有神父和事发突然的原因，比起正式的天主教丧葬仪式简化很多。可以对照由神父主持一场完整的丧葬仪式程序：

	程序	内　容
第一部分	病人傅油礼	终傅圣事（安慰、鼓励，增强信心，为步入人生最后阶段做准备）

第二部分	入殓礼	1. 布置灵堂 2. 守灵 3. 守夜礼 4. 入殓礼	守夜礼：圣歌、祷词、读经、追思亡者、为亡者祈祷、上香、洒圣水、向亡者致敬礼、礼成。
			入殓礼：圣道礼、降福棺木、献香、洒圣水、祷词、遗体入棺、向遗体致敬、盖棺、礼成。
第三部分	殡葬弥撒	1. 引言-进堂咏-忏悔词-求主垂怜-集祷经 2. 圣道礼仪 3. 圣祭礼仪 4. 领圣体礼 5. 领圣体后经-礼成—祝福礼	圣道礼仪：读经一、答唱咏、福音、信友祷词。
			圣祭礼仪：预备祭品-献礼经、颂谢词；感恩经-成圣体成圣血
			领圣体礼：天主经-平安礼-羔羊赞-领圣体-领主咏
第四部分	告别礼	1. 引言 2. 祷词（告别曲） 3. 洒圣水 4. 献香 5. 为亡者祈祷文 6. 起棺至墓地	

虽然永拉嘎村的葬礼简化很多，但教徒能尽力做到的神圣仪式一项不少，在念经祈祷和圣歌的伴随下，葬礼平静而忧伤。天主教对待死亡的终极含义是期待死人复活及来世的生命，这可以说明整个葬礼没有哭声的原因，大家都祝愿亡者早日进入天乡得享永生。

第二节 婚礼

通常，天主教徒的婚礼按天主教七大圣事之一-婚配圣事在教堂里由神父举办，主婚人家会另摆酒席宴请宾客。滇藏川交界地区存在一个现象，几乎没有天主教徒进教堂举行婚配圣事，原因有二：其一是常年没有神父主持工作教徒无法在教堂举行圣事，其二是由于第一个原因，人们没有意识进教堂办婚礼仅按各地风俗办理酒席，这种习惯模式造成即使有驻堂神父主持，教徒们也很少提出办婚配圣事的要求。四川康定天主堂2009年9月举办了该教堂建国以来的第一场婚配圣事，这缘于新娘父亲是一个虔诚的天主教徒，他希望为自己女儿办一场不同寻常风光热闹的婚礼。云南茨中天主堂也于 2009

年有第一对新人在教堂举办婚礼，这归功于 Y 神父的努力。云南贡山地区有所不同，该地区虽然教堂最多，且至今为止没有神父驻堂，当地会长自宗教落实恢复信仰以来，仍一直坚持尽力按教会礼规为教徒办理人生大事。婚配圣事程序中除不能担当的神父角色及相关礼规外，其余皆由各地会长为新人进教堂按正式礼仪办理。总言之，四川康区、西藏盐井和云南德钦地区的天主教婚礼以各地风俗的酒席婚宴为主，穿插有一定份量的天主教内容。云南贡山地区的天主教婚礼是教堂礼仪和酒席婚宴并重，人们举行婚庆基本严格遵守教规也并不在酒席上铺张浪费，但较富裕的康定县城的教徒在婚宴花费上颇有实力。

一、口述中的婚礼-四川康定

四川康定地区由于天主教徒人数有限很难发展，不同宗教之间通婚的现象就很常见。男方如果是天主教徒娶了非教徒的媳妇，婚礼是按天主教礼节办理。2008 年 9 月之前从未有教徒上教堂办婚配圣事，人们按传统习俗在家里走礼规程序。娶亲时女方的嫁妆有多有少，但男方付很多彩礼，当地俗语"嫁女不折本，烧起锅儿等"，意味男方是随时挨宰的对象。男方提供女方和她家中老人的新衣服一套，礼服有婚纱、藏装或普通衣服。如娶信佛教的媳妇，就按佛教礼数给服装首饰，花费会更高。置办结婚新房根据男方的经济条件，有新房的人家要求必备席梦思床，旧房子的人家按原样办理。女方出亲时，男方准备包封红包，一包少则两元多则二十元，按习俗是接亲时女方母亲讨要时给，而送亲的红包需人手一个，不给红包不放新娘走。此时已通知发请帖宴客，没有请帖的人不能参加婚礼。来宾带礼金赴宴，五十元起价几倍或十倍上翻，按礼单根据人际关系以礼还礼攀比送钱。来宾聚集后，在家中点圣蜡摆好圣像，新人按次序拜天主圣体、耶稣五伤之后，拜父母老辈，再夫妻对拜。接亲拜堂后，父母要给新郎新娘红包。婚宴酒席必备十六元五一包的红椒牌香烟，酒需买十元以上的，每桌 20-25 盘菜。生活条件低于康定县城的关外地区-折多山新都桥以西道孚、丹巴等地的教徒办婚礼送米送粮不兴礼金，酒席每桌只有 7 盘菜且不能打牌，这一点与滇藏教会情形相同。

解放前外国神父驻康定地区的天主堂时，教徒婚礼由教会主持，没人也没有人敢收取礼金。新人进教堂领婚配圣事，新娘按藏族打扮包红头帕穿藏装，新郎按汉族打扮戴礼帽穿长衫外加马褂袖子外翻打扮，新郎如果是藏族人即按藏族装扮，仪式结束后人们回家做饭简单吃一顿。当地一位藏族老天主教徒告诉笔者，她结婚时全国已经解放，没有教会神父操办，于是通知亲戚朋友参加婚宴，先在家中拜天主耶稣然后吃酒。当时的酒席宴桌一排十几盘菜，新人向来宾敬青稞酒送哈达，人们送上礼金一元到五元。由此可见婚礼习俗一直延续下来没有变化，但来宾礼金和婚礼花费已翻涨几十倍金额之多，一方面反映生活越过愈好，另一方面也丢弃了教会教导的淳朴勤俭之风。

二、口述中的婚礼-云南贡山县才当组

1. 玛利亚和安当的口述

50 多岁的藏族天主教徒玛利亚是才当会长安当的母亲，不能听说汉语，和她的对话需要翻译。她告诉笔者，当地村落无论教徒非教徒按老民族传统举行的婚礼花费很大，家境富裕的人办隆重婚事，穷人结婚只能简办。玛利亚小时候看过村中名叫伯洛一家办婚礼，人们喝酒吃肉、唱歌跳舞，整整欢闹三天。天主教徒的村落逐步改变这种观念，这归功于已过世的贡山县两会会长的父亲，他从 20 世纪 50 年代起带头做节俭的榜样。人们先进教堂办婚配圣事然后办酒席，原先有神父驻堂时由他们来操办。现在姑娘的结婚嫁妆是娘家准备的牲畜，通常是一两头牛或骡、一头猪、几只鸡之类，还有不多但较好的藏族首饰，希望女儿从婆家发展起来。男方首先提亲，预备婚礼上女方的藏装和婚宴酒席。新房一般不会添置家具和新褥子，女方嫁过去就属于这个家。贡山县两会会长的儿子结婚时，男方仅给女方一个借用的结婚戒指，那是为教堂做婚配圣事的仪式上使用，女方带了一头牛和一只猪并花了三百元操办酒席，亲戚朋友来了十几个人帮忙，杀了几只鸡摆酒婚事就办完。当地女孩十七八岁结婚，人们没有去政府部分领取结婚证的概念，由于天主教不允许离婚，当地教徒家庭很少发生家庭纠纷和离婚情形。村里新生儿上户口，部门登记工作也不严格，不仅孩子的出生年月有误，还时还把名字都搞错。天主教徒最集中的迪麻洛村超生情况突出，原因是天主教不允许堕胎，但人们并不重男轻女，繁重家务活由女人全包，男人多出门打工或上山挖菌子、虫草和药材卖钱。

年轻健谈的安当作为才当会长，在村民的宗教生活中担任主要角色，他为我们叙述村中教徒如何举办婚礼。才当组教徒人数众多，没有驻堂神父主持工作，人们会尽量等到神父来村中时再进教堂办婚配圣事，但这可遇不可

求，有时会长安当只能代替帮忙领新人进教堂拜十字架。安当总共办过两次婚礼，他的原则是遇到不急需的婚事，婚宴酒席可以先摆，教堂婚配一定让新人等待神父到来。办婚宴之前，男方带几瓶酒上门提亲，双方如果愿意并能真正相扶相持容在一起，父母亲说一句话也就答应。提亲后任何时间可以办酒，人们大多选择春节农闲时间。主婚人家先定日子，然后一家家上门喊人，派去喊门的执行者需好酒量，当地习俗是请客人要送上一杯或两杯苞谷酒或白酒，送客人时像送请柬一样满上敬一杯酒，因此喊门十家就得喝十家，投机取巧的人才能喝不醉。宾客接到通知后，会拿酒肉菜还有一些挂礼红包赴宴，穷人给五元，条件好点人家给五十、一百元，攀比现象并不存在，因为教会提倡婚礼不要大办，村民都是穷人负担太重。婚宴酒席的菜品没有讲究，准备一两天就妥当，酒很关键必须好质量。贡山地区家家自种苞谷地，一为牲口饲料，一位酿酒所用。自酿苞谷酒和青稞糟酒一个多月可以酿成，低至 30 度高达 50 多度，自酿酒水不够用，亲戚要帮助准备，婚宴上必须喝酒跳舞。通常正式酒席是午饭，来宾吃完饭后会在空地中间摆一张桌子，围着桌子轮流对新人祝福夫妇永不改变之类的话语。桌子中间摆放像毛巾一样的对象，上面铺放一层松枝叶，每人前往祝福时会掏十或五十元放进去，并对新人说赶快生一个贵子买一个帽子，帽子的含义是给小孩子戴的预表希望快快产子。祝福结束后，新人如有信心永远在一起，会给来宾送祝福礼。接下来是盛大的歌舞欢乐，人们在晚间跳到天亮，还有人会在第二天继续整全天跳舞，饿了就吃菜喝酒，大家轮流跳起藏族的弦子舞和锅庄舞。这样下来，一般的婚宴酒席花费达两三千元，加上自家做酒、杀牛、杀猪，总计消耗会更多。大办的酒席花费一两万元，小规模的几千元。

2. 安东尼的婚礼

28 岁的才当藏族天主教徒安东尼担任笔者的翻译，他很腼腆话语不多。一年前在村子里举办婚礼，现有一个女儿马达肋纳，安东尼将她背在身上陪同工作并和老人一起跳舞，他为我们讲述自己的婚礼。男方首先拿现买的苞谷酒（2 瓶、4 瓶或 1 件共 20 瓶）上门提亲，女方家长同意后，提出需要几瓶酒再送一次，这是为结婚挨家挨户通知喊门时把一杯杯酒传出去所用，酒的数量少则 2 瓶多则 2 件（40 瓶）。喊门发酒通常需要两人，是主婚人家最信任的亲戚，他们带酒上门通知时间吉日，一天可以通知一个村民小组，一户喝一口酒。通知吉日是第一次喊门，婚宴当天为避免有人不参加还需第二次喊门，这次通常会把上门人灌醉。男方需要准备的东西主要有酒和新郎礼服，当地村民以藏族为主，但男人多着汉装，安东尼虽是藏族人，在自己的婚礼上也穿汉装觉得方便。大多数新娘选择穿藏装，人们认为这样比较漂亮，这算男方提供的彩礼，还另需手饰、戒指、耳环、头饰等，大约花费一二百元。

婚礼当天，来宾和新人首先进教堂一起念经祈祷，一位名叫保禄的老会长主持仪式，用藏语问对方是否愿意嫁娶，新人在十字架面前宣誓，场景和常见教堂里的西式婚礼基本相同。教堂仪式结束后，人们前往男方家赴宴，做饭的人都在等待客人。新房不需要特别布置，在房屋门口用棕叶编一个很大的门，主婚人家安排伴郎伴娘（已婚未婚均可）站在门旁等进人时敬酒。宾客上门先讲一句早生贵子夫妻恩爱之类的祝福话，丢下十、二十元的彩礼放在桌子中间的簸箕上进去吃酒。年轻的小伙子不说这些祝福语，这是已婚人群的专利。婚宴酒席约在中午十二点左右开始，男方提前杀好猪、羊和鸡并准备酒水，办置十桌到二十桌的流水席。酒足饭饱，所有人拉起弦子唱歌跳舞一直持续到天亮婚礼就算结束。

安东尼对自己的婚礼究竟花多少钱始终没说清楚（两千或五千元），当地村民对时间和钱数概念不是很精确，12 点可以是上午，傍晚也可以是下午，两千元的酒席七算八算变成五千多元，很多事情上人们比较随意。但看出来娶媳妇有一定负担，好在教会一直提倡节俭。当地婚礼是天主教婚配礼仪和本土藏族习俗的结合，老式婚礼中新人进门时，人们洒面粉预示吉祥，村民说这是藏传佛教的习惯，天主教已不这样做，从这点细节得知，当地天主教徒在确立自己信仰身份和维系本族风俗的同时将二者恰如其分地改造结合。

三、云南德钦县茨中村的婚礼

1. 口述中的婚礼

云南德钦县茨中村的肖老师为笔者叙述当地教徒举办婚礼的规矩，这些习俗是所有村民约定俗成的，并不分宗教信仰。因他的小女儿在今年底即将举行婚礼，同时他也把自家的准备情况告诉笔者。

茨中村民参加婚礼需给红包，前几年是五元十元，现在最低二十元，关系好的亲戚给五十、一百元，有些干部给得更多，通常农村婚礼来宾送红包最低不能低于二十元。

　　再穷的人家，婚宴时也需杀一头猪和几只鸡等。曾吃过家中亲戚酒席的人，自己办婚宴时就要回请，双方都有礼帐。亲戚请客时自己的礼金是二十元，自己办酒时亲戚的礼金也应是二十元，这是以礼还礼。除礼金之外，宾客还需带三、四桶粮食如玉米、小米之类都可以，另带上一斤酒或一饼茶，孩子跟着大人吃酒不需送礼。

　　主婚人家请宾客吃饭通常是午饭和晚饭两餐，婚宴午饭相对简单，吃糕点、馒头，或猪内脏做的菜和煎米肠，喝酥油茶和自家酿的苞谷酒，喝啤酒成为现在的时尚，当地自酿很出名的葡萄酒村民反而不爱喝。午饭结束后不多久，正式的晚宴就开始。酒席规定为：一桌半只鸡，两桌一只鸡，一桌一只买的现成烤鸭和一条不能少于两斤的鱼，一全桌最少12个菜品，每桌三样是纯肉菜，包括一盘煮排骨，一盘炒纯肥肉和一盘炒纯瘦肉，其余猪肉做炒酥肉或回锅肉，每样菜必须有肉。这是正式晚宴酒席最基本要求，低于这些菜品的数量主婚人家很没面子。酒足饭饱，大家聚集在一起跳藏族的锅庄、弦子舞和热巴舞，与四大瞻礼庆典中歌舞的内容相同。锅庄舞的歌词多是吉利话，如吉祥如意等祝福祝辞。村民大多会跳锅庄舞，但很少能有人唱歌，茨中村现在只有一位村民会唱锅庄，通常由他领唱集体跟着助音。大家围着圈圈跳舞，领唱人多时要男女对唱，人们唱跳得尽兴会坚持到天亮，有时最多跳至十二点或两点就散了。如果参加的人多而主婚人家也富裕，晚上通常也会给大家一顿夜餐。

　　茨中教徒的婚礼按当地习俗在家中摆酒，虽然神父来了以后，有两家新人进教堂举行婚礼，但初步尝试并不成功。当天的婚配圣事在主日弥撒结束以后顺带举行，有五六个教徒主动帮助新人参加念经，弥撒仪式刚开始有些教徒就走了，弥撒礼成感谢天主之后教徒全部离开，证婚人结婚人加亲友总共才有两三人，因此当举行婚礼时除新人证婚人和亲友以外，没有其余人在场。肖老师告诉笔者，解放前外国神父举办的婚配圣事相当隆重，新人穿上非常漂亮的藏装进教堂办婚礼，而神父也是穿藏装主办圣事，主婚人家也会摆酒，但一般不请神父到家里做客。可见一斑今非昔比，作为曾经是康定教区云南总铎区主教座堂所在地的茨中天主教会，即便有过辉煌历史，一切也需从头来过。

2. 茨中村的藏族婚礼

2009 年 12 月 15 日至 2010 年 1 月 2 日笔者的第四次调研中，赶上藏区村民的婚礼高峰期。当地人通常选在农忙后及春节前的时间里举办喜事，因此在滇藏公路的汽车上，笔者遇到数拨参加或准备婚礼的人员。住在偏远山区前去赶集的男男女女用大汽油桶采购百斤左右的鲜鱼，成箱的猪肉、大包的糖果瓜子、喜气冲天的鞭炮、跳舞用的衣服和德钦藏族特有的头饰帽子等等一路颠簸赶赴婚礼。原本狭窄的面包车内常挤满座、站、蹲或半蹲各样姿势的村民，加上沉甸甸的货物，走在随时会发生险情的滇藏公路上，让我们不由得听天由命，因为每一辆车况都是如此，而断路、碎石路、堵车、塌方、山体滑坡等路况险情随时都有发生。同车的村民对此却习以为常，人人都眉飞色舞喜庆异常，并热情邀请我们参加他们的婚礼跳舞喝酒闹通宵。[1]

茨中村自 12 月 20 日开始到元旦后，几乎每天都有婚礼，其大部分是天主教徒人家主婚，但无一家进教堂办婚配圣事。人们习惯上送请柬邀请神父及通知四邻参加婚礼吃酒，每家婚礼都遵循当地民俗办理程序基本相同。

12 月 27 日晚笔者赶赴茨中村时，两户刘姓人家的婚礼进行到晚间歌舞的最高潮，两家均是天主教徒，但不办教堂仪式只举行藏族传统婚礼。盛装的男女围着篝火高歌欢舞弦子舞曲，人们告诉我藏族婚礼中要请来会唱歌的前辈歌唱"当协"祝福新人（藏族说唱艺术），由于传统艺术逐渐在失传，找到擅长这些技术的村民已经越来越难。27 日刘姓人家的婚礼请到一位汉藏语均精通亦可以演唱"当协"的村民作为婚礼司仪。而笔者参加的 28 日曹姓人家的婚礼中没有人能演唱"当协"，因此无缘眼见耳闻。

> 吟诵体的歌谣藏语称"当协"……大部分是庆典礼仪颂辞……
> 在藏族的礼仪习俗中，送礼品、献哈达要吟诵礼品诗词和哈达赞辞，特别是婚礼仪式上，最少也要致上两句表示祝福的诗词。吟诵得好的一首婚礼祝辞长达一个多小时。因此，举行藏族传统婚礼要一天一夜才能完成所有的仪程。[2]

12 月 28 日，笔者全天参与茨中村一场曹姓人家的藏族婚礼，新娘是本村的藏族天主教徒，新郎是非教徒的剑川汉族小伙，婚礼按藏族传统习俗办理。

---

1 本节涉及到的锅庄舞和弦子舞会在下一章"仪式的外延-教堂外的歌舞"中详述。
2 普鲁华主编《香格里拉深处》昆明，云南科技出版社，2005 年，第 302 页。

27 日开始主婚人家就请来亲朋及厨师帮忙准备酒席，28 日正式婚礼开始，29 日一天是帮忙的自家人吃酒放松，如果高兴还可以按正式婚礼一样再来一遍且可以戏弄新人。

28 日早晨十点左右笔者来到曹姓主婚人家，此家人位于茨中村村口临近茨中桥头，交通较为方便。进入院落门庭处，土墙上张贴大大的红纸金字的婚礼执事榜和菜谱。执事榜标明每位分工人员，分配如下（姓名略）：总理 3 名、秘书处 8 名、酒司 4 名、果司 4 名、厨师 14 名、茶师 3 名、饭师 17 名、弟兄长 2 名、组员 19 名。

菜谱如下：

茶点：1、馒头 2、饵块 3、糯米花 4、奶花 5、饼子 6、果子

7、猪肺 8、米肠 9、米糕 10、米花糖 11、凉粉 12、马子旺

果碟：1、喜糖 2、石榴 3、苹果 4、板栗 5、瓜子 6、桔子

7、饼干 8、小柿子 9、虾片 10、米花 11、花生壳 12、金麦圈

晚餐：1、大肉 2、鸡肉 3、鱼肉 4、烤鸭 5、排骨 6、油炸排骨

7、江边辣 8、蛋花 9、瘦肉炒松茸 10、三丝凉拌 11、花生

12、青椒炒瘦肉

在大喇叭播放欢快高亢的藏族民歌中，村民三两聚集在屋外的院落送礼金（当地人称"挂礼"）。当地习俗是参加婚礼的每家一斤酒、四桶米（一斤半/桶）及最低 20 元的挂礼。头一天 27 日本村刘姓人家的婚礼因为来了太多亲戚，收礼金的人员分为三个：唱名、登记和收钱，总收入达到 5、6 万元，而婚礼总支出为 1 万元左右。其中有两名从西藏下来做生意的亲戚，每人奉送的挂礼为五千元，而他们本人则悬挂铁链般粗大的金项链。曹姓人家的婚礼没有来太多亲戚，因此收挂礼的人员只有登记和收钱两名，笔者按习俗送上每人 20 元的挂礼，我们的名字被单独记在礼金红单的一页上。屋内每一个房间都摆放满酒菜肉食，主屋内的布置别具特色：中柱和四围的立柱都挂着耶稣像或天主教挂历，上面均系着白色哈达，正中墙面从左至右并排贴有毛主席画像、耶稣圣心像和年年有鱼发财像，两边有红纸金字对联为"无始无终大元尊、全能全知真主宰"，这些画像对联用白色哈达围挂，中间系成一大花球，顶上方为横批"立教元尊"，顶下方为大红喜字贴纸。在院外一角设了四五个大灶热火朝天地翻滚炒菜，院落中央摆放 12 张小方桌和长条凳。11 点钟礼宾人员招呼大家"喝茶"，这是婚礼的头一餐即茶点，这里的

茶不是汉族的绿茶红茶等而是藏族的酥油茶。茶桌点心除了一两样是买来的，其余都是主婚人家自己加工，有些糕点的花色造型很漂亮，口味是云南本地风味加藏族特色。当一桌有三四个人吃完预备离席时，全桌人都起身撤席，因是流水席，吃饭速度不能太慢，而没有装扮的新郎新娘此时都前来帮忙端茶递水。

茶点吃到下午 1 点左右，一拨人已经前去在屋子另一边的空地处，婚礼即将在那里举行，长条桌被并排围成一面开口的回字形，正中间摆放一张小方桌和板凳。一块彩色织布挂在主席台后方的松柏上围成一面，上面贴有对联"两颗红心向党，一杯喜酒迎宾"，横批"共倾主恩"，中间贴一大红喜字，左上方贴有圣母圣心像。吃完茶的村民已三三两两来到此处闲聊等待婚礼开始，席位按男左女右分开，参席的女人多是艳丽的藏装，老年女人缠着紫红或深红色的茧绸头帕，中年女人戴着蓝色或绿色的解放军帽，年轻姑娘们多着汉装，而男人们也一律汉装出席。晚到的宾客依然在吃茶，新人此时已在二楼梳妆打扮，汉族新郎穿上隆重鲜艳镶有虎豹皮的藏族礼服，戴上高立的藏式狐皮帽，足蹬皮底绒帮的藏式长统靴。新娘头戴澜沧江藏族特有头饰"恰扎"[3]，身上挂满藏式金银首饰和珠玉，五彩鲜艳分外夺目。伴郎与伴娘的装束与新人却是同样的华丽雍容，让人很难分辨究竟是谁结婚。二楼屋外的地板上码放着饭碗装好的 12 样果碟共 12 行，一色一码普通的饼干果类如此铺开排场变得甚是壮观。此时负责果碟的人员开始用锅盖和笼屉盖充当托盘一轮轮为婚礼现场上果碟，沏茶的妇女来了三四位均是盛装上场，不一会鞭炮在家门口炸响预示婚礼即将开始。新人的哥哥为现场中间的小方桌铺上塑料布，摆上两瓶塑料红花，并挂上一条白色哈达，这将是新人在现场休息的位置。新人穿戴完毕从屋内由傧相陪同来到婚礼现场，由于身上佩戴很多银饰，新娘和伴娘走起路来哗哗作响。四人径直走到主席台前，司仪宣布婚礼开始，由于新郎听不懂藏语，新娘父亲首先起立向新人用云南土话说了很长一段时间话，教导二人互相尊重适应彼此的生活习惯和宗教信仰。说毕献上红绣球绸带大家欢呼起哄，由伴郎为新郎系上，此时新郎父亲再用藏语祝福献上白

---

3 "恰扎用蓝色毛线编成头套，在头套上分节绕上红、绿和粉红色三种毛线点缀，再接上两节约六寸分长绕有银丝杆的红丝线缨穗，佩戴时套上头套，将两节银丝杆插在额顶右侧，红丝线缨穗则垂于右耳后"-普鲁华主编《香格里拉深处》昆明，云南科技出版社，2005 年，第 314-315 页。

色哈达。接下来新郎父亲起身祝福并为新娘献上红绣球绸带和白色哈达，在大家一片欢呼起哄声中由伴娘为新娘挂上。新人回到小方桌处坐下休息，人们继续吃点心喝茶聊天。此时主席台上的几位长者开始歌唱藏族的婚礼祝辞"勒龙"，演唱中人们不时商量下一句的内容，曲调自由缓慢，拖腔较长，共有五句。

勒龙（茨中婚礼）

孙晨荟记谱

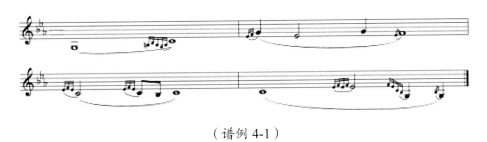

（谱例4-1）

"勒龙"婚礼祝辞调-五福祈愿：（歌词大意，本村藏族村民集体翻译）

> 雪山怀抱盛满圣水，愿污垢远离永保圣洁；
> 美丽草原开满鲜花，愿蜂儿远离永保芬芳；
> 肥沃田野五谷丰登，愿鸟儿远离永保丰收；
> 山崖坚壁青柏挺拔，愿刀斧远离永保茁壮；
> 谷底草木皆为供奉，愿畜牧远离永保圣洁。

几位年长者轮流起身讲话祝福新人，每位都献白色哈达给新郎，不一会腼腆的汉族小伙身上挂满白色哈达，"勒龙"就在每位的祝福辞之后轮番吟唱。下午的婚礼在休息、闲聊和祝福声中持续，当天没有太多会唱歌的长辈，不能对歌的情况使婚礼祝辞较为简短，仅有仪式开始新人进场时、中间部分和结尾新人退场时的祝辞调（即五福祈愿）。三点左右婚礼结束，人们陆续回到早晨吃茶的场地，开始正式的晚宴酒席，每桌菜碟如同菜谱上写的一致。此时新郎手拿酥油茶壶，新娘手捧托盘，内有两个装满酒的酒杯，一条白色哈达，盘内洒满白米。二人开始每桌敬酒，长者作为每席代表祝福，亦有个别人用歌声祝福。流水席的正餐中，几乎没有人碰"大肉"这碗菜，现在人们已经不缺油水，但做这个菜的习俗依然存在。餐桌下的土猫狗在人们的大腿之间穿行，快速吞吃残渣的咀嚼声甚至超过餐桌上人们的进食声。吃完一桌的宾客擦擦嘴角离桌，人们迅速打扫桌上的残羹剩饭并招呼下一桌宾客，此时的动物们更加欢快地奔向餐桌椅角。萧瑟的冬景、土黄的耕地、金灿的柿子树、浅绿的澜沧江、彩虹般的藏装、欢快乱窜的猫狗、尘土中夹杂着饭菜香味，乡村的婚礼在这一片完全不同与城市的井然有序中，与自然融为一体。晚宴吃到约五六点钟，很多宾客回村中各家休息片刻，储蓄能量以便晚上参加最欢快也最耗费体力的舞蹈庆典。

藏家婚礼的舞蹈分为两拨，长者通常在屋内跳锅庄舞，年轻人在屋外跳弦子舞，两组互不干涉。婚礼上的锅庄是庄重、祈福、程序化和颇具难度的歌舞，舞蹈动作和曲调较为简单，难在歌词对唱的技巧。婚礼上的的弦子舞是年轻人欢庆的对象，舞蹈和曲调优美欢快，歌词变化多样。在茨中村，人们习惯上称呼的"弦子"和"热巴"都指弦子舞（热巴舞实际是另一种舞蹈）。

锅庄和弦子两种不同的歌舞同时出现在婚礼现场，通常守夜跳到天明的却是长者的锅庄舞，年轻人的弦子舞约在12点左右就散了。村民解释这一现象的缘由为：锅庄舞是传统中必跳的祈福仪式，现在主婚人家最在意能否请到长者到自己的婚礼仪式上跳锅庄，持续时间越久福气越大，而长者一旦进入歌舞佳境，往往能从头天晚九十点左右跳到第二天晨九十点左右。如今会跳锅庄的人大多在60岁以上，通宵歌舞的体力消耗甚至非一般年轻人所能承受，而这些纯朴的乡民一旦被邀请，他（她）们多是尽力歌舞祈福。茨中曹姓人家的婚礼仪式中，笔者就亲身体会到这些长者的真情。而弦子舞在历史上曾被认为是难登大雅之堂的"俗乐"，因此早先的婚礼中并没有这种舞蹈。如今锅庄舞的衰落和弦子舞的兴盛使这一状况产生变化，在很多庄重及欢庆的场合中，弦子舞成为主角。茨中村的婚礼中，人们更倾向尽力保留传统及对祝福的祈求，主婚人家并不在乎跳弦子舞的人们会玩到何时，因此跳累的年轻人多在夜寒疲惫时散去睡觉。

笔者在晚宴之后休息片刻于晚上七点左右再次抵达婚礼现场，此时外院已经升起篝火，有七八个男女围成圈开始弦子舞的预热，而主婚人家正在村中邀请跳锅庄的长者。不多时陆续来了约有十来位男女老人进入主屋内坐下，其中一两位尽显庄严姿态。新娘的哥哥告诉笔者，锅庄舞程序严谨复杂，歌词异常优美，但翻译出来较为困难。首先开始的是引子部分"呔"，开始请出吉祥锅庄。男人们围成一圈坐在上席，女人们站在面前手捧白酒和哈达开始歌唱，男人们应答。这是座唱的程序，表示对男人的尊重并歌唱邀请起舞，女人要多次献歌多次相邀，而男人要多次拒绝多次摆谱。曹家人说这是旧时男尊女卑的传统之一，但今天在女人队列中有一位年长的老奶奶，因此男人队列摆架子的时间不会太久。男女对唱约五分钟之后，女人们开始手拉手歌舞，这个程序持续到九分钟左右，坐席的男人们终于端起酒杯站立高歌。

锅庄舞曲谱-引子部分
（茨中婚礼）

孙晨荟记谱

（谱例 4-2）

要记录和翻译出婚礼上所有锅庄舞的歌词是非常困难的工作，一方面歌舞持续时间太长，歌词内容变化过多。另一方面语言障碍造成翻译困难，且锅庄歌词的丰富内涵及严谨对仗等特色，对翻译人员均是挑战，这种情况模拟将唐诗宋词译为外文。此处仅简单举出由当地村民为笔者翻译的锅庄引子部分的歌词大意：楼顶五彩经幡，请出吉祥锅庄。上席万字符像，请出吉祥锅庄。火塘金光闪耀，请出吉祥锅庄。坐席四周围绕，请出吉祥锅庄……

引子部分结束之后，锅庄舞的主体部分也是时间最长的部分-祝福、迎宾、赞美、相会的相关内容即将开始。由于屋内太小，人们打算在屋外下午吃饭的地方跳锅庄，主婚人家赶紧准备篝火，不多时悠长缓慢吟诵式的锅庄舞开始，同时主屋进门处年轻人的弦子舞已渐进高潮。锅庄舞的固定程序曲目在《邦锦花儿开了-德钦藏族弦子、锅庄词曲选》中有记录，书中"锅庄"的第一首歌曲是"地方很好"，赞颂场地并日月星辰，曹家婚礼的锅庄首唱即这首锅庄。该书按照锅庄舞主体的祈福-相聚-迎宾-祝福-辞别等大致程序记录整套舞蹈的代表性歌曲谱例，曲目如下：地方很好-金色松鸡-智慧的太阳-迎宾歌-金色的雄鸡-金光闪闪的村庄-这个地方-远方来的客人-在那吉祥的山庄-梭呀-跳长寿舞的地方-毛主席带来好时光-嗦里呀-东方的察里、芒康和中甸-拉萨平原-草地这边那边-牧人歌-寄歌-辞行歌-送别歌-劝歌-今晚锅庄-有缘相会-真好。这部分内容从午夜持续到天明，约在晚12点左右，主人家煮粥作为夜宵请大家暖身，粥中放油和盐就着茶点可以很好抵御冬日高原夜间的寒冷。锅庄舞中最年长的约有七八位老人全神歌舞，从起舞到吃夜宵的休息时间两小时左右从未停下脚步和歌声。休息片刻进入午夜，年轻人群中的篝火渐弱，弦子舞队开始散去，而锅庄舞队方才开始。曹家长者告诉我们，主体部分跳到天明，最后有一个结束部分，人们要进主屋唱歌，从房顶、二楼、一楼、中柱、四围、牲畜、财物、健康等等每一样都要祝歌，所有挂在中柱上的白色哈达要逐一祈福，让吉祥福气和人的精、神灵都留在这一家中，锅庄舞就算完全结束。

由于第二天要赶路离开，笔者一行参与到近凌晨一点左右，在老人们缓慢的长腔中伴着山间的月色回客栈休息，期间已是疲惫不堪。高原的日出按北京时间计算显然缓慢了许多，早晨七点钟天色宛如夜间，在仍然继续的长者的祈福歌舞声中我们离开茨中村。茨中的藏家婚礼亦成为传统与现代文化交织变迁的一个范例：在酒席婚宴中，DVD播放电声音响的藏族歌舞音乐充斥现场；在结婚仪式中，传统的"当协""勒龙"等依旧为核心内容；在婚礼庆典中，代表传统意义的锅庄舞在屋内祈福吟唱，代表现代年轻人喜好的弦子舞在屋外高歌欢舞；而天主教、藏传佛教及汉族等多民族宗教的传统习俗混融在这场婚礼上更是充分展现。

附：茨中婚礼弦子舞部分曲谱（无歌词）

弦子舞曲谱-额拉哟
（茨中婚礼）

孙晨荟记谱

（谱例4-3）

弦子舞曲谱-索拉打谢
（茨中婚礼）

孙晨荟记谱

（谱例 4-4）

弦子舞曲谱-邛拉亚吉
（茨中婚礼）

孙晨荟记谱

（谱例 4-5）

第三节　洗礼及其它

　　滇藏川交界地区的天主教徒基本遵循教会传统，在孩子出生第八天进教堂领受洗礼，或根据情况在孩子长到几个月后领洗。虽然当地教会主要依靠这种"传代教"的方式延续，但一些地方也努力向成人传福音。云南贡山地区近期来每年都有数字新教徒领洗，而四川康定教堂也陆续有人新领洗入教。无论是孩子还是成人，每人都有一位已领洗的老教徒是他们的代父母，作为信仰灵性上的监护人和模范者。有神父的教堂由神父为领洗者施行洗礼，没有神父的地方由当地会长或德高望重的老教徒执行。为孩子和新入教者进教堂洗礼，不仅是多了一位同道的教徒，更是对一个新生命的祝福。每位新添成员会取一个教名（圣名），藏族教徒只有教名，有些还有汉语名字，女性多为"玛利亚"、"马达肋纳"、"德肋撒"、"瑟斯利亚"等，男性多为"保禄"、

"若瑟"、"安当"、"匝加利亚"等。这些藏民之间对若干个"玛利亚""若瑟"指的是何人心中一本明帐，只苦了笔者这群外乡人摸不着头脑。汉族教徒的教名是音译汉文发音，而藏族教徒的教名是标准原文（拉丁文或法文）发音，当旅游者听到藏民这样的称呼时难免感觉惊异。

当地天主教徒的精神需求有一个重要环节-求弥撒，对于有神父驻本堂的教徒来说，他们会积极请神父做弥撒祈求祝福平安。云南茨中教堂的藏族教徒自从神父来本堂之后，每主日礼拜天都有人主动找神父求弥撒，通常是平安经、慈悲经或追思亡者经。求弥撒的钱直接交给神父，少则十二十元，多则五六十元。人们很少往教堂奉献箱里投钱，这几乎成了外地旅游者的专利。一般情况下，教徒自己有事情或有需要请神父帮忙，就直接找他给钱求福。四川康定天主堂的情况基本相同，教堂平日没有奉献钱款，教徒找神父求弥撒时会捐钱。该教堂每周一至周六下午两点，老教徒进堂念玫瑰经，结束后会有专门为教徒需求而做的弥撒。教徒在仪式开始前告诉神父自己的意向，做弥撒时神父会特别纪念代求祈祷。笔者调研时，当地一位教徒的孩子考上本地高中，因此拿了 20 元找神父求弥撒做感恩。教堂没有另外的收入，[4]神职人员除担任天主教两会官职有工资之外也没有经济收入，因此大部分教堂财政缺乏仅贫困维持，也有一些教堂如康定天主堂出租或经营不多的教会教产情况便好转很多。

当地天主教徒对亲人的纪念并不在清明节期，而是参与天主教会统一在十一月的追思已亡节，教徒先进教堂念追思亡者经和平安经，然后全部人员一起去教徒集体公墓扫墓，通常每位教徒的墓地装饰虽不相同但都很简单，唯一不变是矗立的十字架。人们在墓碑写上或刻上亡者的神圣教名，标上一句天主教的祝福话语如"永光照之"，将同一信仰的人葬在一起，意味着生死均为弟兄姊妹。追思亡者的生者到墓地后，打扫干净采放鲜花摆在墓碑前，有神父在场会洒圣水祝福洁净，没有神父在场教徒集体祈祷结束。

人们最隆重的时光除四大瞻礼庆节之外就是春节，滇藏川交界地区的天主教徒多是农民，一年辛劳之后的休息欢乐非常愉快。人们煮七八大碗菜有什么吃什么，云南当地会杀多头猪腌琵琶肉，杀鸡炒熟做侠腊装酒，还有粑粑、油饼之类，热热闹闹忙碌很久准备过年。年三十晚上五点半或六点两三

4　与天主教会不一样的是，基督教（新教）基本奉行教徒十一奉献制度，即将收入的十分之一捐献给教会，因此后者基本能自足。

家聚在一起吃团圆饭，有电视的人家看春节晚会。年初一村民聚集在教堂旁边玩耍，唱歌跳舞打篮球，一直玩到过完年。

本章小结

　　人生礼仪是开放的层面，因此在其形式上可以融入更多的本土文化。天主教尤其注意将这些民俗中与之信仰相悖的内容小心剔除，葬礼是典型的体现，而婚礼内容则开放得多。从神学含义及宗教层面来说，死亡事件足以体现人们的精神世界观，这是宗教层面的领域，亦是神学界定的指引，婚礼并不涉及这一切。从一个人出生接受的生命仪式到婚嫁成人仪式到新生代的生命仪式再到去世归天的终结，人生礼仪伴始终随着他（她）并赋予其生命的精神意义。本土融合之后的天主教人生礼仪在滇藏川交界地区的教徒身上，很恰当地将其信仰身份和民族身份之间的界定线模糊消融，并形成独特的当地文化。

第五章　仪式的外延-教堂外的歌舞

　　云南藏区和西藏的天主教徒逢宗教大节日和春节时，会聚集在教堂外的空地广场跳圆圈舞欢庆娱乐。这本是藏族人庆祝节日的传统方式，但挪移嫁接至天主教文化中颇有意味。中国各地天主教会在宗教节日的庆典部分都会或多或少掺入本土文化，例如太原教区的威风锣鼓、陕西教会的笙管丝弦、上海教区的沪语圣歌无不令人眼前一亮，但它们充其量不过是增色点缀之用。滇藏交界地区天主教庆典歌舞沿袭百年传承，其欢悦之情和内容份量甚至超过神圣仪式本身，成为人神共庆的盛宴。在敬神的庄严教堂礼仪结束后，教堂外娱人的歌舞庆典必然出现，它欢庆于规定的节日时间内，少则三四时辰多则几日夜的通宵达旦，把它看作教堂内仪式的外延并不为过，实际上这已然演化成另一种不同于其它地方而约定俗成的仪规程序。

第一节　历史中的歌舞记载

　　藏族民众喜好歌舞，在欢庆的农家日子里围着圆圈乐舞酒歌，在庄重的宗教节日里连臂环绕载歌载舞是自古以来的传统。藏族的歌舞种类繁多，主要分宗教和民俗两大类。天主教进入边藏地区之后，在其区域内的皈依民众弃绝敬神拜鬼的宗教类歌舞，却把民俗类歌舞原样照搬到西洋宗教节日中，这些歌舞主要是流传于康巴藏区的弦子舞和锅庄舞。有学者将民俗类歌舞分为习俗型和礼仪型两种，这两种歌舞属于前者。

　　舞蹈在藏族宗教节日和民俗娱乐中起头收尾，可以说几乎在样样公开活动中都不可缺乏。藏族天主教徒集体娱乐的弦子舞和锅庄舞主要出现在天主教四大瞻礼节日庆典和春节中，在当天教堂内的仪式结束之后，人们聚集在教堂外的广场歌舞欢乐，这已成为约定俗成的"节日"。之所以藏族传统歌舞能与西洋天主教节日融为一体，传教士一定程度上的宽容态度起主要作用，因此这些地区的天主教文化至今保留浓郁生辉的本土特色。

一、弦子舞和锅庄舞

前文已涉及弦子舞和锅庄舞的部分内容，这里作为歌舞种类再做详述。弦子舞和锅庄舞是康巴藏区最流行的集体圆圈歌舞，云南藏区和西藏的天主教徒在自己的宗教节日中将其带入欢乐。年轻人喜爱欢快跳跃的弦子舞，老年人喜爱庄重舒缓的锅庄舞。云南贡山和德钦地区的教徒擅长贡山和德钦弦子舞[1]，西藏教徒擅长盐井和四川巴塘弦子舞，他们自拉自唱自跳，保留纯粹的民间风格。四川康定地区的天主教徒与之不同，无论汉藏民族他们从不在宗教节日里跳这些藏族歌舞，只是参与群众娱乐时会同舞流行的"新式锅庄"，其新在于不用自己歌唱，大家伴随广场上大喇叭放出的磁带或 CD 悠然起舞，音乐都是加入电声制作完成，在藏区很受欢迎。甚至女性的藏装也与众不同，没有五彩的氆氇和厚重的毛毡，衣料轻薄垂摆色彩纯一，剪裁高腰束胸贴身塑性称为"改良藏装"，再加上一双高跟皮鞋和珰的耳环首饰，新式风格种种浑然一体。

弦子舞和锅庄舞由来已久，民俗传说中描述这两种舞蹈的源流充满艺术想象力。弦子舞和锅庄舞的风格有别，前者轻快优美，后者庄重有力。弦子舞藏语称"谐"、"叶"、"忍"、"康谐"等，主要跳于藏族节日中，男人手持伴奏乐器马尾胡琴"弦子"，女人彩袖起舞，对唱应歌或离或合。锅庄舞称"卓"、"果卓"等，是一种无伴奏的圆圈舞，根据舞蹈场合的不同分为形式相同但风格各异的农区、牧区和寺庙三种主要类型。这种围着火塘载歌载舞的无伴奏圆圈舞形式，不仅存于藏族，在整个藏彝走廊的多种少数民族地区都有锅庄舞，可以说是一种流传很广的民俗乐舞。

康巴藏区民众喜爱弦子舞和锅庄舞，婚俗嫁娶农闲娱乐无不歌舞成性，欢乐之时通宵达旦。清同治 13 年（1887）《章谷屯志》记载：

> 夷俗每逢喜庆辄跳歌庄，自七八人至一二百人，无分男女，附肩联臂绕径而歌，所歌者数十百种，首尾有定居，集中所歌在人变换之巧拙，其语有颂扬者，有言日月星辰者，有论阴晴风雨者，有念稼穑

---

[1] 云南藏区的弦子舞主要受四川巴塘、理塘的弦子舞影响，可参中国民族民间舞蹈集成（云南卷）的内容。

之艰难者，有谓织纴之辛勤者，有尚鹿麇侯者，有壮牛羊之口湿者，有诮惰而称勤者，有男女相爱悦者，有互相赠答者，有互相讥讪者，有叙离合忧思者，有怀野田草露者，悉以足之疾徐轻重为节，呕、哑、嘲、晰，虽难为听，周折转旋颇堪寓目，亦歌无中之别派也。[2]

民国时期，朱增鋆等纂《道孚风俗纪略》记载：……成婚日，各亲友蛮女来贺，执帕结队，牵手作圆圈形，或唱或跳，或屈一足作商羊舞，俗呼之为跳蛮鬼，又谓为跳锅庄。[3] 民国时期，段鹏瑞纂修《盐井乡土志》记载：西番音乐颇存古意，惟歌妆弦子浸成靡靡之俗。其在无业蛮民沿门唱歌求食，及岁时以之供番官差使者，一如内地之鞠部梨园无异。独不解所在蛮民子女，每遇年节，亦无不以此为乐，盛妆饰杂还并进或因事，未能与兴会。此心缺然，几成陋俗，然西戎土音流传已久，亦自有足备采风者。如歌妆无乐弦子有乐，歌妆无舞弦子有舞，且歌妆无论二三十人以至五六十人，皆环绕广场，夜则爇薪其中，以照其队，或三或五，乍离乍合。其步武有前后照应，无旋转俯仰，其音粗以厉，更唱迭和，此歌妆也。弦子则辅以胡琴察瓦冈以南又用蛮四弦形如拨阮而差短，其男子之入歌队者，皆手持牛尾，女子皆执鼗鼓环绕广场一如歌妆。惟其音以弦为纵合，以鼓为节奏缀兆疾徐靡不动中，此前人所以指为即古葛天舞之遗意也。近日外国学堂唱歌作乐，和性忘劳，小学堂皆有一门功课，故巴塘设校，即编唱歌课本，感发其忠爱之心，以此易彼是大有益于风化矣。[4]这段记载说明弦子舞与锅庄舞的区别在于有无乐器，但文中提及弦子舞中男子手持牛尾，女子手持鼗鼓的形式更接近热巴舞而不是弦子舞。

类似的史料记记并不在少数，这些民俗歌舞在四川康定地区被当地天主教徒认为与佛教有关联，因而不再自己的宗教节日中触及，而在云南藏区和西藏的天主教地区中成为本土与西洋文化最佳的结合点。

二、教堂外歌舞的记载

我们鲜有资料了解历史中滇藏川地区天主教的文化情形，前文叙其原因一为历史原因造成的相关数据极度缺乏，一为仅存不多的数据多为拉丁文、

---

2 杨曦帆《藏彝走廊的乐舞文化研究》民族出版社，2009年，第210-211页。

3 朱增鋆等纂《道孚风俗纪略》中央民族学院图书馆，1979年，婚嫁。

4 段鹏瑞纂修《盐井乡土志》中央民族学院图书馆，1979年，音乐。

法文等外文原著，查阅难度较大，且相关内容零星词组。这些障碍使国内对滇藏川天主教文化的研究目前为止几乎处于空白状态，2001 年出版的《永不磨灭的风景香格里拉-百年前一个法国探险家的回忆》，为本书的写作提供宝贵的相关数据。该书作者前往云南德钦县图书馆，查阅茨中教堂存遗的 300 余册法文原著，最终从 26 部约 1000 万字的外文原著中寻找蛛丝马迹着译成此书。可见，对这一地区的历史文化研究是一个费时费力的浩大数据编纂工程。笔者在此书中查阅到百年前藏族教徒过天主教节日较为详细的片段描述，可史今衔接并藉此对比当下的情形。

百年前一位法国探险家在他的日记中记录云南藏区的"香格里拉"探秘之行，其中提到迪庆藏族自治州德钦县燕门乡巴东村藏族天主教的一次圣诞节，标题名为"异国圣诞节"：

> 圣诞节期间，蒙贝格神甫来巴东呆了三天。同时阿德菌（巴东藏族奴隶主亦是天主教徒，笔者按）收到从八莫（Bhamo 缅甸地名）发来的几箱货物。这些货物从法国运送到此地，花费了整整一年时间。里面许多东西已被打碎，甚至从撞破的货物箱缝隙中漏掉了，但是他称之为"机器"的留声机仍完好物整。在人群当中，在中国的灯笼和火把照耀之卜，开箱拆包所有这一切物品，占据了整个圣诞节之夜。阿德菌让他的同胞们听我们的歌剧乐曲，他们惊得目瞪口呆。实际上，他们惊愕的是，我们的歌剧乐曲竟在荒漠上，在僻静凄凉、渺无人烟的地方存活即唱了一年之久。我的听觉已习惯于汉族和藏族的乐曲旋律，该旋律在欧洲可能被视为"噪音"。记得第一次旅行回来时，听着这类音乐，我会产生在看见穿着胸衣、高跟鞋和戴着大帽子的欧洲女人时的同样感觉。这类乐曲旋律含有某种虚假、非自然，夸张、故作高傲的东西，散发着矫饰、人工雕琢的气味。有点调皮的汉族音乐与藏族音乐一样，具有天然的柔韧，如同女人的裸体。它拥有强制性的悲伤重音，以及使整首曲子都均匀一致的统一节拍。今天晚上的听众都在寻思，我们的音乐为什么时而跳跃，时而无精打采。博学深奥的音乐太特别、太富于形象化的比喻，并且令人困惑，能够以人们关于大自然的观点，从遥远的将来和悠久的过去评价事物。我从未有过像今天晚上的这般感觉，把一件非常美好的东西移植到外国，是多么地艰难。

为了做半夜弥撒，人们给我在祭坛后放了一把垫着豹皮"褥子"的中国式扶手椅。谨慎小心的扎德把我的手笼也放在那儿。所有这些在唱诗的基督教徒呼出的气息，在寒冷的空气中变为水蒸气，在大蜡烛的照耀下形成一些光晕。在四处寂静的黑夜中，从外面观看，这大概是件奇怪的事情：在巨大的、异教的亚洲深处，在这所小教堂中举行圣诞弥撒。为了领圣体，男人们脱掉帽子，展开他们的席子；女人们解开用做面纱的头巾。

第二天，整天都在庆祝。神甫和我从廊台上抛出一些珊瑚颈饰。男人们和女人们一样，对此同样爱好。女人们立刻抢夺来装饰在头发和耳朵上，没有镜子，但却套放得准确稳当。她们中的许多人都很漂亮。在巴东，女人们的确长得漂亮，与生活在附近的丑陋摩梭女人形成鲜明的对比。

下午，人们在院子里跳舞，男人和女人主人和奴隶、基督教徒和非基督教徒兄弟般、亲如手足地混合在一起。在加入跳圆舞的圈子之前，主人们和异教徒们曾提出过异议。镇长是个基督教徒，为此结果感到自豪。他对我们说："我们已经把山羊和绵羊放到一块儿。"我送给他一顶无边软帽，他一直戴着，甚至睡觉时也不摘去。这件礼物，曾使我赢得一次有关慈善事业的成功演讲。有一天，他问我，我是否去过"Judée"。"从前的Judée"，他把它想象成相似于我故乡的"西方天堂"，而我却将它想象成他的故乡。在那里，人们用比喻和寓言表达自己的思想感情。

人们一边跳着，一边还当场即兴表演，并且唱着我们的赞语。我猜想，他们有一些预先编创好的口头禅，在上面添加上这些天真的赞语；而集体说唱的即兴表演，那就可能是圣迹造成的。他们的舞蹈是一个农民圆舞，就像我们法国外省的那样，跳得很缓慢，脚不停地在原地捶踩。昨天，寺庙前的宗教舞蹈（巴东藏族的苯波教祭礼舞蹈，笔者按）是艺术壮观的，而今天的，是民间小型跳舞晚会。这两类舞蹈，没有任何共同之处。舞蹈最精细的构思与对地方原始种族的比喻仿效是有差异的。例如，傈僳族的晚会：傈僳族的节日夜晚，当万籁俱静时，傈僳人成群结队聚集在一起，围成巨大的圆圈，演奏握在掌心中极细小的竹制乐器。可我们几乎听不见，因为有一个在模仿孩子声音的竖琴声。然而，在无限忧郁、温柔的夜空下，还是布满了人，四处一片嗡嗡低语声。

藏族的圆舞，实在没有一点儿亚洲风味。我看见一些布列塔尼（Bretagne 法国西部地区名）人也在跳这种舞。男女的搀和，人们的喜悦，直到带立领、镶红边的服装……这一切的一切，简直具有一种古法兰西风格。人们身着的服装，是巴东一种时尚高雅的时装式样，使人想起带领猎犬狩猎者的制服。蒙贝格神甫指给我看一位年轻的未婚夫，他信奉基督教（即天主教，笔者按）。出于来自我国乡村未婚夫的内心喜悦，他显得漫不经心，但却很自豪。[5]

蒙贝格神甫是法籍传教士，中文名彭茂美（Emile-Cyprien-Monbeig，1876-?），其兄长彭茂德亦在藏区传教，后被刺身亡。蒙贝格神甫先后在西藏盐井、阿墩子、茨中、小维西等地传教，现为省级重点文物保护单位的茨中天主教堂就是他在 1910-1914 年设计并主持盖建。[6]文中提到两种舞蹈-藏族舞和傈僳族舞，缓慢的藏族舞应是锅庄舞，傈僳人手拿细小的竹制乐器应是口弦，直到今日这些歌舞仍是该民族的保留传统，亦是云南藏区天主教会节日庆典的主角，形式和内容没发生什么变化。只是因教徒民族成份的不同，贡山地区天主教会的节日庆典时还流行怒族舞，笔者采访怒族老教徒时，她们告之这个传统由来已久，解放前外国神父在当地时，各种民族舞的庆祝方式就已存在（仍以藏族舞为主）。如果碰上活泼开朗的神父会跟教徒一起舞蹈，但大部分外国人是坐在教堂台阶边抽着烟斗看村民歌舞做一个旁观者。看到上述文字数据，又在实地调研中亲身体会这些异域教徒的欢庆场景时，这种时空的延续让笔者倍感奇妙。

第二节　才当耶稣升天节的歌舞

一、歌舞场景描述

2009 年 5 月 24 日（星期天）是天主教教历中的耶稣升天节，四大瞻礼之一圣神降临节的前一周，当天是一个小节日，通常教徒除上教堂过主日仪式

5　郭素芹着译《永不磨灭的风景香格里拉-百年前一个法国探险家的回忆》云南人民出版社，2001 年，第 29-32 页。

6　刘鼎寅、韩军学《云南天主教史》云南大学出版社，2005 年，第 399 页。

外不会安排特别的宗教活动。贡山县天主教两会会长安排笔者一行在迪麻洛村才当天主堂度过这个小节日，热情的才当会长安当已有两周时间没回到本堂主持工作，他打算在主持交代积压两周的村务教务同时，为迎接远方的客人，通知村民准备酒水，提前一周跳起欢乐庆典的歌舞。于是在并非四大瞻礼庆节的一个小节日中，笔者体验到第一场藏族天主教歌舞庆典的盛宴。

5 月的才当天气渐热，24 日上午教堂内举行耶稣升天节的主日礼仪（见前文），临近中午时分仪式结束，人们散出教堂，在外边玩耍闲聊起来。高原阳光着实刺眼，此时穿上节日藏装跳舞太热，男人都是简便的汉装，爱美的女人还是套上层层艳丽的长袖藏服。人们三三两两慵懒地坐在教堂外的草地上，不多时一张方桌抬到将要跳舞的空场中间。此时安当在给村民发低保补助，每人每月 25 元，这是积攒几个月才发一次，因此人手好几百元显得较多，村民都很开心。人们叽叽喳喳说话吹牛，安当一家一户大声地念名字和金额，他两周没在要交待的事情会很多。几位村民用背篓装着啤酒、自酿苞谷酒和方便面来教堂前贩卖，孩子争抢大口咬着干碎的方便面，老人靠着墙根一言不发地抽着长烟袋，大家都在等水酒的到来后开始跳舞，一幅繁杂哄闹却极具生活气息的节日场景。

当一大桶自酿的苞谷水酒抬到桌子上，村民一拥而上，每人倒一口杯的酒，痛饮之后即解渴消暑又娱乐助兴。笔者在旁边期待着下一步的举动，却很快迷失在村民各种语言的吵闹声中，此时一位男子突然大声歌唱，模拟手拿弦子的舞姿跳起，很快男女各围一半圆圈陆续加入舞蹈行列，节日的歌舞庆典由此开始并持续 3 小时左右。村民告诉笔者，虽然四大瞻礼人们都跳一样的舞蹈，但每年的圣神降临节和圣母升天节正逢农忙季节天气也较热，这两个节日的舞蹈一般不会持续很久。而冬天里的圣诞节大瞻礼是进教堂参与12 点的午夜弥撒仪式，人们就会聚在一起喝酒驱寒歌舞通宵。复活节大瞻礼的庆典也有盛大歌舞，但也不及圣诞节日隆重。

才当教徒当天的欢庆歌舞是藏族弦子舞，传统跳法是男人持马尾胡琴边拉边歌边跳，女人舞长袖边唱边跳，不过乐器与长袖实物没有准备，人们在舞蹈动作上将其体现出来。才当弦子舞的歌唱为男女对唱，男唱女应。舞蹈围成圆圈队形，时离时合，男女对半呼应起舞。音乐多为双乐句或四乐句，2/4 拍，单一曲调多段唱词反复歌唱，歌曲会逐渐加快，舞步也从简单比划动作到全队圆圈旋转起来。其歌曲舞乐讲究工整对称，旋律优美高亢，舞步简单易学，舞者可随意加入退出，是典型的自娱性舞蹈。

二、歌舞记录解析

弦子舞1（才当）

孙晨荟记谱

哦 加后 尼 齐侧 古 高 靠何 谢 齐 却 次

嗦 呀 谢 齐 却 次 嗦 呀

（谱例 5-1）

歌词大意：

> 我们弟兄姐妹跳跳舞
> 手舞足蹈整齐跳
> 唱出我们心里的歌
> 跳出我们美丽的舞

第 1 首弦子舞由男声起头先领女声应和，反复多段之后越唱越快越舞越快。舞步为：慢速时三步一抬腿，左颤步→右颤步→左颤步→右抬腿；右颤步→左颤步→右颤步→左抬腿。一拍一步走步顺时针前行，颤步时膝盖伸屈上下颤动一次，这是藏族舞蹈的基本特点。才当村民跳颤步的动作不大，看起来几乎像原地踏步。速度逐步加快后，舞姿有所变化，以八拍为一个舞蹈动作的对称呼应，第一个八拍动作：左颤步→右颤步→左颤步→右抬腿原地顺时针转圈→左颤步→右抬腿原地顺时针转圈→左颤步→右抬腿原地顺时针转圈，这三个转圈分别为 4→8→12 点方位，合成 360 度。第二个八拍呼应第一个动作：右颤步→左颤步→右颤步→左抬腿原地逆时针转圈→右颤步→左抬腿原地逆时针转圈→右颤步→左抬腿原地逆时针转圈，三个转圈为 8→4→12 点方位，亦合成 360 度。最后过渡的四拍音乐原地颤步抬腿，手的动作也随之呼应舞动，但藏族特有的撩手舞袖动作非常小。

歌唱时男声在旋律上行的装饰音较少，却在音符下行时加了不少的颤音和滑音。女声高亢明亮，擅长高音区的上行滑动演唱，大联机飞跃效果明显，旋律下行时没有加入太多的装饰音。

弦子舞2（才当）

孙晨荟记谱

呀　呀啦　哦　哦啦就　啊　拉嚓啊啦　及呀啦热呀

哦　哦啊啦尼哎　哎塞啦就啊就塞哩热

（谱例 5-2）

歌词大意：

> 在院子里种了一棵树
>
> 我们围着树转
>
> 兄弟姐妹聚在一起
>
> 遇到兄弟姐妹心里非常高兴

第 2 首弦子舞女声起头领唱歌舞男声应和，两拍一步，四拍对称，基本舞步为：右颤步退步→左颤步上步→右颤步上步→左颤步并步；左颤步上步→右颤步上步→左颤步并步→右颤步上步。每跳到第二步和第三步时，身体和双手顺着顺时针前行的方向转动。

音乐结构为 8+12 的两句，第一句从主音 Mi 开始直接有一个八度的飞跃，第二句从主音 Mi 上行到调式的第 5 音 Si 缓冲变化，再上行至主音 Mi 级进下行结束。全曲韵律感很强，舞动飘逸。

弦子舞3（才当）

孙晨荟记谱

呀　依娜　撒加哎介　吉拉哎柔　哎色吉谢　吉拉哎柔　哎　嚓

尼加来吗　尼　尼吉　尼加来吗　尼　尼吉撒　吉拉哎柔嚓　呀

（谱例 5-3）

歌词大意：

　　我们姐妹相遇

　　怎能不跳起舞

　　遥远的家乡

　　我能飞到那里多好

　　翻越一座山

　　翻越两座山

　　第 3 首弦子舞较为欢快，一拍一步，基本舞步是四拍为一组对称呼应进行变化，一曲完整的动作为：左颤步→右颤步→左颤步→右颤步（身体向右转）；右颤步→左颤步→右颤步→左颤步（身体向左转）；左颤步→右脚向左点步→右脚向右点步→右脚向左点步；右颤步→左脚向右点步→左脚向左点步→左脚向右点步；左颤步→右脚上步逆时针转 180 度 6 点方位→右颤步→左脚上步逆时针转 180 度 12 点方位。跳下一段时，转圈会改成顺时针方向，如此循环往复。

　　这首弦子舞与前两首的音乐结构不同，它采用起承转合完整的歌曲形式。舞步动作虽然对称，但随着旋律的变化亦有调整，音乐进入到第十小节"转"的结构时，舞步出现了转圈的变化，乐舞呼应，乐在其中。

弦子舞4（才当）

孙晨荟记谱

（谱例 5-4）

歌词大意：

兄弟姐妹分离好几年

今天聚在一起

没有父母的时候

兄弟姐妹都分开了

第 4 首弦子舞基本舞步为一拍一步，三步一抬腿：右颤步→左颤步→右颤步→左抬腿（身体向左转）；左颤步→右颤步→左颤步→右抬腿（身体向右转）；进入第 21 小节"哟啦哟"处，最后的舞步变化为：右颤步退步→左颤步原地→右上步踩步→右小踢脚 12 点方位；右颤步退步→左颤步原地→右上步踩步→右小踢脚 12 点方位；右颤步 3 点方位 90 度旋转→左颤步→右颤步两拍→右颤步两拍 12 点方位 90 度旋转。

这首弦子舞的音乐结构头 8 小节和尾 7 小节是头尾衬词句，中间部分为 4+8 结构的双乐句主旋律。

弦子舞5（才当）

孙晨荟记谱

（谱例 5-5）

歌词大意：

没有父母的孩子

心里多伤心

第 5 首弦子舞速度较慢，弦律悠长，两拍一步，基本舞步有两组，第一组顺时针方向向左转身前进为：右颤步→左颤步→左颤步→右颤步；第二组顺时针方向原地动作为：左颤步→右颤步→右颤步→左颤步。进入第 21 小节

"啊啦哟"处，舞步变化为：原地左颤步→右点步上步12点方位→右点步上步3点方位→右点步上步12点方位；原地右颤步→左点步上步12点方位→左点步上步9点方位→左点步上步12点方位。

这首弦子舞的音乐为鱼咬尾式，共三句每句均为4+6结构，每句的尾音为下一句的起音。第一句落在调式的主音，第二句落在调式的第5音，最后一句落于主音前后呼应结束。

弦子舞6（才当）

孙晨荟记谱

嘞巴 呃 啊拉 嘞 拉吉 哦 依 呀乐 亚 拉

嘞 依着 西 呃 让 吗 嘞得 啰 啰

（谱例5-6）

歌词大意：

> 我们是由妈妈抚养成人
> 长大了要感谢妈妈
> 长大以后成了家
> 没能好好地孝敬父母

第6首弦子舞的氛围较为欢乐，村民跳起来错落有致，一拍一步铿锵有力，其舞步简单是最基本的三步一抬腿：左颤步→右颤步→左颤步→右抬腿（身体右转，双手向右舞袖）；右颤步→左颤步→右颤步→左抬腿（身体左转，双手向左舞袖），全体颤步舞动顺时针方向前行。

全曲音乐为双乐句结构，上句4+2，下句2+4，上下句对仗呼应，活泼有力。

弦子舞7（才当）

孙晨荟记谱

哦 啦 介 呃啦 聂 构　哦 啦 介 呃啦 聂 构

西依加波 聂 加 涅 夏 哦　尼吉哦啦 尼 吗你 哦 依

（谱例 5-7）

歌词大意：

今天这个日子是高兴的日子

高兴的日子跳高兴的舞

心里高兴心里高兴

第 7 首弦子舞旋律简单，舞蹈性很强，一拍一步。前八小节基本舞步为：右颤步→左颤步→右颤步→左抬腿；左颤步→右颤步→左颤步→右抬腿。后八小节舞步加入"左右摆步"为：右颤步→左抬腿→左扭胯→右扭胯→左扭胯→右抬腿→右颤步（向右转）→左勾腿向外 3 点方位→左颤步 6 点方位→右勾腿向外 9 点方位→右颤步 12 点方位→左颤步→右颤步→左抬腿→左颤步→右颤步，这是一个顺时针 360 度转圈，当乐曲反复后八小节时，转圈的动作相反成为逆时针方向，双手随着颤步和转圈做舞袖动作。

全曲乐句 4+4+4+4 结构，头两句重复类似衬句，最后一句与首句呼应，音乐工整匀称，琅琅上口。琶音式八度上行和紧接的级进下行构成了波浪式的韵律，可以很好地与双手舞袖的动作结合。

弦子舞8（才当）

孙晨荟记谱

拉 吉 莫 哲 哈 尼 哲 吗　耶 加 诺 介 吗 莫 加 嘞 哦

亚拉亚奇 斗 介拉 莫 呃　亚拉亚奇 斗 介拉 莫 呃

（谱例 5-8）

歌词大意：

> 在高高的山坡上
> 我们一起跳舞

第 8 首弦子舞前八小节的基本舞步为三步一抬腿：右颤步→左颤步→右颤步→左抬腿；左颤步→右颤步→左颤步→右抬腿。后八小节的基本舞步为：右颤步→左抬腿→左颤步→右抬腿→右颤步→左颤步→右前跺步→右小踢脚12 点方位。

全曲乐句 4+4+4+4 结构，头两句同头变尾，最后两句重复。

第三节　茨开圣神降临节的歌舞

一、歌舞场景描述

2009 年 5 月 31 日（星期天）圣神降临节，天主教四大瞻礼之一，连下两天的大雨似乎要使我们远道而来参加期待已久的教堂歌舞庆典无法举办。上午 10 点左右，就在人们陆续进入贡山县茨开天主堂参加主日仪式时，雨水神奇般止住。中午 12 点左右，参加完圣神降临节主日仪式的人们走出教堂锁上圣堂大门，聚集在教堂外的空场内等待午饭和水酒的到来，酒足饭饱是庆祝节日尽兴跳舞的必要充电环节。

当日的苞谷水酒已来不及熬煮，教徒帮忙连及会长家人共杀了十只鸡，炒制一个多钟头之后用两个大塑料桶端出香气四溢的酒煮侠腊（鸡肉酒），此时已经下午 1：30。饥肠辘辘的人们纷拥上前舀酒，两桶侠腊明显不够，不多时几簸箕的煮洋芋和几大包的辣椒蘸水端上桌，大家一哄而上。食物下肚后歌舞也开始，一位藏族老太太领头高唱同时将人们纷纷拉上场跳舞。欢乐的过程中发生一件趣事：盛装打扮的傈僳族男女教徒来了不少，在藏藏族越跳越欢时，他们在旁边捣鼓着组成圈跳起傈僳舞，两圈的民族舞蹈开始有点竞赛意味。但傈僳族唱歌的声音远不如藏族人的嗓门高亢，左扭右摆的舞蹈动作原地不进，乐曲的颤音非常繁多，音域也较低，歌舞中的乐器短笛、口弦和琵琶也没有带来，这些傈僳歌舞的基本原生特点在要求热闹易学的群众现场比拼之下立即陷入弱势。藏舞队气势迅速压盖傈僳舞队，因此傈僳教徒在试图反击大唱大扭几段之后，做出一个让笔者惊讶的举动-散伙转阵加入藏舞队，看来他们准备不足，藏舞队大获全胜动作也更加欢快，新加入的人们也很快学会简单的舞步。

舞蹈一首接一首让每个人的身体热起来，在酒水作用下人们嬉称群体开始"发电"。开朗热情的藏族胖大妈玛丽总是首先起舞高歌，她的嗓子带有嘶哑的摇滚风格很引人注意。又一拨洋芋和侠腊及时端上，啤酒加扛两箱，当弦子拉起来时，男人们大声嚷嚷说自己的舞蹈是正宗贡山弦子舞，德钦和迪庆其它地方的"金弦子"都是偷学本地的。舞性正浓时，傈僳教徒突然又聚集一起，勾肩搭背跳起傈僳舞越唱越欢，但此时雨滴开始密集预示结束时间。到下午 5：00 左右人们慢慢散去，但酒已喝开，欢乐的日子即使是信教，烟酒也不禁了。

二、歌舞记录解析

茨开圣神降临节的歌舞是藏族弦子舞，与前文叙述才当耶稣升天节的歌舞相比较，两地约定俗成选用相同的歌舞作为第 1 首欢迎宾客舞曲，另有茨开的第 3 首与才当的第 7 首相同。因此，弦子舞 1（茨开）谱例分析参见才当耶稣升天节的歌舞-弦子舞 1（才当），下文略。

弦子舞2（茨开）

孙晨荟记谱

（谱例 5-9）

歌词大意：

　　快来

　　站起来

　　一起跳快乐的舞

　　第 2 首弦子舞前 4 小节基本舞步为三步一抬腿：左颤步→右颤步→左颤步→右抬腿，右颤步→左颤步→右颤步→左抬腿。后 8 小节舞步为：右颤步

→左抬腿（向右）→左颤步→右抬腿（向左）；右颤步→向左勾腿 3 点方位→左颤步→向右勾腿 9 点方位；右颤步→左颤步→右颤步→左抬腿；左颤步→右颤步→左颤步→右抬腿；这是顺时针转圈动作，反复时则逆时针转圈对称舞步。

全曲分为上下双乐句，上句和下句的起音构成八度关系，落音均在同度的主音。女声演唱时会加入若干装饰音，边歌边舞时前 4 小节也可以跳成后面转圈的动作，顺时针和逆时针一组舞步，可以较随意地歌舞。

弦子舞3（茨开）

孙晨荟记谱

哦 啦介 呃啦 聂 构　哦 啦介 呃啦 聂 构

西依加波 聂加 涅 夏 哦　尼吉哦啦 尼 吗你 哦 依

（谱例 5-10）

（歌词参"才当耶稣升天节的歌舞-弦子舞7（才当）"）第 3 首弦子舞与才当的第 7 首相同，但茨开演绎的音符走向略有不同，起调也更高，这取决于领唱人的水平。这首弦子舞曲很受大家喜爱，在茨开当天的演唱中，女声起调为 A 调，舞蹈速度中速，歌舞欢乐中舞蹈动作不大，但歌曲明亮高亢，使人对歌的印象深刻。在才当的歌舞中，女声起调 C 调，音域过高则低八度演唱，舞蹈的速度加快，圆圈舞转动起来，在视觉上更加欢快，使人对舞的印象更深。人们对个别音的演唱较为随意，并不计较唱的是"sol"还是"la"。在茨开的舞蹈中，当人们音调越唱越高速度越来越快时，颤步的动作就换成原地顺时针和逆时针一组的转圈舞步，如此跳起来欢乐的气氛更浓。

弦子舞4（茨开）

孙晨荟记谱

喔 巴塞呃 拉加朵 拉 加塞 久萨朵

巴 拉多吉 哦 巴西右 呃 吉塞 巴多

（谱例 5-11）

歌词大意：

> 我们都是一个妈妈的女儿
>
> 一个母亲的孩子
>
> 谁也不愿分开
>
> 虽然不愿分开
>
> 但不得不分离
>
> 使我们很伤心
>
> 伤心的声音
>
> 从山歌中可以听出来
>
> （女方吆喝）好了，现在请你们（对男方领舞）。

第 4 首弦子舞速度偏慢，一拍一步，基本舞步为三步一抬腿，舞蹈队顺时针走步前行。音乐悠长，从歌词中可以看出带有忧伤的离别情绪。上下双乐句结构，下句起音为上句的上方平行五度，使歌曲在行进中有悠扬的意味。

弦子舞5（茨开）

孙晨荟记谱

嗦 - 亚 阿色多拉久 阿介哟 - 嗦 - 亚 阿勒

色旦 侧介哟 - 嗦介喁久拉勒 拉 走介

吗耶 嗦拉久亚嘞路亚马 多啦哈奇多系哟-

嘎 - 亚拉久拉嘿则嗨哟-

（谱例 5-12）

歌词大意：

> 有了共产党人民得解放
>
> 人民得解放五谷丰登
>
> 五谷丰登酿造美酒洒下甜曲

第 5 首弦子舞旋律优美，贡山县当地文化部门自行录制 VCD《怒江八大民族舞》，将这首弦子舞略加改编，作为当地藏族民间舞的代表录入其中，由怒江州民族歌舞团表演。基本舞步为一拍一步，三步一小踢脚，第一组上步：右颤步→左颤步→右跺步→右小踢脚；第二组退步：右颤步→左颤步→右跺步→右小踢脚；所有人手牵手围成圈，上步时圆圈向内收缩，手臂高举，退步时圆圈向外扩散，手臂放下。最后的舞步变为：右颤步→左点步 3 点方位→左点步 9 点方位→左小踢脚 12 点方位；左颤步→右点步 9 点方位→右点步 3 点方位→右小踢脚 12 点方位。

音乐结构为 8+8+9+7+8，起承转合四乐句附加最后一句的 coda 尾声，旋律走向呈抛物线状，音乐与舞步配合起来掷地有声。

弦子舞6（茨开）

孙晨荟记谱

（谱例 5-13）

歌词大意：

　　　　上山上山坡采格桑花

　　　　下山下山谷过小水溪

　　　　山这边山这边对对歌

第 6 首弦子舞动作简单，一拍一步，三步一抬腿配合双手的舞袖动作，圆圈队顺时针走步前行。音乐结构为 10+8 上下双乐句，上句尾音为下句的起音，采用男女应和的对唱形式。

弦子舞7（茨开）

孙晨荟记谱

（谱例 5-14）

歌词大意：

　　　　下雪了

　　　　下在我的心头上

　　　　雪厚了

　　　　难以扫雪

　　　　兄弟姐妹我们一起扫雪

第 7 首弦子舞动作为三步一抬腿，两拍一步，因此舞蹈的速度较慢，圆圈队顺时针走步缓慢前行，整个舞蹈更注重音乐的对歌。音乐为工整的 8+8 上下双乐句结构，七度到八度上行的旋律走向呈抛物线状。歌词中，扫雪难和一起扫雪的含义是要大家共同面对困难的比喻。

弦子舞8（茨开）

孙晨荟记谱

（谱例 5-15）

歌词大意：

吉祥的宝地

一片丰收的景象

收割起沉甸甸的麦子

姑娘们唱起劳动之歌

第 8 首弦子舞的动作简单，人们从后背手拉手围成圈或变换为手牵手，两拍一步，动作缓慢，舞步为：左颤步→右上步踩步→左颤步→右退步踩步，上步时圆圈向内收缩，退步时圆圈向外扩散，循环往复，步步顺时针前行，越跳越快，是较典型的集体劳动舞。

音乐结构为 a+b+b'+a+b 形式，上句 10（4+6）小节+过渡句 4 小节+下句 10（4+6）小节，上下句完全相同，过渡句采用 b 的素材进行变化落到调式的第 5 音，最后重复首句。此曲在中甸地区流传的版本中，还有后半段完全不同的旋律歌词，女声起音，男声加入劳动号子，唱词为"挥动打粮的杆子，收获的麦子堆满仓"。

弦子舞9（茨开）

孙晨荟记谱

介－拉哦－哟吗 则－利玛 介马哦－

玛－拉哦－久啊啦 介－依亚拉木介叶色哦－

勒拉加莫 勒拉加莫 勒 拉 加 勒拉加莫 勒拉加莫 勒 拉 加

拉萨吉 久嗦吉

（谱例 5-16）

歌词大意：

> 高山草甸长满了杜鹃树
>
> 杜鹃树犹如玉石般碧绿
>
> 杜鹃花儿犹如邦金梅朵

　　第9首弦子舞曲名《邦金梅朵》，是一首广为流传的歌舞。基本舞步为一拍一步，三步一抬腿，跳到第21小节变化为：逆时针3点方位前进右颤步→左颤步→右颤步→左颤步→右颤步→左颤步→右颤步→左勾腿顺时针原地转圈至 9 点方位前进；左颤步→右颤步→左颤步→右颤步→左颤步→右颤步→左颤步→右抬腿；右颤步→左颤步→右颤步→左抬腿 3 点方位→左颤步→右颤步→左颤步→右抬腿9点方位。

　　音乐结构为 10+10+4+4+4，上下各 10 小节双乐句加 12 小节衬词句，上下句起音相同，从各自的第二小节起，上句弦律往主音发展，下句弦律往调式第 6 音发展，并落第 5 音上，由结束的衬词句接上起音，为鱼咬尾结构。全曲明快欢悦，可加速起舞旋转。

弦子舞10（茨开）

孙晨荟记谱

（谱例5-17）

歌词大意：

> 拉萨的地方好
>
> 让我在昌都异乡我可爱的父母
>
> 永远在我身边该多好

第10首弦子舞一拍一步，基本舞步为：右颤步→左颤步→右上步跺步→右小踢脚12点方位；右颤步→左颤步→右退步跺步两拍。人们手拉手原地跺步，上步时圆圈缩小双手高举，退步时圆圈扩大双手垂落。

音乐结构为6+6+4+6，五声音阶，起承转合式。女声演唱的音色十分高亢，舞步跺脚铿锵有力，集体舞整齐划一，从高处可看到圆圈队伍内收外扩的特色。

第四节 才当的歌舞专访

一、歌舞场景描述

迪麻洛村才当组的藏族教徒能歌善舞，还有几位老者获得当地政府颁发的民间艺术家称号，在会长安当的安排下笔者预约老人进行采访。这个村里会唱歌的老者都是女性，会传统艺术的男性老者大多去世。

2009年5月25日上午，笔者一行先到波拉家中，却因事先协调不够，使老人面对来访时相当拘束，她不通汉语更不愿多说，采访陷入僵局，此时一位胖胖的藏族老太下山与波拉攀谈起来。本想结束这次访谈时，笔者出于礼貌对后来者问候几句，不料一次颇为意外的歌舞采录就此拉开序幕。原来这位老人是波拉的大姐日旺娜，性格开朗外向，能听懂也能说一些汉语，对我们唱歌跳舞的邀请一概响应，一小时内她快乐地唱起数首传统民歌并跳起锅庄舞。采访状况顿时扭转，笔者的翻译 28 岁的藏族教徒安东尼建议聚集将要采访的老人一起跳舞，人多热闹不拘束符合他们的娱乐习俗。当天下午安东尼挨家挨户通知村里几位唱歌最好的老人，约好第二天早 10 点聚会欢乐。

5 月 26 日早晨，安东尼背着自己几个月大的女儿马达肋纳首先到场，不多时陆续来了些人，安东尼一一介绍来者：皮肤很白 79 岁的安娜，母亲是藏族父亲是怒族，她长得像外国人但身体不太好；瘦瘦的波拉 72 岁是藏族，再次见到我时已经很亲切了；娜南 63 岁怒族，是老人当中最年轻的一位，嗓音也最明亮高亢，她的母亲是藏族父亲是怒族；皮肤很黑笑起来很可爱的如利亚 78 岁，她的父亲是藏族母亲是怒族，[7]和如利亚一同前来还有她 30 多岁的儿子保禄，今天的乐器弦子和笛子都由他来伴奏；波拉的大姐日旺娜 75 岁和她 19 岁的孙子达雅一同前来，并为我带来一套漂亮的藏装。达雅擅长跳弦子舞，被选入团体在贡山县的文化娱乐场所为游客进行藏族舞集体表演，老人们的舞蹈他都不会，不过汉语很流利，在当天充当了笔者的第二位翻译。

整整一天的歌舞，嘉俾厄尔笔译，安东尼和达雅二人口译，五位老人歌舞、保禄拉弦子、波拉的儿媳妇和另一位亲戚以及安东尼都背着孩子一起加入舞蹈队，最后来了一位独龙族教徒同大家一起欢乐歌舞。总共到场十多个人有汉、藏、怒、独龙四种民族，但大家都会跳藏族舞蹈，全体着藏装说藏语，亦是本村世代家传的天主教徒。当天歌舞种类有锅庄舞、弦子舞、藏族民歌、怒族民歌、独龙族民歌、藏文天主教圣歌等，大部分是纯粹的原生传统。

（图片 5-1：笔者和才当村歌舞的 5 位老教徒）

---

7 如利亚在我们参访结束一个月后就去世了，会长安当给我发短信请为她祈祷，使灵魂早升天堂。

二、歌舞记录解析

锅庄舞是一种无伴奏圆圈舞，在云南藏区广泛流传。才当老人跳的是时间长节奏平缓的长锅庄"卓金（因）"，这是传统锅庄舞，多为年长者所跳。锅庄舞的内容丰富，词曲的即兴演绎和搭配能力强、程序严谨的水平高低，全凭歌者的兴致和技能。老歌手们说"天上有多少颗星，卓就有多少调；山上有多少棵树，卓就有多少词；牦牛身上有多少毛，卓就有多少舞姿"。[8]

1. 锅庄舞

锅庄舞-萨拉久
（才当歌舞）

慢速　　　　　　　　　　　　　　　　　　　孙晨荟记谱

（谱例 5-18）

歌词大意：

　　从远方来的两位孙子

　　走过千山万水的过来

　　路过那千山万水

　　你们辛苦了

　　欢迎到我们这里来

　　虽然我们的家乡离你们的家乡比较远

　　山也比较高

　　山谷很宽也很窄

　　凹凸不平

8　《中国民族民间舞蹈集成-云南卷》（下）中国 ISBN 中心，1999 年，第 1470 页。

你们到这里来看我们老奶奶呀

就像是钻进老鼠洞里来一样

我们头发都白了

牙齿都掉了

不知何时会死去

如果死去了就等在黄泉路上

　　歌词是日旺娜现场即兴为我们编唱，内容可随时改变，全曲仅有一个乐句，音域较窄音区较低，是年长者歌舞的特点。一段曲调多段唱词，每段歌词唱两遍，演唱者想什么就唱什么。这首与头一天跳的锅庄曲调舞步相同，仅歌词进行了现场变化。舞蹈动作一拍一步，三步一抬腿，走步缓慢，人们手拉手围成圆圈，稳步顺时针前行。

锅庄舞-久嗬啊
（才当歌舞）

孙晨荟记谱

（谱例 5-19）

歌词大意：

上山　上山　上天山

蓝天下有一朵白云

白云是我的母亲

遇上福气

所有母亲的孩子

以前相遇该多好

这首锅庄舞动作缓慢，人们旁拉手，一拍一步，基本舞步为：右颤步→左颤步→右抬腿向前 12 点方位→右退步；左颤步原地→右颤步退步→左颤步原地→左抬腿向右 3 点方位。每走一步，歌唱的音符已游走数个，造成韵味浓重的润腔风格。

2. 弦子舞

弦子舞-塞依古玛
（才当歌舞）

孙晨荟记谱

（谱例 5-20）

歌词大意：

> 从来没有到过拉萨那很远的藏乡
>
> 我们也没有跳过什么舞
>
> 今天特别高兴
>
> 很希望西藏是自己的家乡
>
> 西藏的山水啊像我们的父母一样
>
> 我们一起到塞依古玛里面唱歌玩耍

塞依古玛指藏传佛教的金塔，这首歌主要描述人们在金塔里面玩耍欢乐的情景。全曲共有 3 句，八分音符较多，音乐欢快跳跃，表现人们玩乐时的快乐心情。

老人们从小就跳这首欢快的弦子舞，舞蹈可以有多种跳法，舞步可随意自编。此时跳法是两人一组旁拉手，基本舞步为：左颤步→右上步跺步；原地动作：右颤步→左抬腿向右→左颤步→右抬腿向左；逆时针转一圈 360 度动作：右颤步→左抬腿向右→左颤步→右抬腿向左。跳的时候可以各走各的脚步，并没有固定姿态，如果有一人起头带舞步大家就跟着学。曲调固定不变，而一首歌可以编几百首歌词。离本村不远的丙中洛地区跳这首舞蹈时唱法和舞步不同于才当的演绎，那里受怒族歌舞风格的影响更多。

弦子舞-果古啊
（才当歌舞）

孙晨荟记谱

（谱例 5-21）

歌词大意：

> 小小阿妈抚养我
>
> 感谢阿妈的抚育之恩
>
> 长大成人了
>
> 没有报答养育之恩
>
> 对不起我的阿妈
>
> 请求阿妈的原谅

这首弦子舞的舞步为：左颤步→右颤步→左颤步→右颤步上步；右颤步退步→左颤步→右颤步→左颤步并步。最后四小节舞步和手的动作有变化：第 9-10 小节脚步变为左颤步→右脚点步 3 点方位→右脚点步 9 点方位→右脚点步 3 点方位，双手做模仿拉弦子的动作；第 11-12 小节脚步为右颤步→左脚点步 9 点方位→左脚点步 3 点方位→左脚点步 9 点方位，双手做模仿吹笛子的动作。

全曲音乐结构为 5+3+4，主其中旋律为第一句 5 小节，第二句 3 小节重复首句的后半部分，最后一句是全曲的尾声 2 小节重复一次，加强舞蹈的成分。句首 16 分音符连音的上行飞跃配合弦子舞的双手舞袖动作，歌舞结合甚是优美。

3. 藏族山歌

日莫
（才当歌舞）

（藏）日旺娜演唱
孙晨荟记谱

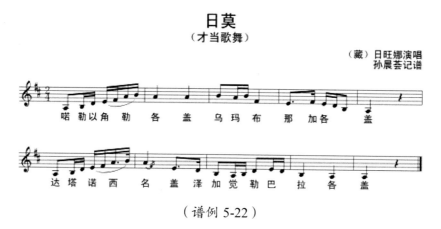

喏 勒 以 角 勒 各 盖 乌 玛 布 那 加 各 盖

达 塔 诺 西 名 盖 泽 加 觉 勒 巴 拉 各 盖

（谱例 5-22）

歌词大意：

> 碗里面倒的奶是白的
> 碗打碎了也是白的
> 我的心也是白的
> 我死后骨头也是白的
> 录下这首歌就只要你们来听
> 把我的忧伤啊全部录下来

这首"日莫"的风格接近藏族山歌，音乐起始八度上行的琶音大跳使整个音域宽广舒展，跌宕起伏，旋律结束回落于调式主音，预示这是一首忧伤的歌曲，歌词是日旺娜为我们现场即兴编唱的。

山歌
（才当歌舞）

（藏）日旺娜演唱
孙晨荟记谱

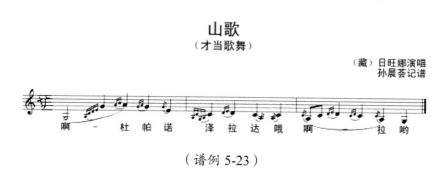

啊 一 杜 帕 诺 泽 拉 达 哦 啊 拉 呦

（谱例 5-23）

歌词大意：

　　伤心的声音请山歌的声音，

　　苦不苦请看我的袖子。

　　这首山歌自少腔长，装饰乐音密集，日旺娜用本嗓演唱，个人风格的滑音润腔充斥全曲，音乐流畅自然。歌词表达劳动人民悲苦的心声，"苦不苦请看我的袖子"意思是指一个人贫穷还是富有，看看他（她）的手（粗糙还是细腻）就知道。

藏族歌曲
（才当歌舞）

（藏）日旺娜演唱
孙晨荟记谱

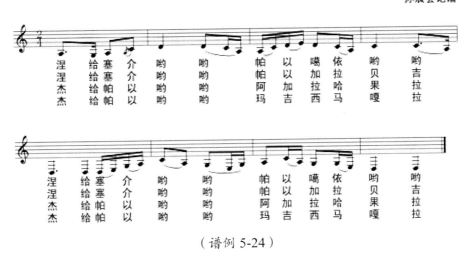

（谱例 5-24）

歌词大意：

　　我的孙子你是哪里的？

　　请把你的家乡告诉我。

　　我知道你的家乡，

　　心里非常高兴！

　　日旺娜挽起我的手臂随性唱出这首歌，当地人说这是一种类似山歌的歌曲。按照藏族山歌自由不受节奏约束、装饰音起伏随意的特点，此曲稳定的节奏、利于舞蹈的旋律并不接近山歌风格，而比较近似于劳动歌曲或舞曲。日旺娜在演唱时喜用下滑音走向，润腔浓重，音域偏低。全曲共上下两句，高音起低音落，下句起音低于上句五度，音区虽低但并不减少快乐的情绪。

4. 劳动歌曲

舂墙歌
（才当歌舞）

（藏）日旺娜演唱
孙晨荟记谱

（谱例 5-25）

歌词大意：

> 舂墙 舂墙 舂四方 如何舂
> 舂墙的师傅 请看四方的品质
> 舂墙舂墙 就像与山坡平起来
> 与山坡平了 师傅心里高兴
> 舂墙舂平了 我心里也高兴

这是一首劳动歌曲，云南藏区的传统房屋为土木结构，墙基是人们用一根两头粗中间细的长木棍像舂米一样把泥土砸结实，然后将泥土砌实作房屋的墙基，类似汉族的夯土，最后在土墙上一根根搭起砍伐好抛光的大小相等木材建屋。

全曲的基本韵律充满跳跃性的后十六分音符，日旺娜演唱时手拿舂墙的木棍，双脚蹦蹦跳跳随着节奏一下下捣地表演，老奶奶活泼的动作使全场充满欢乐气氛。

5. 其它类歌舞

服装舞
（才当歌舞）

孙晨荟记谱

（谱例 5-26）

歌词大意：

金丝线的头饰　谁想戴谁不想戴？

玛瑙珠的链子　谁想戴谁不想戴？

玛瑙的耳环　　谁想戴谁不想戴？

蚕丝的白头巾　谁想戴谁不想戴？

黑棉的长袍　　谁想穿谁不想穿？

长虹飘的腰带　谁想穿谁不想穿？

彩色的围腰　　谁想穿谁不想穿？

黑色的棉裤　　谁想穿谁不想穿？

金丝的鞋带　　谁想穿谁不想穿？

钉鞋　　　　　谁想穿谁不想穿？

　　服装舞的基本舞步为：右颤步→左颤步→右上步踏步→右小踢脚，身体向左 9 点方位和向右 9 点方位为一组，全体围成圆圈顺时针前行。全曲有上下两句，上句以调式的第 5 音起头音乐平缓描述穿戴藏装的各种美丽服饰，下句从调式主音跳到第 5 音音乐高扬起来对人们进行提问"这么漂亮的衣服想不想穿？"，整体风格欢快愉悦，充满风趣，歌词简单，可以数段编续下去。

　　在《邦锦花儿开了-德钦藏族弦子、锅庄词曲选》中，有一首附歌词的"阿日斯那只玛"内容与此曲歌词较接近：

> 三层珊瑚耳环，三层珊瑚，佩戴着来哟，不想戴就搁下。
> 十二属相护身，珊瑚项链，佩戴着来哟，不想戴就搁下。
> 洁白丝绸上衣，穿戴着来哟，丝绸上衣，不想穿就搁下。
> 珊瑚项链真美，佩戴着来哟，珊瑚项链，不想戴就搁下。
> 氆氇"楚巴"真美，穿戴着来哟，氆氇"楚巴"，不想穿就搁下。
> 五彩腰带真美，系戴着来哟，五彩腰带，不想系就搁下。
> 银匣狮口相对，系戴着来哟，狮口相对，不想系就搁下。
> 彩虹般的围腰，系戴着来哟，彩虹围腰，不想系就搁下。
> 鸟雀不爪靴带，系扎着来哟，爪纹靴带，不想系就搁下。
> 孔雀花案靴子，穿戴着来哟，孔雀靴子，不想穿就搁下。[9]

祝福歌
（才当歌舞）

孙晨荟记谱

（谱例 5-27）

9　德钦民歌搜集整理小组编《邦锦花儿开了-德钦藏族弦子、锅庄词曲选》昆明，云南人民出版社，1979 年，第 217-219 页。

歌词大意：

祝福祝福　像高山

祝福祝福　愿荣福像高山一样

祝福祝福　像坚实的山岩

祝福祝福　愿荣福像坚实的山一样

祝福祝福　像清清的山泉

祝福祝福　愿你的名字像江水一样长流

　　这首祝福歌的领唱者像歌唱山歌一样，节奏较为自由，以至于大家手牵手跳起舞步半天都找不找节拍，每段唱词重复两遍，唱到四遍之后慢慢熟悉此曲的节奏和舞步。头两段由娜南领唱，她的旋律后半截明显与随后日旺娜领唱的不同，装饰音风格和落音均有差别，娜南领唱落于调式的第 3 音，日旺娜的则落于主音，前者歌唱的风格多偏于怒族，后者则偏于藏族。这是一首颂歌比喻党的光辉，歌词表达解放时期共产党为当地藏族百姓打跑土匪，人民的感谢之情。

　　舞步十分缓慢，基本动作为三步一抬腿：左颤步→右颤步→左颤步→右抬腿向左 9 点方位，右颤步→左颤步→右颤步→左抬腿向左 3 点方位，顺时针走步前行。

孔雀舞
（才当歌舞）

孙晨荟记谱

（谱例 5-28）

歌词大意：

孔雀没有故乡

它伤心得眼泪流下来了

孔雀舞的基本舞步除双膝侧弯曲的动作外，均为一拍一步：左颤步→右颤步→左颤步→右颤步，右颤步→左颤步→右颤步→左颤步；双膝向左侧弯曲两拍→双膝向右侧弯曲两拍→左颤步→右颤步→双膝向左侧弯曲两拍→双膝向右侧弯曲两拍。全曲仅有一句 6 小节加上最后 4 小节的尾声，中等速度简单明快，却表达一种忧伤的内容。

热巴舞曲
（笛子独奏）

（藏）保禄演奏
孙晨荟记谱

（谱例 5-29）

"热巴"是藏族对民间流浪艺人的称呼，他们擅长歌舞、曲艺、杂技等。跳热巴舞时，女性用长长弯曲的竹竿鼓槌敲击长柄鼓，男性手持牦牛尾和铜片铃铛。才当的日旺娜会跳热巴舞，但没有带长柄鼓只能作罢。日旺娜的父辈是从德钦翻山逃难到迪麻洛地区，而德钦被誉为"歌舞之乡"，热巴也很盛行，出过优秀的热巴艺人家族，而云南藏区的热巴多由康巴地区传入。由于家传的关系，因此在才当村这几位能歌善舞的老人中，日旺娜所擅长的尤其突出。

这首热巴舞曲是为我们担任弦子伴奏的保禄吹奏，其笛子演奏水平明显高于自己的弦子演奏。此曲旋律优美，五声音阶，共有五句 8+8+10+9+10，最后一句尾声完全重复第三句，每句最后带有装饰音的长音明显带有藏族歌舞的特色，如同舞蹈中的颤步动作。

6. 其它民族歌舞

怒族歌曲
（才当歌舞）

（怒）娜南、如利亚演唱
孙晨荟记谱

哟 哟 单 巴 拉 尼 尼 格 尼 呃 哟 哟 吉 尼 莫 拉 各

吉 尼 加 哟 哟 吉 纽 莫 达 么 吉 纽 加 哟 哟

（谱例 5-30）

歌词大意：

> 以前的日子一天比一天苦
>
> 现在的日子一天比一天好
>
> 一年比一年好

这首怒族歌曲的演唱者娜南和如利亚都只有一半的怒族血统，生活习惯完全藏化，但怒语也是当地的通用语言，因此本曲是用怒族旋律和怒语演唱的地道怒族歌曲。歌词是娜南即兴创作，抒发心中的情感。此曲的大调式风格明显不同于前面所记录大部分藏族弦子舞、锅庄舞等音乐的小调式风格，旋律简单，类似劳动号子的情绪欢快。主旋律仅四小节，重复三次歌唱。

独龙族歌曲
（才当歌舞）

（独龙）日旺娜演唱
孙晨荟记谱

恩 仓 兹 当 莫 里 迪 泽 冬 达 呃 哟 迪 泽 冬 达
恩 仓 莫 里 拉 亚 利 斯 根 巴 呃 亚 迪 麻 洛 地

莫 里 哟 啊 哟 拉 哟 哟 哟 啊 哟－
罗 亚 啊 哟 拉 哟 哟 哟 啊 哟－

（谱例 5-31）

歌词大意：

> 我从独龙江的兹当
>
> 嫁到迪麻洛的才当村
>
> 我的家乡在贡山

在我们采访接近尾声时，来了一位独龙族教徒，她是日旺娜的弟媳也叫日旺娜，这都是她们的教名，日旺娜是圣女贞德的藏语发音，独龙族的日旺娜受到大家邀请为我们即兴表演一歌一舞。原本穿汉装的她要求打扮本族风格，人们从屋内拿来一条当地人手工编织的独龙毯（或怒毯，当地人也说不清是哪种风格）。日旺娜将毯子两角在右肩上打一个结，头寄一块围巾，独龙族女人的装饰打扮完毕。演唱时双手合十，身体向左向右转动，双脚随之向右向左点地循环往复，歌词是她的即兴之作，讲述自己的来历，旋律是传统的独龙族曲调。

唱完歌日旺娜将毯子重新裹上，在左胸处别一个结，将头巾完全缠于头顶，她告诉大家这是独龙族男人的装扮。随即拿起一把砍刀，嘴巴念着"咻咻咻"跳起"杀牛舞"，这首舞蹈没有歌曲只有杀牛的各种动作，向左向右轮番举起砍刀或砍杀进行表演，最后直捅三刀表示将牛杀死。日旺娜女扮男装的表演风趣幽默，完全没有杀牛勇士的英武勇猛，在大家的哄堂大笑声中，才当一天的歌舞欢乐结束。

本章小结

教堂外的歌舞如同它所发生的场地-教堂之外一样，与教堂内的神圣礼仪没有任何关系，圣堂的大门内成为分界线，门内是敬神仪式，门外是娱人庆典，但总是发生在同样的时间和地点时，无形中成为一种新的仪式组合，这是毫无关联的拼接，但却结合得天衣无缝。门外不仅只有藏族歌舞，哪里的民族多哪里就跳什么舞。云南贡山的永拉嘎村教徒善跳傈僳舞，秋那桶村教徒善跳怒族舞，但无论在滇藏川交界地区的何处，藏族舞却是大家共同的爱好。其音乐简单优美、舞步易学多变，集体参与性极强，使新手完全没有羞涩感，这是广为流传的原因之一。甚至有些地区的其它民族干脆将其改造自己受用，如贡山秋那桶村民跳藏族舞时唱怒语歌词，不是行家根本听不出门道。歌舞不分界限吸引着教内教外人，而滇藏的天主教徒也以这种愉悦的方式传承着快乐。